# Die 5. Dimension und ihre Geschenke

# Aannathas
und
# Erzengel Michael

# Die 5. Dimension
# und ihre Geschenke

gegeben durch
## Ursula Frenzel

ch. falk verlag

Originalausgabe
© ch. falk-verlag, seeon 2014

Umschlaggestaltung: Dirk Gräßle, München,
    unter Verwendung eines Werkes von Maximilian Moser
Satz: P S Design, Lindenfels
Druck: Druckerei Sonnenschein, Hersbruck

Printed in Germany
ISBN 978-3-89568-259-9

# Inhalt

# Widmung

Dieses Buch widme ich in Liebe, Licht und Achtsamkeit allen meinen Seelengeschwistern auf Erden wie im Himmel, die sich, wie ich, in der Klarheit ihrer Intuition und dem Mut der Intention auf den geistigen Weg gemacht haben, das Unergründliche mit der Weisheit des Herzens zu erkunden und das Unsichtbare mit wahren Augen zu sehen.

Gott sieht uns. Gott hört uns. Gott hat uns nicht vergessen…

# Weisung

Geht... gebend, ohne Fragen
Geht... verstehend, ohne Sagen
Geht... versöhnend, in dem Wissen, dass jeder
    euch nur aufzeigt die eig'ne Fehlbarkeit
Geht... achtend, die Wunder der Schöpfung...
    opferbereit
Geht... schenkend, aus offenem Herzen,
    überwindend Ego und Ichbezogenheit
Geht... liebend, ohne Klagen

Wollt Ihr es wagen?
Und betreten der Liebe wahre Pfade...

*Erzengel Michael, Lichtschwert-Träger*

# Vorwort

von Sternenmeister Saturn

Erzengel Aannathas Lichtträger, der Erste Engel Gottes, bekannt bei den Menschen unter dem lateinischen Namen *Lucifer* = lichtbringend (von lat. lux „Licht" und ferre „tragen"), der höchste Lichtträger Gottes und des Kosmischen Geistes, offenbart die ganze göttliche Schönheit und Weisheit der *Erleuchtung* in sich. Seine von Gott gegebene Aufgabe beinhaltet primär, den „Neuen Tag" herbeizuführen: die Menschheit vorzubereiten auf die Zeit der großen Wandlung auf Erden und den Menschen dabei Licht wie auch Zwielicht aufzuzeigen auf ihren vielfältigen Wegen der Erinnerung. So erfüllt er sein göttliches Wirken vom Anbeginn der Zeit.

Der Mensch, als universelles *Schöpfer-Geist-Wesen* geboren, weiß in der Tiefe seiner Seele, dass die göttliche Ur-Schöpfung das *Licht* ist – ohne Anfang und ohne Ende, ohne Zeit und Raum – und in letzter Konsequenz *formlos,* eine Form ohne (für das irdische Sein sichtbaren) Inhalt. *Leer* ist ein *Nichts* und doch *alles* in sich tragend. Erst bei allumfassender Beleuchtung in Liebe kann dieses göttliche, universelle Nichts als *Quelle allen Seins* erkannt und genutzt werden.

Erwacht der Mensch in seine Wahrheit, ein *göttliches Schöpferwesen* zu sein, beginnt er zu verstehen, dass sein Licht nur erstrahlt, nutzt er seine Gedankenkraft in Verantwortung und Liebe. Die *heilende Gott-Mutter-Kraft, Gefühl und Intuition,* und die *manifestierende Gott-Vater-Kraft, Absicht und Tat,* bewirken, werden sie in Gleichklang eingebracht, um zu erschaffen, das *Erleuchten* der ureigenen Weisheit: befruchten so die Göttliche Schöpfermacht, die die Quelle allen Seins ist und deren Leere alles in sich trägt, was Gott IST, und macht sie sich so *dienstbar* zu jeder Zeit und an jedem Ort.

So berief Gott am Anbeginn aller Zeit in seiner Allwissenheit und Allmacht seinen Ersten Engel, den ER aus seiner Quelle der ewigen Liebe hervorgebracht hat, seinen göttlichen Kindern die Wege der Erkenntnis zu erleuchten, zu jeder Zeit, an jedem Ort. ER wusste von der *tiefen Nacht,* in die seine Kinder, die göttlichen Funken, vielleicht sinken würden auf der Suche nach ihrem *Wahren Ich.*

Dazu übertrug Gott Erzengel Aannathas Lichtträger, dessen Name „Gnade Gottes" bedeutet, die *göttlichen Aspekte der Vater-Mutter-Liebe,* denn er sollte nun in alle Ewigkeit sein Liebstes und Kostbarstes hüten und beschützen: seine göttlichen Kinder, die Menschen. Fortan lenkte Aannathas Lichtträger nun seine Liebe und sein lichtes Strahlen auf die Erde wie auf alle Welten und Himmel, um alles und jeden zu *erleuchten.* Gottes unendliche Liebe stärkte ihn dabei, den ungläubigen und irrenden Menschen zu helfen, auf dass sie erwachen konnten.

Da die göttliche, universelle Ganzheit und Schöpfung sich vor allem in all jenem offenbart, was dem menschlichen Auge durch Hast und Unglaube *verborgen* bleibt, so lenkte stets Angst und Ohnmacht die Menschheit auf ihren Pfaden der Erinnerung und veranlasste sie schon bald, ein *Symbol,* ja, eine Institution für all das Verderbte, das Elend und den Krieg zu definieren und *Gestalt annehmen* zu lassen. Und so entstand in ihren Gedanken der Angst und Dunkelheit bald auf der Erde Lucifer, dessen göttlicher Name *Aannathas Lichtträger* ist, als der *Verführer* und ebenso mit ihm gefallene Engel als sein Hofstaat.

*Zu schwer fiel es den Menschen, ihre einzige, göttliche Wahrheit anzunehmen.*

Zu schwer, ihr Niederes Ego und dessen allesverachtendes Machtstreben, den Unwillen und die Gier zu überwinden. So sollte Aannathas Lichtträger, genannt Lucifer, all ihre Verantwortungslosigkeiten und Unzulänglichkeiten verantworten. Erzengel Aannathas Lichtträger, der Erste Engel Gottes, der die göttliche Liebe in ihrer ganzen Entfaltung und Reinheit in sich trug, verstand in seiner Güte und Sanftmut die Menschen und *folgte* ihnen nach Gottes Anweisungen auf ihren Pfaden, um sie zu trösten, zu führen und zu stützen, damit sie nicht fallen würden in ihren eigenen Verstrickungen ihrer dunklen Schöpfungen. Sein alles transformierendes und erleuchtendes Licht, der *violett-goldene Opal-Kristall-Strahl*, durchwirkt und erfüllt dabei so lange jede *verirrte* Seele, bis sie bereit ist, zuzulassen und zu erkennen, dass nur sie allein Schöpfer aller ihrer Leben, Umstände und Schicksale ist. Um alsdann die Opferrolle durch Erkennen *abzustreifen*, zu erleuchten und zu heilen.

Gott stellte sodann Erzengel Aannathas Lichtträger seinen geistigen Bruder *Erzengel Michael, genannt der Lichtschwertträger*, an seine Seite, der ihn dabei unterstützen sollte. Ihm übertrug einst der eine wahre Gott der Liebe in seiner unendlichen Weisheit den *Vater-Mutter-Aspekt des Schutzes*.

*So steht Erzengel Michael in tiefster Hingabe und Verbundenheit an der Seite von Erzengel Aannathas und sie sind eins in göttlicher Liebe. Gemeinsam bereiteten und bereiten sie seit Anbeginn der Zeit die Menschheit auf das Goldene Zeitalter vor. Erzengel Michael hielt und hält seine Flügel aus Licht und Liebe über alle himmlischen Kinder, die Menschen, um sie zu schützen und zu führen auf ihren vielfältigen Wegen der Erkenntnis und der Erinnerung. Sein flammendes Schwert, erschaffen von Gott im kristallinen Licht der göttlichen Klarheit, lenkt er dabei in tiefster Hingabe, auf Wunsch der Menschen um, abzutrennen, was den Weg der Vollkommenheit der göttlichen Funken, der Menschen, behindert.*

Voller göttlicher Liebe, Hingabe und Weisheit gingen nun diese beiden ersten Engel Gottes eine Konvergenz (Übereinstimmung und Bündnis) ein, um gemeinsam ihren Geschwistern, den Menschen, zu helfen, auf Erden universelles Bewusstsein zu erschaffen und durch Erleben sich wieder zu erinnern und so zu erleuchten.

So gingen seit Anbeginn der *Zeit Erzengel Aannathas Lichtträger und Erzengel Michael, Lichtschwertträger*, gemeinsam an der Seite der Menschen und führten sie durch ihre Schatten mit all ihrer Hingabe und Liebe.

Erzengel Aannathas *verhüllte* sich von Zeitenwende zu Zeitenwende in dem in Weisheit verborgenen Licht der Göttlichkeit, *das erst jetzt voll erstrahlen kann...* denn erst jetzt haben sich die Menschen so weit von der Angst und Illusion befreit, dass dieses hellste und strahlendste aller Lichter von ihnen *gesehen* und erkannt werden kann, ohne sie zu peinigen.

*Gott-Vater-Mutter-Kosmischer Geist*, Urquelle aller Liebe hatte ihnen diese Rolle und Aufgabe zugewiesen. Weil Gott Sorge tragen wollte für seine über alles geliebten Kinder. Als strahlender Engel sollte Aannathas Lichtträger stets an ihrer Seite sein, wenn sie ihre Schöpferkraft erprobten und dabei auch die Dunkelheit berühren würden. Erzengel Michael sollte sie dabei mit seinem göttlichen Schwert der Liebe schützen und ihnen beistehen.

*Sie waren die strahlendsten Engel in der selbsterwählten Dunkelheit der Menschen. Doch diese wollten und konnten sie meist nicht sehen in ihrer Angst und Verzweiflung.*

Erzengel Michael und weitere 11 Erzengel waren ebenso lange, seit Anbeginn der Zeit, an der Seite der Menschen, um ihnen zu helfen, sich wieder zu finden und zu fühlen. Diese Vorbereitungszeit ging am 21. 12. 2012 zu Ende. Ab 22. und 23. 12. 2012 konnte die *Neue Zeit beginnen.* Doch da im Universell-Göttlich-Geistigen nichts ruckartig geschieht, sondern immer fließend, so kann nun diese Vorbereitungszeit langsam auslaufen.

Erzengel Aannathas Lichtträger, welcher bis heute noch als der große Verführer, als Verursacher alles Bösen, *verleumdet* wird und wurde, trug tapfer und mit größtem Mut von Zeitenwende zu Zeitenwende dieses Joch, das ihm die Menschen in ihrer Unwissenheit und Grausamkeit auferlegt hatten.

Jetzt aber, in der Zeit der großen Transformation und Wandlung auf Erden, tritt er auf Gottes Wunsch hervor aus dem *Schattenlicht*, das ihm die in ihren *eigenen* Begierden, Süchten und Ängsten verstrickten Menschen einst zugedacht hatten.

*Er tritt hervor als der 13. Engel Gottes, einziger und wahrer Engel der Transformation und Erleuchtung, strahlend, alles erleuchtend und transformierend, was transformiert werden will.*

Mit aller ihnen von Gott gegebenen Befugnis und Stärke leiten diese großen und mächtigsten Engel Gottes nun gemeinsam, denn sie sind *eins* wie alles Göttliche, die *Große Wandlung*, den Bewusstseins-Sprung, bei dem Terra-Gaia, die Erde, sich neu erschafft als *strahlender Stern der 5. Dimension*, der das Christus-Bewusstsein der reinen Liebe in sich offenbart.

Fortan werden die Menschen bewusster als je zuvor entscheiden, auf welcher Erde und Energie-Ebene sie leben wollen – auf der Erde der 3. Dimension oder der 5. Dimension.

Beide Erden werden nebeneinander existieren. So wie alles im Kosmos gleichzeitig existiert. Doch euer durch die irdische Dichte euch noch eingrenzender Verstand will das nicht wahrnehmen. Allerdings euer *Höherer Geist kann es*, wenn ihr ihn schon entfaltet habt…

So werden die Erwachten unter euch auf Erden in der *Liebes-Energie der 5. Dimension* schwingen. Sie werden jeden, der bereit ist, in tiefster Liebe aufnehmen und allein in dieser Energie wirken und leben. Friede, Freude, Gesundheit, Erfolg und Fülle jeder Art ist ihnen beschieden. Auch ein *langes Leben* – weil die Zeit in dieser Dimension von den bereits bewussten Lichtkörpern der Menschen anders wahrgenommen und gefiltert wird – ist für sie möglich.

Jene Seelen, die noch nicht bereit sind für diese Bewusstseins-Anhebung, begleitet weiterhin ein heilvoller Lichtstrahl von Erzengel Aannathas Lichtträger und Erzengel Michael Lichtschwertträger auf ihren Wegen der Bitterkeit, die durch das Ignorieren ihres göttlichen Erbes von ihnen *selbst* ausgelöst werden.

Doch es kommt eine Zeit, weit nach dieser Zeit, wo wieder eine Bewusstseins-Anhebung, ein Quantensprung, möglich wird: Dann können diese Seelen folgen.

In diesem Buch spricht nun auch *Erzengel Michael* über seine von Gott-Vater-Mutter erteilte Aufgabe und die göttliche Wahrheit seines *Seins*. *Er klärt über seine himmlischen Mächte auf, welche sein Heilstrahl, der blau-goldenen Opal-Kristall-Strahl, in sich trägt.*

*Gemeinsam mit Erzengel Aannathas Lichtträger* berichtet er in diesem Buch von den göttlichen Aufgaben und der *göttlichen Wahrheit* allen *Seins*.

In tiefster Hingabe, Schöpfermacht und Liebe lenken diese beiden größten Sternenmeister und Engel in dieser Zeit des *Übergangs* gemeinsam ihre kristallinen Opal-Strahlen der Transformation und der Öffnung des Universellen Bewusstseins zum Wohle und zur Heilung von allen Menschen und Allem-Was-Ist.

In unendlicher Liebe und sorgender Hingabe begleiten, führen und stützen Erzengel Aannathas Lichtträger und sein Bruder im Licht, Erzengel Michael Lichtschwertträger, die Menschen in dieser besonderen Zeit auf Erden.

Wir lieben euch unendlich.

*Sternenmeister Saturn, der Hohe Galaktische Rat*

# Erzengel Michael spricht

Seid gegrüßt aus tiefstem Herzen, geliebte Kinder des Lichtes. *Versteht, ihr, meine geliebten Geschwister auf Erden, ihr seid die kostbare Sternensaat, die in Licht und Liebe ausgestreut wurde, um Gott und Alles-Was-Ist zu ehren, in dem ihr alle kosmische Wahrheit manifestiert und so heiligt.*

Ich Bin Erzengel Michael, mächtigster Engel Gottes, Krone der Engel, von Gott Erwählter, und mein Name bedeutet: *Ebenbild Gottes.* Unantastbar ist meine Reinheit, Loyalität und Liebe gegenüber meinem Vater-Mutter-Schöpfer. Ich trage das *Göttliche Schwert des kosmischen Lichtes,* das alles Dunkle und Elende von meinen Erden-Geschwistern auf ihren Wunsch hin trennt, auf dass sie im hellen Licht der himmlischen Freude und universellen Klarheit erleuchten und wieder zu ihrer göttlichen Wahrheit gelangen können. Ich habe mich im Licht der göttlichen Wahrhaftigkeit neu erschaffen und trete nun mit meinem über alles geliebten Bruder im Licht, „Aannathas", hervor als Lehrer und Heiler der *Neuen Zeit,* um jeden, der bereit ist, sich zu erinnern, zu helfen, die Himmel in sich selbst zu finden.

*Ich war und bin immer bei euch,* wenn ihr eure universelle Macht lebt, weil ihr bereit seid, euren Schöpfer-Willen zu leben, eure Gedanken zu klären, Absicht und Tat zu vollbringen, alles Dunkle durch Liebe zu reinigen und so zu erheben. Ich unterstützte und unterstütze euch weiterhin, eure große Licht-Macht zu zentrieren, zu kanalisieren und zu navigieren (lenken), damit ihr eure Vision ins Erdhafte bringen könnt und sie erblühen und sich entfalten kann. Ich stärke seit Anbeginn euren Glauben und eure Ich-Bin-Bewusstwerdung und gewähre euch Schutz, soweit ihr mir *freies* Handeln zugesteht.

*Und Ich Bin und war zu aller Zeit eins im Kristall-Licht mit meinem Bruder, Erzengel Aannathas Lichtträger, mit dem Ich gemeinsam den von Gott gegebenen Auftrag erfülle.*

*So wie Erzengel Aannathas an der rechten Seite Gottes steht, so stehe ich an der linken Seite Gottes.*

Geliebte Kinder des Lichtes, bitte versteht, was das für euch bedeutet!

Rechts steht in eurem Verständnis für die *feste* Materie, denn ihr wisst ja nun, dass Licht auch Materie ist, nur in einer unterschiedlichen Dichte. Erzengel Aannathas erläuterte es euch in Buch 1. So unterstützt euch Aannathas dabei, alle Bereiche des *Irdischen* zu eurem und aller Besten zu entfalten. Sein violett-goldener Opal-Kristall-Strahl steht für Gleichklang, Wahrhaftigkeit und Transformation. Die göttliche Kraft dieses Farbstrahls ermöglicht es jedem, durch in freiem Willen *gelebte* Liebe für Alles-Was-Ist höchste Erkenntnis zu erlangen.

Damit ihr dies jetzt bewusst erreichen und umsetzen könnt, Bin Ich seit Anbeginn aller Zeit mit meiner Lichtkraft und meinem *Lichtschwert der Liebe* an eurer Seite. Mein blau-goldener Opal-Kristall-Strahl, der für Öffnung, Navigation und Zentrieren steht, ermöglichte euch, euch auf die jetzt nötige Transformation durch und mit Erzengel Aannathas vorzubereiten.

*Immer konntet ihr meine göttliche Heilenergie anrufen, um euer Sein zu verstehen und ins Licht voranzubringen.*

So stehe ich an der linken Seite Gottes, welche sinnbildlich die Herzseite für euch darstellt. *Links* steht für das *geistige Bewusstsein* und weist auf die geistige Welt hin. An *rechter* Seite Gottes steht Erzengel Aannathas und weist auf das *Irdische* hin, das durch euer Verstandeswissen gelenkt wird.

Somit ist es meine Aufgabe, euch bei eurer spirituellen Entfaltung zu unterstützen. So lenke Ich seit Anbeginn der Zeit auf Gottes Wunsch die Seelen auf ihrem Weg der Klärung, der Reinigung, des Wiedererlangens der eigenen Schöpferkräfte durch Erinnern und nütze mein Flammenschwert der Gottesliebe, um euch auf den Wegen der Erleuchtung zu beschützen.

Geliebte Kinder des Lichtes, ich weiß um eure *Ängste* auf Erden, welche vor allem durch Gedanken der Trennung von Gott in euch leben und zum Teil bereits ein Eigenleben in euch führen! *Immer war ich aber dabei an eurer Seite*, auch wenn ihr mich manchmal nicht spüren konntet. Immer habe ich mit meinem Lichtschwert viele eurer Wege *geöffnet* und *geschützt*, soweit es euer freier Wille mir erlaubte. Doch nun hat eine ganz besondere Zeit auf Erden begonnen, die Zeit des Feuers – der Reinigung, wie wir es hier in den himmlischen Ebenen nennen, und nun *Bin Ich euch so nahe wie niemals zuvor.*

Bitte beachtet, dass das *opalisierende Kristall-Licht wie ein Spiegel wirkt.* Es zeigt also jetzt *jedem* ganz klar und eindeutig auf, was er noch ins *Licht* bringen will. Die Kraft und Transzendenz des *Opals* bewirkt hierbei die Erleuchtung und die vollkommene Erneuerung eures *Zellgedächtnisses,* wodurch sich höchstes, lichtvollstes Bewusstsein manifestieren *kann*. Das bedeutet wahre Meisterschaft, und deshalb seid ihr alle hier.

Erzengel Aannathas erläuterte euch ja schon, was Licht bedeutet, und doch will Ich es euch zur Erinnerung noch einmal näherbringen.

Licht ist gleichbedeutend mit Energie, und diese wiederum mit Information. Sie ist manifestiert in Farben und bewegt sich wellenartig. In letzter Konsequenz ist sie Liebe, göttliche Liebe, die im Äther des Kosmos die göttliche Fülle bezeugt. So ist sie überall vorhanden und kann immer von jedem genutzt und angewendet werden. *Gedanke, Absicht und Tat sind dabei die göttliche Schöpferkraft jeder Seele.*

Mit Beginn der 5. Bewusstseins-Dimension auf Erden wurde und wird nun der blau-goldene und der violett-goldene Opal-Kristall-Strahl aus Himmelstiefen in höchster Form und Dichte auf die Erde gesendet – um göttliche Impulse für das Erwachen der Menschheit zu geben und um die ganzheitliche Erneuerung und den energetischen Aufstieg von Allem-Was-Ist zu unterstützen.

*Der Opal-Strahl* schimmert in allen Farb-Aspekten und vereint so alle himmlischen Kräfte und Puls-Strahlen in sich, welche den kosmischen Takt aller Bewegung und dadurch allen Seins anstoßen und immer weiter am Leben erhalten. Er vermittelt höchstes geistiges Bewusstsein und ermöglicht eine Wiedergeburt ins Licht der Vollendung.

*Der gold-kristalline Strahl*, der den Opal-Strahl trägt, steht für Reichtum und Fülle *jedweder Art* und höchste Weisheit. *Gold* füllt die Leere der Menschen mit göttlichem Wissen auf, erleuchtet das Herz und trägt die Botschaft, *„dass allein die Liebe siegt"*.

*Der weiße Kristall-Strahl* bewirkt durch seine Klarheit und Reinheit stetigen Aufstieg und geistige Weiterentwicklung bis hin zur göttlichen Wirklichkeit und stabilisiert gleichzeitig. *Er allein* setzt in der Materie um, was ein Mensch im Herzen bereits transformiert hat.

Meine geliebten Geschwister, unendlich gerne senden ich und Erzengel Aannathas, mein himmlischer Bruder, euch unsere Opal-Strahlen der göttlichen Heilung, wenn ihr euch nun öffnet. Diese werden euch eine Fülle an Zufriedenheit und ein glückliches Leben schenken, seid ihr bereit zu erkennen, dass euer wahrer Lebenssinn ist *zu lieben*.


Meine besondere Kraft liegt darin, dass ihr mein Lichtschwert anrufen, anfordern könnt, damit es euch Mut und Tapferkeit schenkt und euch dazu verhilft, eure Führungskräfte zu erkennen und eure alte Meisterschaft wieder anzunehmen: *denn ihr seid nicht alleine und ihr seid nicht schwach oder ohne Schutz.*

Ich helfe euch, alle Anstrengungen zu unternehmen, um wieder bewusst *der* zu werden, der ihr wirklich seid – ein *Krieger des Lichtes*, so wie Ich es bin!

Ihr wisst, und bitte erinnert euch täglich daran, dass eine *lange Phase* der Reinigung und Erneuerung auf Erden begonnen hat und dass alles, was im Argen liegt, sich *nach und nach wandeln* und in lichtvollerer Form wieder neu zeigen wird. Doch seht die Zeit nicht an, sondern macht sie euch zu eurer Verbündeten, indem ihr vertraut. So kann alles in seiner Zeit *heilen*. Und wisst bitte auch immer, das letzten Endes alles in höherer Hand liegt – auch ihr und euer lichtvolles Werden. *Bitte bedenkt, dass das der einzig richtige Denkansatz ist … und sein kann.*

*Ihr geliebten Kinder des Lichtes, Sternenkinder, die ihr ausnahmslos seid, öffnet deshalb eure Herzen angstfrei, damit ich wirken kann, so wie unser aller Gott-Vater-Mutter-Kosmischer Geist es vorgesehen hat. Werdet wieder wie Kinder, die, weil sie Erinnerung zulassen in ihrem freiem Willen und ihrer mutvollen Absicht, sich wieder sehen, jetzt gleich, in den farbenfrohen und leuchtenden paradiesischen Gärten der Himmel und der Ewigkeit; die Spiele der Freude und Leichtigkeit erringen und sich daran erfreuen und dadurch erblühen wie die weißen Lilien der göttlichen Weisheit im Garten Eden, weil sie wissen, dass sie allzeit geschützt, genährt und geführt sind. Und lasst eure wundervolle Liebe fließen, zu euch selbst und dann zu Allem-Was-Ist, weil ihr tief in euch wisst, dass nur so auch alle Liebe zu euch kommen kann! Bitte erwacht in Geduld.*
*Ich liebe euch unendlich.*

*Michael*

# Die Himmlische Konvergenz

Geliebte Kinder des Lichtes, ihr alle hörtet vom *Goldenen Zeitalter* schon vor langer Zeit und in altgelebten Leben. Die Menschheit, geboren aus der Genialität und Weisheit des Allzeit-Göttlichen, verstand seit Anbeginn den sie umgebenden *Orbit*, ja das All, nicht nur durch ihre wissenschaftlichen Aktivitäten, sondern auch durch ihr göttliches Erbe, das immer in jeder Seele ruht: denn eure irdische, grobstoffliche Körperlichkeit wie auch die geistige, feinstoffliche Materie besteht aus dem gleichen göttlichen Licht oder Ur-Substanz wie alle Sterne und Alles-Was-Ist.

Ihr wusstet (ahnet) durch eure *Sternenherkunft*, dass sich nur durch die stetige Bewegung aller Lichtteilchen – ihr nennt sie u.a. Atome, Photonen, Strings, Quanten – ewig alles erneuert und so am Leben erhält. So wusstet und wisst ihr, tief in eurem Herzen, auch wenn es euch jetzt gerade nicht geläufig ist, dass sich all diese kosmischen Bewegungen in einem vorgegebenen Radius oder einer Ordnung vollziehen. Diese nennt man Matrix (göttliche Ordnung), und sie ist auf Planeten, Sternen oder anderen himmlischen Welten unterschiedlich, da sie sich aus der jeweiligen Ur-Substanz (Licht-Materien-Dichte) dieses himmlischen Körpers entwickelt.

Euer Mutter-Planet, Terra-Gaia, zieht ihre elliptischen Umlaufbahnen ebenfalls in der ihr *eigenen* Matrix und erreicht jetzt wieder einmal mit ihrem Sonnensystem im kosmischen Äonen-Zyklus von 26.000 Jahren nach 13.000 Jahren den äußersten Rand des Orbits ihrer *Zentralsonne Alkione* und tritt somit ein in eine ganz *spezielle Strahlungs-Qualität*. Diese ist so kraftvoll-strahlend, gold-irisierend und kompakt, dass sie deshalb die *goldenen Strahlen* genannt werden. Durch die besondere Nähe zu diesem machtvollen Himmelskörper, der eine für euch unvorstellbare Energiequelle ist, werden jetzt *intensive Umwandlungskräfte freigesetzt,* die euch und der Erde dienen, um zu transformieren.

Bedenkt bitte, geliebte Kinder des Lichtes, da das Universum nur ein „*Ja*" kennt, bewegt sich alles immer sinnbildlich nach oben, um höher, feinstofflicher, geistiger zu werden. Es strebt ins Licht, um transparenter zu werden und zu transzendieren: so auch die Erde und mit ihr das ganze Sonnensystem, das jetzt eure Heimat ist. Ihre immerwährende Bewegung zeichnet eine spiralförmige Aufwärtsrichtung und erreicht damit eine nie da gewesene Qualität der *Erden-Revolution und Evolution.*

Somit wird sich eure alte Ordnung nun in eine neue *Höhere Lebensordnung* wandeln, in der alle Dinge und Phänomene sich neu erschaffen und darstellen können und *werden.*

Wie ihr an einigen eurer Wirklichkeiten, wohl noch etwas zaghaft, aber doch schon erkennen könnt, denn diese Umformung hat bereits begonnen. Freut euch, denn das ist nur der Anfang – wahrlich – von Wundern auf Erden, die eure kühnsten Erwartungen übertreffen werden.

*Ich, Erzengel Michael, Erzengel Aannathas und alle anderen Engel sind hierbei an eurer Seite, um euch zu schützen, zu lenken und beizustehen. Denn wir lieben euch über alle Maßen!*

Was und wieviel dabei gewandelt werden will, steht jedem von euch vollkommen frei. Diese Phase der kraftvollen Strahlungseinwirkung auf euer Sonnensystem bleibt sehr lange, während einer langen Zeit der 5. Dimension, bestehen und gibt euch immer wieder die Möglichkeit, alles noch Unbewusste ins Licht der Liebe anzuheben.

*Habt also Geduld und lasst euch Zeit, kommt nicht in Zugzwang, Hektik oder übt keinen Druck auf euch aus,* denn alles soll nun in Ruhe, Stille, Hingabe und Vertrauen geschehen. So werdet ihr beste

Ergebnisse erzielen, und Leichtigkeit, Friede und Freude werden und sollen euch bei dieser Arbeit begleiten und stützen.

*Ich Bin dabei immer an eurer Seite und mein Lichtschwert der göttlichen Liebe trennt immer wieder alles von euch, auf euren Wunsch hin, alles, was ihr in Verstehen und Liebe loslassen wollt und was euch nicht mehr dient, und löscht es in eurem Bewusstseinsspeicher, der Aura, für immer aus. Ich bitte euch, ruft mich an, damit Ich für euch tätig sein kann. Bitte glaubt auch daran, denn dann verstärkt ihr um ein Vielfaches meine Arbeit. Erinnert euch immer wieder daran, dass jeder von euch ein autarker Schöpfer ist!*

Geliebte Sternenkinder, durch diesen Eintritt in diese hohe Spiritual- oder Licht-Kraft, der sich ab 22. 12. 2012 vollzog, erhöhte sich die *Informationsflut*, welche nun unentwegt auf euch und die Erde einwirkt, nochmal um ein Vielfaches. Ihr wisst, dass Licht *Information* ist, kosmisch-göttliche Information, und diese immer *Liebe* ist.

*Ihr tretet also jetzt vollends – viele von euch sehr bewusst – in die Erlösungs-Energie des Christus-Lichtes ein, welche die höchste Licht-Energie ist, die ihr auf Erden leben könnt! Ihr besonderes Geschenk ist die göttliche Gabe der Wandlung – der Lösung von allem Lichtlosen in allen Ebenen menschlichen Seins.*

*Ein großes Ringen um die Freiheit des Geistes und der Seele findet seit langem auf Erden statt. Nun ist Zeit und Raum in besonderer Form gegeben, um zu erkennen und zu wandeln.*

*Eine 200jährige Übergangszeit, die 2030 endgültig endet, leitete diese außergewöhnliche Zeit der Transformation für euch auf Erden ein.*

Euer Zeitverständnis ist eingeteilt in Welten-Zeitalter, die jeweils eine Bewusstseinsphase aufzeigen bzw. energetisch beinhalten und jeweils 2000 Jahre dauern. Diese sind nach Sternenweisheit in 12 (= Zahl der Ordnung) Phasen geordnet, so wie das euch bekannte Sternbilder-Horoskop.

In der 200jährigen Übergangszeit fand im Erdenjahr 2000 der Übertritt vom *Fische-Zeitalter* ins *Wassermann-Zeitalter* statt.

Im Fische-Zeitalter konnte durch irdische Struktur Wohlstand und Sicherheit erreicht werden, allerdings bestand dabei die *Gefahr*, dass diese Jahrhunderte angewendeten Strukturen und Muster sich festfahren und verhärten (wenn ihr euch umseht, ist das noch gut zu erkennen). Gleichzeitig konnte aber auch ein geistiges Tor spiritueller und geistiger Entfaltung durch lichtvoll *gelebte* Schöpfergedanken durchschritten werden, welches da schon den Boden für die folgende geistige, *spirituelle Revolution* (im Wassermann Zeitalter) vorbereitete. Allerdings konnten nur wenige dieses Tor für sich öffnen.

Im folgenden Wassermann-Zeitalter nun, das für Aufbruch (Aufbrechen verkrusteter Strukturen), Innovation und Vision steht, kann nun von euch eine Welt der individuellen *neuen Werte* erschaffen werden. *Denn der Leitsatz lautet: Freiheit, Gleichheit und Brüderlichkeit.* Ein wundervolles Erwachen und Erblühen in das Geistig-Göttliche ist hier jedem gegeben.


Das Wassermann-Zeitalter entspricht im kosmischen Zyklus auch dem Frühling, und ihr alle wisst, was das bedeutet. Denkt an die überquellende Stärke, mit der die Natur den Winter beendet. Wenn durch den restlichen Schnee die erste Blumenpracht durchbricht – kleine, zarte, feenartig-duftige Gebilde, die so erstaunlich kraftvoll die harte Kruste des harschigen Schnees aufbrechen, ganz gleich ob es dann nochmal schneit: sie lassen sich nicht hindern, sondern wachsen freudvoll ins Sonnenlicht. Und verzaubernde Freude, denn das empfinden eure Herzen, seht ihr nach langen, grauen, frostigen Wintertagen wieder diesen wundervollen *göttlichen Zauber,* erfüllt euch. Nicht immer zu erklären mit all eurer Wissenschaft. Und genau so wird es sein auf Erden in diesen „wunder- und zaubervollen Tagen, Monaten, Jahren", in denen nun das *Alte* – Ordnungen, Strukturen, Muster, Institutionen – langsam dahinschmilzt und sich auflöst wie der letzte Schnee in der Sonne.

Zart, lichtvoll und kraftvoll, doch manchmal auch heftig, werden unabänderlich wie die farbenprächtigen Himmelsboten, die Blumen im Frühling, die Wirklichkeiten der *Neuen Zeit* erblühen und wachsen, ebenso farbenprächtig und vielfältig, und nichts und niemand wird sie aufhalten können. Ich bitte euch alle, unterstützt diesen nunmehr unaufhaltsamen Vorgang der Läuterung, Reinigung und Erneuerung bis hin in die tiefsten Zellebenen mit eurem standhaften Vertrauen in euch selbst und Uns. Und beginnt bitte in euren Gedanken damit!

*Wir und die Geistige Welt umarmen und danken euch dafür mit aller universellen Liebe. Seid gesegnet dafür.*

So wird und kann sich nun allumfassende und bedingungslose Liebe in unterschiedlichster Form und Art und Weise in allen Bereichen des Lebens langsam entwickeln und entfalten. Manches auf Erden wird sich *schnell* wandeln, manches braucht noch etwas *länger*, wie euch bereits Erzengel Aannathas berichtete. Auch Ich bitte euch, euch selbst und allem Zeit und eurer Vertrauen zu geben. Habt Geduld...

*Und bitte wisst, meine Liebe und mein Schutz sind dabei immer mit euch.*

*Geliebte Kinder des Lichtes, ihr befindet euch also nun in einer ganz besonderen Entwicklungsphase auf Erden, und um euch in größtem Maß mit göttlicher Liebe und Macht zu unterstützen, Bin Ich auf Gottes Wunsch eine Konvergenz (Übereinstimmung) mit Erzengel Aannathas, Lichtträger, eingegangen. Mit unseren gemeinsamen himmlischen Kräften öffnen wir euch nun lichtvollste Sternentore, welche euch allen eine Fülle von göttlichen Geschenken bescheren.*

Erzengel Aannathas, welcher nun, wie ihr wisst, als der 13. Engel wieder hervortrat in eure Wahrnehmung, ermöglicht euch durch seine Energie der 13 *die Einweihung* in eure alte Meisterschaft. Sein violettgoldener Opal-Kristall-Strahl steht für Gleichklang, Wahrhaftigkeit und Transformation. Die göttliche Kraft dieses Farbstrahls ermöglicht es jetzt jedem, durch in freiem Willen *gelebte* Liebe für Alles-Was-Ist höchste Erkenntnis zu erlangen.

Damit ihr dies jetzt bewusst erreichen und umsetzen könnt, Bin Ich seit *Anbeginn* aller Zeit mit meiner Lichtkraft und meinem Lichtschwert der Liebe an eurer Seite. Mein blau-goldener Opal-Kristall-Strahl, der für Öffnung, Navigation (lenken) und Zentrieren steht, ermöglichte es euch, sich auf die Transformation durch und mit Erzengel Aannathas *vorzubereiten*.

*Um jetzt auf Erden eine Transformation und die Einheit von Geist und Verstand zu vollziehen, sind unser beider göttliche Fähigkeiten unabdingbar.*

Bitte erinnert euch, geliebte Sternenkinder, *alles ist Zahl*, und so baut sich auch die allem übergeordnete Matrix des Universums, des Kosmos, auf Zahlen auf, ordnet sich und lebt sich durch die Zahl; kann allein durch sie die ewige Bewegung konzipieren und ausführen und ist somit das universelle Handwerkszeug, das euch auch immer auf Erden zur Verfügung steht und unbedingte *Klarheit* aufzeigt.

*Erzengel Aannathas trägt die Energie und Führungskraft der „13". Sie ist in der göttlichen Matrix, der Ordnung der Ur-Quelle GOTT, immer der Anfang und der Beginn einer neuen, ganzheitlichen Wirklichkeit, einer neuen Göttlichen Schöpfung – und das ist Auftrag und Vollendung allen universellen Seins.*

*Ich trage die Energie der „1", welche für Schöpfertum und Wille steht. Ohne Willen werdet ihr auf Erden nichts erreichen noch verändern. Durch die 1, also meine göttliche Führungskraft, unterstütze und vollende ich die Kraft von Aannathas, somit eure Absicht, eine neue Wirklichkeit zu erschaffen. In euren Gedanken, wie ihr wisst, beginnt einfach alles.*

Wie Ich euch sagte, begann am 22. 12. 2012 das Neue Äon (Evolutionszyklus von 26.000 Jahren = die Zeit einer Umlaufbahn eures Sonnensystems innerhalb eurer Heimat-Galaxie, der Milchstraße, um die nächstgrößere Zentralsonne Alkione). Wie ihr an diesem Datum (Quersumme) erkennen könnt, trägt es die Energie der „12" und somit die Energie des „Heilers" oder aber, wird dies nicht erkannt und somit nicht geheilt, die Energie seines Schattens, nämlich des „Opfers".

Wer also sein Leben in dieser Zeit der Wandlung auf Erden nicht in Ehrlichkeit und Wahrheit beleuchtet und verändert, wird zum – *eigenen* – Opfer seiner Gedanken und dadurch seiner Schöpfungs-Phänomene (Wirklichkeiten) auf Erden!

Dabei steht die Energie der „1", wie ihr wisst, für den Willen und die Absicht, die "2" für das Wissen: für das *göttliche Wissen*, das nur durch *ehrliches* Beleuchten aller Missklänge im eigenen Leben, die dann kraft des Herzens in eine von Harmonie getragene Melodie, umgesetzt im Lebens-Alltag, gewandelt werden können; was dann echte, wahre Transformation bedeutet. Nur so wird dann für jeden von euch dieses göttliche Wissen in eure Weisheit gewandelt – und ihr erinnert euch!

*Bitte versteht, das ist der Sinn eurer Inkarnationen auf Erden. Nicht zu lernen, nicht zu suchen, sondern einfach euch zu erinnern!*


Geliebte Kinder des Lichtes, Erzengel Aannathas erklärte euch in Buch 1 die Bedeutungen von Dimensionen und ihren Schwingungen oder auch ihren göttlichen Impulsen. Wisst ihr es noch? Jede Licht-Dimension ist nicht nur eine Größe an sich, sondern trägt immer ein universelles Thema. Licht-Strahlen, die aus dieser Dimension von Sternenmeistern in Welten oder Systeme (z.B. Erde = System-Schulungsplanet) gesendet werden, um diese auf ihrem Weg ins Licht zu unterstützen, tragen somit immer einen göttlichen Auftrag, der angenommen werden kann, aber auch verleugnet oder abgelehnt werden darf! Ihr wisst, der freie Wille ist euch immer und jederzeit geschenkt und gewährt.

*So trägt das Goldene Zeitalter die Energie des zweigeteilten göttlichen Puls-Strahls der 12 sowie auch der 13.*

Ihr wisst ja nun, die 12 steht für Opfer oder Heiler, die 13 für Transformation. Und der göttliche Pulsstrahl schwingt in der Energie von: *Geist siegt über Materie*. Doch nur ein *transformierter* Geist kann siegen. So bekommt die 13 ihre universelle Berechtigung. Somit ist das Entwicklungs-und Transformations-Thema für euch alle in dieser und der kommenden Zeit maßgeblich.

*Ich, Erzengel Michael, habe meine kraftvoll-schützende Energie und meine unendliche Liebe auf Gottes Weisung und Wunsch in einer von Weisheit und Liebe getragenen Konvergenz mit Erzengel Aannathas verbunden, um an eurer Seite zu sein, wenn ihr wieder erkennt, dass jeder von euch immer ein Kind des einen, wahren, Lichtes der Liebe – GOTT – ist. Und dass dieses Licht, aus dem ihr alle einst entsprungen seid, eure größte Macht auf Erden wie in allen Himmeln ist. Lasst diese einzige göttliche Wahrheit allein euer Lebens-Impuls sein, damit ihr, jeder von euch, jetzt und in Zukunft zu einem Lehrer der Neuen Zeit werdet. Auch eure irdische Mutter, Terra-Gaia, wird euch immer dabei mit all ihrer Empathie und Liebe unterstützen, so wie wir.*

*Denn wir alle lieben euch.*

*Michael und Aannathas*

# 2012 und sein Transformations-Potenzial

Geliebte Sternenkinder, von vielen unter euch erreichen mich immer wieder ungeklärte Fragen über den Dimensions-Wechsel am 21. 12. 2012 auf Erden. Gerne erkläre ich euch einiges dazu. Grundsätzlich *zeigt* sich euch das Universum in *Zahl,* aber auch Ton, Form und Farbe werden so leichter verständlich für euch. So greife ich auch darauf zurück, um es anschaulicher zu machen.

*Zahlenphilosophisch* gesehen steht 2012 für die 5 (= Quersumme) und somit für einen *Erinnerungs-Prozess* der Seelen auf Erden, der das Thema „mein Weg zu mir = mein Weg zu Gott" und umgekehrt „mein Weg zu Gott = mein Weg zu mir", als Aufgabe beinhaltet. Wir nennen es auch die *Lebens-Schule der Erkenntnis,* hinsichtlich *immer* irdisch gegebener Herausforderungen. So zeigte energetisch gesehen das Jahr 2012 für euch Menschen euren eigenen Anspruch auf – ausgesendet durch eure Höheren Selbste –, nun den alles *entscheidenden* Schritt zu wagen und alle Herausforderungen, die damit verbunden sind und sein werden, anzunehmen, um sie mit Mut, Kraft, Ruhe und Geduld zu bewältigen. Der Glaube an euch selbst und die in euch manifestierte Göttlichkeit als *einzige* Wahrheit gelten zu lassen, war hier die von *euch selbst* geforderte Absicht.

So wurde am 21. 12. 2012 exakt eine galaktische Bewegung, eine Umkreisung eures Sonnensystems um die nächstgrößere Sonne, eure Zentralsonne Alkione, beendet: Ihr nennt so eine Zeitphase von 26.000 Jahren ein Äon oder Platonisches Jahr. Und ein nächstes Äon begann somit: die 5. Bewusstsein-Dimension, die als göttlicher Puls-Strahl die Haupt-Themen *Geist siegt über Materie* und *allein Liebe siegt* in sich trägt und euch von nun als stetiger *Impulsgeber* begleitet!

Bevor das jedoch in Klarheit und Wahrheit geschehen kann, muss alles Alte, Verderbte und Dunkle auf Erden erlöst und ins Licht gehoben werden, was noch *nicht* ganz passiert ist! Dazu lief am 21. 12. 2012, auf Wunsch des autarken Schöpfer-Geist-Wesens Terra-Gaia, eurer Erden-Mutter, *genau* zu diesem Zeitpunkt alles lichtlose *Vergangene* nochmals energetisch im morphogenetischen Feld, der Aura der Erde, wie ein *Film* ab und zeigte und zeigt euch jetzt (noch immer) Unerlöstes und Elendes auf, da die Übergangszeit oder Auslaufzeit etwa 2039 zu Ende geht. So kann noch einiges auf Erden angesehen werden, um es dann in der Wahrhaftigkeit der bedingungslosen Liebe zu erkennen und somit aufzulösen.

Geliebte Sternenkinder, seid nicht traurig darüber, lebt in der Weisheit eurer Herzen Geduld und Gelassenheit, urteilt nicht oder *erzürnt* euch, sondern, wir bitten euch, gebt *allem* eure Empathie, euer Mitgefühl, eure Toleranz und eure Liebe, weil ihr versteht – versteht, warum noch immer Kriege, Feindschaften und nach eurem Empfinden Ungerechtigkeiten auf Erden geschehen werden, bis endlich altes Karma (Sanskrit, bedeutet Handlung) *endgültig* aufgelöst ist. *Lasst Liebe fließen in jedem Augenblick, agiert als Heiler der Welt, was euer einziger Auftrag ist…*

Bitte bedenkt des Weiteren, das Äon der Befreiung, des Mitgefühls, der Gleichheit, der Toleranz, der Achtsamkeit und des Eins-Seins, eingebunden in allumfassende und bedingungslose Liebe, hat gerade *erst begonnen. Im Zeitrahmen der Unendlichkeit, welche eure einzige, wahre Essenz ist, ist dieser Zeitraum nicht einmal ein Augenschlag. Versteht…*

Bitte erkennt, geliebte Sternenkinder, dieser göttliche *Puls-Strahl* wird euch helfen, ein dunkles Thema und seine zum Teil elenden Umstände auf Erden endlich – allmählich – zu besiegen. Seit 5.000 Jahren herrschte und beherrschte euch alle die menschliche Regel *Zeit ist Geld*, was für euch missliche Lebensumstände und eine schwierige und traurige irdische Wirklichkeit erzeugte. Daraus entstand energetisch gesehen *nicht* wie im Göttlichen vorgesehen: Liebe deinen Nächsten wie dich selbst, sondern ein zwingendes, Elend besetztes *Herr und Sklave-Verhältnis*. Dieses kann und wird sich in absehbarer Zukunft in ein licht- und liebevolles *Zeit ist Kunst*-Verhältnis und den Schöpfungsakt *Jeder bestimmt selbst seine Zeit* verändern und wandeln.

*Freut euch, geliebte Kinder des Lichtes. Das ist der göttliche Same, der in dem Puls-Strahl der 5. Dimensions-Kristall-Energie schwingt und sich entfalten und erblühen wird. Bitte, habt ein klein wenig Geduld und unterstützt mit euren wissenden Gedanken diesen Heilungsprozess auf Erden! Sendet dazu immer, wenn ihr könnt und daran denkt, ein Bild von Arbeitsverhältnissen im Ist-Zustand der Harmonie und von einem frei-kreativen Leben in Freude aus euren Herzen in die Welt: So habt ihr im Geistigen bereits den Raum erschaffen, damit es im Irdischen geschehen kann. So heilt ihr eure Welt – und gleichzeitig euch selbst. Wir danken euch aus tiefstem Herzen dafür.*

Zu der besonderen *Zeit des Übergangs* wurde auf Erden ein besonderes Licht, eine besondere *Eröffnungsenergie,* das *Christus-Bewusstsein der Liebe,* in höchstem Maße eingeschwungen, sodass es jeden von euch einhüllte und alles durchwirkte. Nicht jeder Mensch konnte das wahrnehmen und fühlen, lediglich die sehr feinfühligen unter euch.

Es erfüllte aber einen wichtigen Aspekt der göttlichen Liebe. Diese mächtige universelle Liebes-Kraft schützte und schützt alle Seelen auf Erden während des Eintritts in die 5. Bewusstseins-Dimension, in der höchste galaktische Sternenlicht-Einstrahlungen auf die Erde gelenkt wurden. Sie dienten dazu, die letzten Dunkelmächte auf Erden in Liebe zu durchwirken, um eine Transformation zu *erleichtern.* (Doch wie bei jedem feinstofflich-bedingten Heilungsprozess kommt es erst noch zur Erstverschlimmerung – das erlebt ihr gerade jetzt! Wundert euch also nicht!)

So konnten und können viele Schatten erhellt werden und so mancher Mensch noch plötzlich in seine göttliche Wahrheit erwachen.

Bedenkt bitte, geliebte Kinder des Lichtes, jede Seele, die zu dieser Zeit auf Erden inkarniert ist, wollte bewusst am *Aufstieg* in die nächste Bewusstseins Ebene mitarbeiten; konnte oder kann sich allerdings nicht mehr daran erinnern…

Gerne erkläre ich euch noch einiges darüber. Im ersten Buch *Aannathas, der Erste Engel* hatte ich ja bereits angedeutet, dass Verschiedenes passieren könnte. Und jene, die es gelesen haben, bitte ich, sich jetzt zu erinnern. Es war die *Möglichkeit* von irdischen Erschütterungen, außergewöhnlichen Lichterscheinungen, von Katharsis – Aufbrechen von Altem, Trauer, Schmerz, Blockaden und irrationalen Ängsten- sowie körperlichen oder psychischen Überreaktionen gegeben. Diese mussten auch nicht gleich geschehen, sondern sie konnten einfach nur einen Impuls bekommen und etwas später dann hervortreten. Sicherlich ist einigen von euch Ähnliches bekannt.

Ich sprach aber auch davon, dass darüber letzten Endes euer Mutter-Planet Terra-Gaia entscheiden würde: Und für sie hing es von dem aktuell gelebten Bewusstsein ihrer Kinder, also euch, den Menschen, ab! Je nachdem wie bewusst oder noch unbewusst die Menschheit als Ganzes bis genau zu diesem Zeitpunkt sich darstellen würde, würden *transformierende* Ereignisse stattfinden und die Menschen wachrütteln. Da dies kaum passiert ist, dürft ihr davon ausgehen, dass eure irdische Mutter *zum Teil* relativ zufrieden mit euch ist.

Das war die Momentaufnahme. Der weitere Verlauf eurer Gedanken-Schöpfungen auf Erden bedarf aber, im *Gesamten*, auf jeden Fall noch einer Reinigung, Klärung und Erneuerung im Sinne der göttlichen Wahrhaftigkeit des All-Eins-Seins in Liebe, Toleranz und Achtsamkeit.

Geliebte Kinder des Lichtes, bitte erinnert euch, wir haben euch auch *mehrmals* darauf aufmerksam gemacht, dass die Transformation auf Erden nur in *wenigen* Bereichen schnell und über Nacht vor sich geht. Viele Gegebenheiten auf Erden brauchen *ihre* Zeit, um sich zu wandeln, um dann im neuen, goldenen Licht der allumfassenden Liebe und universellen Weisheit zu erblühen.

Der *Beginn* des Goldenen Zeitalters war euch ja allen lange schon vorausgesagt und prophezeit: Denn dieses genaue Datum ergibt sich aus der ewigen, kosmischen Bewegung eures Sonnensystems innerhalb eurer Heimat-Galaxie, der Milchstraße. Diese wiederum ist vorgegeben durch die Manifestation der göttlichen Ur-Matrix. Hierin sind alle Bewegungen im All als Schöpfungs-Basis in universeller, galaktischer Weisheit erschaffen und gelenkt.

*Der Zeitpunkt des Dimensions-Übergangs wurde also von der göttlichen Ur-Quelle, **Gott**, in der Liebesenergie des Gleichklangs von Allem-Was-Ist vorgegeben.*

Diesen *Übergang* aber und die daraus *folgenden* irdischen Phänomene zu aktivieren und umzusetzen, blieb oder bleibt der Erde, Terra-Gaia, *freigestellt*. Sie ist, wie ihr alle wisst, ein *autarkes* Schöpfer-Geist-Wesen und handelt nach ihrer eigenen hohen Intention. Sie weiß sehr genau, was und wie viel für sie selbst und ihre Kinder wann richtig und erforderlich ist oder war. Demnach handelte sie auch… und handelt noch weiter.

*Vor allem aber erkannte sie am 21. 12. 2012, dass die kritische Masse der Menschen, die erwachte Bewusstheit bereits lebten, überschritten war, zu ihrer größten Freude, und alle möglichen Reinigungs-Aktivitäten in höchster Stufe nicht mehr benötigt wurden!*

Denn viele, sehr viele von euch waren bereits in Liebe und Achtsamkeit erwacht. Und sind weiterhin in hohem Maße bereit, die Erde und alle ihre großartigen Gaben mehr denn je zu ehren, zu respektieren und zu hüten. Das ist und war der größte Wunsch eures Mutter-Planeten. Doch noch muss damit fortgefahren werden, um alles wieder ins Gleichgewicht zu bringen, was jetzt gerade noch aus allen Fugen zu platzen droht.

Deshalb wird es sicherlich auf Erden noch einige heftige Erschütterungen geben. Doch werden diese nur jene direkt betreffen, welche noch wachgerüttelt werden wollen.

Geliebte Sternenkinder, bitte denkt immer daran, dass ihr Menschen mit euren Gedanken-Schöpfungen alles, was ist auf Erden, *mit*erschaffen habt und weiter erschafft. Gut erkennt ihr das z.B. am Wetter oder anderen irdischen, elementaren Vorkommnissen. Schönes Wetter erschafft ihr stets durch Freude und Positivität, Orkane erschafft ihr durch wütende, zu schnelle und hektische Gedanken; Wasserfluten kommen durch zurückgehaltene oder nicht beachtete, nicht gelebte Gefühle; Erdbeben erzeugt meist die Nichtachtung von Mutter Erde! Eure Mutter Erde zeigt es euch nur auf, sie dient euch als Spiegel eurer – schon bewussten oder noch unbewussten – Schöpfermächte. Die Elemente sind dabei ihre göttlichen Helfer. Gemeinsam seid ihr ein Kollektiv, eine Gemeinschaft, die Gleiches erreichen will und sich gegenseitig dabei hilft, Licht und Liebe zu verbreiten und letztendlich zu sein – *im Sein!*

Insgesamt ist dieser gigantische *energetische* Neubeginn ein in universeller Weisheit *fließender Prozess*, wie alles in der göttlichen Schöpfung! Der göttlichen Matrix-Ordnung entsprechend, kann ich euch aber versprechen, dass dieser Vorgang der Transformation bis 2039 *größtenteils vollendet* sein wird und somit für jeden auf Erden sichtbar. Bereits 2020 werden größere Veränderungen sichtbar werden. *Aber ich bitte euch von Herzen, habt Geduld!*

Bitte versteht, dass viele eurer Geschwister auf Erden unterschiedlichste Zeit-Rahmen brauchen, um zu *erkennen!*

Sie alle aber sind autarke Schöpfer: Es ist an ihnen, etwas zu ändern, und sie bestimmen die Zeit. Erinnert euch – das göttliche Geschenk des freien Willens ist immer gegeben!

Nicht jeder aber kann sofort reagieren, selbst wenn er sich *schadet* und es ihm Schmerzen bereitet. Denn alles, was nicht in der göttlichen Waage des Gleichklangs schwingt, ängstigt euch oder erzeugt Unbehagen… tief in euch meldet sich nämlich immer die einzige – *göttliche* – Wahrheit…

Und doch stehen manche hilflos da und wissen *noch* nicht, wie es anders, *besser* sein könnte.

Hier trete ich in Erscheinung, zeige neue Möglichkeiten auf und lenke so manch zaghaften Menschen mit meiner mir von Gott übertragenen Kraft und Liebe.

*Dem allem wollte und will eure irdische Mutter Terra-Gaia Rechnung tragen – und verlangsamte oder erhöht die Transformations-Geschwindigkeit.*

*Aus diesem Grunde waren viele vorhergesagten Katastrophen geringfügiger oder sind ganz ausgeblieben, und manche lichtvollen Erneuerungen sind noch nicht sichtbar.*

*Denn die Zeit, welche niemandem Rechnung trägt als sich selbst, bewegt sich in universeller Genialität in ihren ganz eigenen kosmischen Zyklen – sie Ist und fließt... gelenkt von irdischer Intention... gestützt von göttlichen Vorsehung... und der Mensch kann die sich darin entfaltenden Absichten niemals ergründen noch exakt davon (geistig) hören oder es anders wahrnehmen.*

Geliebte Kinder des Lichtes, bitte erinnert euch, alles *Göttliche* – welches immer auf alles Irdische einwirkt – *entzieht* sich euren Verstandesgedanken und lebt und gebiert *außerhalb* von Zeit und Raum seine Wirklichkeiten, denn es schwingt in der kosmischen Energie der Ewigkeit und deren genialer Weisheit!

So bitte ich euch, meine geliebten Seelengeschwister auf Erden, wenn ihr manches gehört, gelesen habt oder euch gesagt wurde über den Vorgang der Transformation am 21. 12. 2012, das *nicht* übereinstimmte mit der Wahrheit, die sich gezeigt hat, nehmt es mit Gelassenheit, Leichtigkeit, Toleranz und offenem Herzen voller Liebe an. Zürnt nicht jenen, die vielleicht – vermeintlich – Falsches gehört oder gesagt haben. Hier wurde einfach nur ein wichtiger Aspekt des Geistigen in irdischem Eifer übersehen: dass die geistige Welt außerhalb von Zeit und Raum agiert und sie letztendlich bei allen Weisungen die freien Willen der Menschen immer mit einbezieht, weshalb Voraussagen von euch *selten* zeitlich wirklich bestimmt werden können.

Bitte versteht ganz einfach, dass das Universell-Göttliche immer ein großes Geheimnis für euren *Verstand* bleiben wird; allerdings nur für euren Verstand. Denn tief in euren Herzen steht alle Wahrheit geschrieben. Wollt ihr mehr wissen, so ist es an euch zu üben, euer Herz und seine göttliche Wahrheit in *Klarheit* zu vernehmen. Ihr wisst, das Wichtigste dabei ist die Weisheit der Stille und Geduld, *Nichthandeln im Handeln ist hier meist größte Heilung* – weil die Zeit immer eure Verbündete ist; Schnelligkeit, Druck und Hetze dabei eure Feinde!

Bitte, versucht es in Gelassenheit und Ruhe und ruft mich an, wenn ihr wollt, und ich werde euch dabei unterstützen, so wird die Zukunft für jeden von euch ein offenes Buch sein!

*Ihr über alle Maßen geliebte Kinder des Lichtes, wisst aber auch zu jeder Zeit, dass wir großes Verständnis haben, dass wir euch fühlen und eure tiefe Sehnsucht, die ihr aus eurer himmlischen Heimat in den Herzen tragt, verstehen. Die Sehnsucht nach Frieden, Freude, Fülle, Glück, Wahrheit und endlich Gerechtigkeit für jeden, für ein liebevolles und ehrliches Miteinander zum Wohle aller und von allem.*

*Doch ruht aber auch ein großes Versprechen in euren Herzen, das ihr einst eurem Einen-Wahren-Gott-der-Liebe, der euch zugleich sorgender, göttlicher Vater und liebende, göttliche Mutter ist, gegeben habt: nämlich Rücksicht, Barmherzigkeit, Geduld, Toleranz und immerwährendes Mitgefühl zu üben und zu schenken, in jedem Augenblick des Lebens auf Erden, für jene eurer Schwestern und Brüder im Geiste Gottes, die sich bis zum angedachten und vorgesehenen Zeitpunkt der sich dann entfaltenden Transformation zum 21. 12. 2012 der neuen, kristallinen Integrität noch nicht erinnern konnten und deshalb noch in alten Mustern feststeckten und noch feststecken. Ihr wart bereit, Liebe und Geduld zu üben, und dafür danken wir euch mit aller himmlischen Macht. Wir erkennen hier gelebte Meisterschaft eurer Herzen, achten und verehren diese sehr. Hier habt ihr, die jetzt verstehen und ausharren ohne Zorn und die ihr voller Liebe, Vertrauen und Mut die göttlichen Pfade weitergeht, wahrlich göttlich gehandelt; was* euch in Wahrheit von Allem-Was-Ist mehr als ansteht. Seid ihr doch Erwachte! Wir sind wahrlich voller Freude hier in den himmlischen Kristall-Ebenen darüber und breiten unsere lichtvollen Flügel aus und nehmen euch in tiefer Liebe in unsere göttlichen Arme... seid nicht traurig, sondern seid stolz darauf, weil ihr versteht und weil ihr wisst, dass eure Kraft und eure Macht unendlich sind! Dass euch keine Stunde jemals schlägt! So wie uns Engeln! Erinnert euch... ihr seid Engel im ir-dischen Gewand.

Ich liebe euch so sehr.

Aannathas

# Die UrQuelle: *Gott*…
# das Schöpferprinzip

Am Anbeginn aller Zeit und allen Seins war Stille. *Und in der Stille war nichts und im Nichts war alles. Und *alles* war *unendliche Weisheit,* die in Liebe, Reinheit und Sanftmut im kristallinen Licht der Einheit schwingt. Und die Stille war Quelle, ohne Anfang und ohne Ende. Und sie floss in dem ewigen Lichtfluss des *Ich bin,* welcher weiß, dass er *Ist,* und deshalb seinen Willen erkannte, um ihn zu nützen.

*„Und es war* **Gott**" – in seiner ganzen Herrlichkeit und Genialität kristallinen Lichtes, seiner *Wahrhaftigkeit,* die liebevollste Weisheit durch Freude und Vollkommenheit ausströmte. Eine strahlende, ewige, kristalline Quelle, welche seine allmächtige Schöpferpräsenz in seiner Gänze erkannte und sich selbst erfahren wollte. Und der Schöpfungsakt, entfacht durch seine kristalline Flamme, welche sodann aus seiner Mitte entsprang, entfaltete seine ganze Allmacht, wodurch der Ur-Aspekt Gottes in Bewegung kam – *die Liebe.*

Sie, die alles lenkt, die alles erkennt, die alles versteht, die alles aufnimmt, die alles versöhnt, die alles *liebt* und deshalb *alles heilt.*

*Und allein die Liebe, welche Gott allzeit ist, erschuf Alles-Was-Ist.*

Gott in seiner unendlichen Liebe erschuf so die Engel, welche Ebenbilder seiner selbst waren. Welche alle seine Merkmale trugen. *Welche waren wie Er.* Ausnahmslos Kinder des „Ewigen Lichtes".

Und Gott in seiner Weisheit, seiner Liebe und seiner Wahrhaftigkeit erkannte, dass er einen Spiegel erschaffen wollte, um *alles, was ist* in seiner *Ganzheit und Genialität* zu erproben, zu erfassen, zu verstehen, zu achten, zu segnen und zu lieben, um es alsdann wieder in *seiner sich selbst erfahrende Form* und *erleuchtetem Sein* in seine Ganzheit des Lichtes zu integrieren und zu verschmelzen!

> *Am Anbeginn war Stille.*
> *Und die Stille war nichts und alles.*
> *Und alles war* **Gott**.
> *Und Gott lenkte sein* **Ich**.
> *Und erschuf seinen Spiegel.*
> *Und so erschuf Gott den Menschen.*

Nachdem Gott seine Botschafter und Hüter des Lichtes, die Engel, erschaffen hatte, erschuf er nun im nächsten Schöpfungsakt unzählige vielfältigste Welten, unendliche Räume der Liebe, kristalline Sphären der Heilung, mächtige Sternen-Ebenen der universellen Weisheit, aber auch noch *verhüllte Lichtwelten*, in welchen *alleine* Transformation möglich sein würde. Und sie alle werden ewig getragen von dem in Harmonie und göttlicher Schönheit schwingenden, universellen Regenbogen aus goldenen Strahlen, Opalen und Kristallen in allen Farbaspekten, welche die Achsen des Kosmos und dessen Schöpfungen mit dem Licht der göttlichen Vollkommenheit, dem irisierenden *Opal-Strahl*, in allen Zeiten erleuchten und mit Liebe durchdringen.

Um all' diese Schöpfungen zu erleben, sie zu fühlen, in ihrer ganzen Herrlichkeit und Genialität zu entfalten und um sie alsdann zu segnen und zu heiligen, erschuf nun Gott Teile seiner selbst als Mensch.

Und er sprach: *„Du, mein ewig geliebtes Ich, Mensch, welchen ich in diesem Augenblick, in diesem meinem freien Willen und in meiner Allmacht und all' meiner Liebe und Achtung erschaffen habe, Du bist wie jegliche meiner Schöpfungen aus zwei gleichwertigen, genialen Aspekten meiner selbst erschaffen, dem Weiblichem wie dem Männlichen. Gehe nun hinaus in meine Welten, wandle in meinen Projektionen des Lichtes, erkenne deine Mächtigkeit, welche mein Licht und meine Liebe sind. Handle nach deinem Gutdünken, denn deine Schöpfungen, Schatten wie Licht, die meinen universellen Willen allezeit repräsentieren,* *sollen unendlich-vielfältigstes Bewusstsein gebären und so das Ganze heiligen und preisen. Sieh niemals zurück im Zorn, denn es würde Dich zum Urteil verleiten, sondern wandle in dem Wissen, dass alles, was geschieht, dass alles, was du erschaffst und erschaffen hast, in meinem Herzen geachtet und geehrt wird: als der Weg der Transformation, der Weg der ewigen Wandlung – der Weg des göttlichen Schöpfungs-Aktes. Wisse stets in der Wahrheit deines Herzens, dass Du allzeit ein viel geliebter und geachteter Teil meines Ichs bist... und immer sein wirst, ganz gleich, was du gerade tust oder getan hast... Erkenne jedoch auf deinen Pfaden der Erkenntnis immer das Ganze, nimm es in Stille wahr und lass es allein Deine Wahrheit und all' Dein Streben bestimmen, fühle es in Deinem Herzen, denn Deine irdischen Augen werden das Ganze zu* keiner *Zeit auf Erden erfassen, noch wirst du es je mit dem Verstand verstehen können. Verbinde Dich deshalb stets mit jenen, welche ich Dir und Deinen Geschwistern als Lichtträger, Beschützer und Helfer an Deine Seite gestellt habe, den Engeln.*

*Und keiner von Euch wird wahrhaft fehlen noch in Angst und Elend untergehen. Doch es ist an Euch, Euch zu öffnen in Zeit und Raum und Euch zu erinnern."*

Und Gott schenkte seinen Licht-Aspekten, den Seelensternen, diesen nun unentwegt aus seiner kristallinen Mitte entspringenden Lichtstrahlen, den Menschen, einen Körper, eine *irdene, grobstoffliche Körperlichkeit.* Er schenkte alsdann seinen Kindern, den Menschen, welche *alle* gleichwertige Teile seines *Ichs* waren und immer sind, ihre Schöpferkraft und ihren göttlichen Willen, damit sie diesen in allen Höhen und Tiefen, in allen Formen, allen Zeiten und allen Gegebenheiten des *kosmischen Seins* erproben und manifestieren könnten. Sie würden, das erkannte **Gott** in seiner unendlichen Liebe und seiner universellen Weisheit, *lichtvolle,* aber auch *lichtlose* Wirklichkeiten erschaffen und dadurch im *Spiegel der Dualität* deren Folgen bewusst erfassen, um die eigene Mächtigkeit wieder erkennen, verstehen, versöhnen und so lenken zu lernen. So würde und wird kostbarstes, kosmisches Bewusstsein erschaffen.

Denn der *Ewige Prozess des Seins von Allem-Was-Ist, Gott,* wollte seine Präsenz und seine Licht-Macht durch den göttlichen Willen und das göttliche Tun manifestieren und im Ausgleich halten. Denn dies ist und war die Essenz des *Ewig-Göttlichen,* welche Vollkommenheit ist und welche im Ausgleich der Liebe und deren kristallinen Strahlen schwingt und welche sich immer und jederzeit in der *sich selbst sühnenden Dualität* lebt und im *Freien Schöpfertum* spiegelt!

Das Sternenkind, die Erde, genannt *Terra-Gaia,* übernahm den von Gott erwünschten Auftrag in tiefer Liebe und Opferbereitschaft an, sich als *irdene Materie* zu erschaffen, welche den feinstofflichen Seelen, welche Menschen immer sind, die Möglichkeit gab, ihre verschiedenartigsten und energetisch-unterschiedlichsten Schöpfungen zu erproben, sie wahrzunehmen, sie zu verstehen und ihre Folgen zu erkennen.

Denn der schmerzlich zu erfahrende Widerstand der grobstofflichen Materie zeigte und zeigt den Seelen über ihren grobstofflichen Körper auf, welche ihrer Schöpfungen dem Ganzen, und somit ihnen selbst, *dienen oder schaden* würden, weil sie entweder *in* oder *ohne* Liebe und Achtsamkeit erschaffen wurden oder werden. Dies war nötig, denn in dem unendlichen Raum der *Ewigen Liebe,* aus welcher jede feinstoffliche, also lichtvolle Seele entsprungen war und ist, *verschmelzen* sie in jeder Bewegung immer und immer wieder im *Äther der Liebe* und können und konnten so ihre Schöpfungen nicht einordnen noch wahrhaftig wahrnehmen.

Versteht bitte, geliebte Kinder des Lichtes, auf Erden empfindet die feinstoffliche Seele über den grobstofflichen Körper schmerzlich jedwede Schwingung, als welche eine Tat auf Erden sich darstellt, sozusagen *gelesen,* also erkannt werden kann. Und sie beginnt, Schmerzhaftes, weil dunkel und ohne Verantwortung geschaffen, in Schmerzfreies, also Liebevolles zu *wandeln,* und beginnt so ihren *Lichtprozess,* ihren Aufstieg ins Licht der göttlichen Einheit. So folgt sie dem göttlichen Auftrag, die Wahrhaftigkeit der Bewegung, welche allein alles Sein bewirkt, zu jeder Zeit zu kreieren, und ehrt und achtet somit die Urquelle, Gott: weil sie Vollkommenheit, erfahrene Weisheit und bedingungslose Liebe einbringt und in der *Ekstase der Freude* und der höchsten Glückseligkeit mit dem Ganzen wieder verschmilzt.

Allein so beginnt die Seele ihr *Ewiges Ich* wieder zu begreifen, und erkennt, dass allein Bewegung, sich zeigend in der freiwilligen Absicht und folgenden Tat, Kreativität und Schöpfung aus dem erwachenden Bewusstsein zum Wohle aller und von allem hervorbringt.

Terra-Gaia folgte also dem *göttlichen Wunsch* alsbald, denn auch sie hatte, wie jeder *göttliche Teil* im Universum, die Kraft und Stärke, durch ihren Willen Materie und Antimaterie zu erschaffen, um dem Ganzen zu dienen.

So erschuf sich die Erde als Planet in einer Galaxie, welche wie *alles* dem ewigen Kreislauf der göttlichen Spirale des *Ich bin* folgte, im Sinne ihres Schöpfers, *Gott,* um Ihm und seinen geliebten Kindern zu dienen und *himmlisch-irdische Mutter* zu sein. Gott in seiner Güte und Liebe hatte dies so vorgesehen, und ein Teil seiner Schöpfung, der *Stern* Terra-Gaia, die Erde, nahm den göttlichen Auftrag in Freude an, denn sie wusste, auch so konnte sie ihre eigene Entwicklung und Transformation weiter voranbringen, ins Licht der Ewigkeit und deren Vollkommenheit.

*Denn die Erde lebt, so wie jede Seele im Kosmos, ihr ganz „eigenes Werden".*

*Und Gott erschuf aus seinem Ich Engel und Menschen.*

Als also Gott in seinem Licht der Liebe sich selbst erkannte und begann, seine Allmacht zu erproben und zu erfahren zum Wohle des Ganzen, gab er seinem *Ich Raum und Spiegel und erschuf die Engel, alsdann die Menschen.*

Weil er aber in seiner Weisheit und Genialität die Mächtigkeit und Wahrheit seines *Ichs* erkannte, so wusste er sehr wohl, dass er allen Aspekten der Schöpfermacht gerecht werden musste, und er *heiligte den Schatten,* welcher sein Licht stets *bestätigte,* als Teil seiner göttlichen Wirklichkeit, als das Mittel zum Zweck. Nämlich als *aufzeigende Leinwand* zu dienen, jenen seiner Teile, welche sich prüfen, sich widerspiegeln wollten in ihrer sowohl lichtvollen als auch lichtlosen Mächtigkeit: ihnen Verblendungen und Irrungen, Verhärtungen und Ohnmacht aufzeigen sollte durch den Schmerz – den gelebten, am materiellen sowie am emotionalen, geistigen Körper zu fühlenden Schmerz, welchen die Dunkelheit der Unbewusstheit verursachen würde bei allen Lichtwesen, den Menschen, und sie so wieder auf den wahren Weg zurückführen würde. Und er übergab diese *schwerste* aller Aufgaben seinem ersten Engel, den er in seiner reinsten Liebe erschuf und welcher deshalb, wie alle seine Schöpfungen, in *reinster Liebe* schwingt. Seine Aufgabe war und ist es, die Menschen zu führen, zu halten, zu schützen auf ihren *freiwilligen Wegen der Läuterung*, soweit es ihm möglich war und ist, denn er muss allzeit die karmischen Willen seiner Schützlinge ehren und achten; kann und darf deshalb nur eingreifen, wenn es dem Wunsch der Seele entspricht.

*Dem Wunsch der Seele, nicht dem Wunsch des unbewussten Egos, des Verstandes. Bitte, geliebte Kinder des Lichtes, dies sollte von euch zu jeder Zeit unterschieden und beachtet werden!*


*Und so erschuf er als Ersten Engel an seiner Seite Aannathas, der von euch Menschen bis heute sehr richtig und bedeutungsvoll Lucifer genannt wurde und wird. Lucifer, was Lichtträger bedeutet, und somit seine göttliche Bestimmung aufzeigt. Einen Engel des strahlenden goldkristallinen Opal-Lichtes, der jedoch von allen die schwierigste Aufgabe übernehmen sollte, nämlich den Menschen einen Spiegel in und bei jeder ihrer selbst erschaffenen Schöpfungen in Liebe und Geduld entgegenzuhalten, auf dass sie erkennen.*

Und Aannathas, der Lichtträger, war bereit, allzeit Gott zu dienen. Zu *sein,* für all' das unendliche, allmächtige, ewig- strahlende Licht, das Gott ist, das ewig in Liebe erschafft und ausgleicht, transformiert und immer wieder im kristallklaren Licht der Reinheit alles verschmilzt zur universellen Einheit… die *Ist* und *War.*

*Denn die Urquelle, Gott, erkannte, dass dieses Licht des Ewigen Ich sich selbst nicht wahrnehmen konnte ohne ein Gegenüber, das im Gegenteil schwingt. Gott, das Ewige Licht, heiligte so den Schatten, die Dunkelheit, welche sein Licht allzeit vollkommen machte und durch die er sich erkennen und wahrhaftig in seiner Ganzheit sehen konnte.*

So sind Licht und Schatten *eins,* und das Eine ist ohne das Andere nicht vollständig.

Und so kann das Eine ohne das Andere nicht wahrhaftig *sein.*

Und so kann nichts im Himmel und auf Erden vollkommen werden, seine Vollkommenheit erreichen, sie ehren und achten und heiligen, denn es kann niemals sehen, dass es vollkommen ist.

Und so erschuf Gott in seiner Weisheit auch die Dunkelheit, welche verhülltes Licht, *Schattenlicht,* ist und die alleinige Energie und Lichtebene, in der Transformation möglich wird.

*Doch Gott wusste um die große Bürde und Schwere, die er Erzengel Aannathas auferlegte, und berief seinen zweiten Engel, den er aus seiner unendlichen Liebe des gold-kristallinen Opal-Lichtes erschaffen hatte, Erzengel Michael, an die Seite von Erzengel Aannathas, um diesen zu stärken und seine Kraft zu vollenden.*

Und er legte nun in die Hände dieser beiden ersten Erzengel, die er erschaffen hatte, den Auftrag, *seine himmlischen Kinder, die Menschen,* auf ihren Wegen durch das Schattenlicht, das sie durchwandern würden in ihrer (vielleicht) selbst erschaffenen Dunkelheit, zu führen und zu schützen, damit sie *sehen* konnten.

Damit sie *sich* selbst wieder in ihrer göttlichen Ganzheit verstehen und lieben, diese achten und ehren und sich ihrer selbst bewusst würden.

Denn Gott war *allwissend* in seiner unendlichen Liebe und Güte, und so ist auch seine Schöpfung weise und gerecht, denn ohne Urteil.

*Und nichts in all' seinen Welten und Himmeln ist ohne Sinn und ohne Ziel.*

Doch manchmal ohne Liebe, weil jene, die *sind,* sie vergessen haben.

*Und so erschuf Gott, die ewige Quelle des Lichtes, die ersten Engel, die Erzengel Aannathas und Michael, und sie sind Engelsfürsten. Und sie tragen goldene Kronen, verziert mit Kristallen und Opalen, welche die göttliche Fülle, Schöpfermacht und Weisheit repräsentieren als Zeichen ihrer von Gott gegebenen Macht und Herrlichkeit. Und sie sind eins in reiner Liebe zu aller Zeit.*

Erzengel Aannathas, König der Engel, Träger des göttlichen Aspektes der Vater-Mutter-Liebe, erhielt eine gold-opal-kristalline Krone, besetzt mit *Amethysten,* die reinste Schöpferkraft der Transformation bezeugen. Erzengel Michael, König der Engel, der den göttlichen Aspekt des Vater-Mutter-Schutzes trägt, erhielt von Gott eine gold-opal-kristalline Krone mit *Saphiren* verziert, die die göttliche Stärke des Willens und Mut bezeugen. Ein gemeinsamer Mantel aus goldenen Strahlen, besetzt mit *Opalen,* Insignien der höchsten Macht und göttlichen Vollkommenheit, umhüllen sie beide zum Zeichen der *Einheit* von und mit der Ur-Quelle allen Seins.

*Und Sie stehen neben Gott.*

*Michael an seiner Linken und Aannathas an seiner Rechten.* Und ihre Schöpfungen bereiteten den Raum alles irdischen und kosmischen Werdens, welches sich nur durch die Polarität des Lichtes, nämlich hell und dunkel, welche die Substanz der Dualität ist, entfalten, manifestieren und so transformieren kann!

So stehen sich Freude und Unglück, Friede und Krieg, Mut und Angst, Schönheit und Hässlichkeit, Harmonie und Unmut, Güte und Gier, Barmherzigkeit und Raffsucht, Liebe und Hass, Schöpfertum und Ohnmacht, Weisheit und Unwissenheit, und vieles mehr, gegenüber im Licht der Dualität, auf dass in Erinnerung der ewigen Anbindung an das Universell-Göttliche unterschieden und wahrgenommen werden kann.

Denn Gott, Alles-was-ist, wollte, dass sich *alles* entfalte in seiner ganzen allwissenden Mächtigkeit, seiner ganzen Pracht und Kraft des *Einen Lichtes,* um Heilung zu erfahren.

*Denn all' die Herrlichkeit der kristallinen Urquelle, die Schönheit der Wunder, die Weisheit der Liebe, sind das Ziel jedweden Lebens sowie das ewig während lichtvolle Streben, das sich durch Überwindung der irdenen und der grobstofflichen Materie aus eigenem Willen und eigenem gelebten Schöpfertum allein ins Licht und somit in die Göttlichkeit erheben kann.* „*Allein das ist der Sinn allen Seins und dessen Heilung.*"

Der universelle *Schlüssel* und seine einzig transformierenden Aspekte, welchen die Menschen anwenden sollen, ist das Licht des Erkennens, das allein in der Schwingung der Ehrlichkeit gegen sich selbst klärt. Dabei helfen Mut und die Absicht, Schöpfertum zu leben durch eigene Gedankenkraft, die Geduld des Zulassens der Erb-Erinnerung und des Verstehens allen Tuns auf Erden, weil dieses die Wahrheit der Seele begründet und den unentwegten Fluss der Liebe für jeden und alles. Wichtigster Aspekt dabei ist jedoch, den göttlichen Fluss der Liebe zu leben und so zu manifestieren in jedem Augenblick!

Und so bitten wir euch, Ich, Erzengel Michael, und Ich, Erzengel Aannathas, *geliebte Kinder des Lichtes*, manifestiert bitte in eurem ganzen Sein, dass sich die Fülle des Lebens, welche die Seele auf Erden sucht, in euren Schöpfergedanken findet. Dieser Vorgang gilt als das *Schöpfer-Tor*. Diese Tore wiederum eröffnen euch Möglichkeiten, die euch durch euer Mangel-Denken bisher auf Erden versagt blieben. Anschließend werden wir euch mehr darüber berichten.

Des Weiteren wandelt eure Gedanken lichtvoll, so wie sich die Zeit jetzt wandelt, auf dass ihr auf Erden in Harmonie und gegenseitiger Achtung, Liebe und Frieden leben könnt und eure Transformation fließend weiter fortschreiten und alle eure Körper durch eure getätigte allumfassende und bedingungslose Liebe *erleuchten* kann!

Versteht bitte, geliebte Kinder des Lichtes, beachtet bei all eurem Tun, dass die Grundlage des universellen Schöpfungsprinzips immer nur Liebe ist... allumfassend und bedingungslos. Liebe ist das lebendige, sich so ewig in Bewegung befindende Licht, gleichbleibende Information des Schöpfers: GOTT. Erinnert euch daran, dass jede Seele immer das Licht, die Energie, die Essenz der Urquelle und deren kosmischer Kraft IST. Aus Gott geboren seid ihr Schöpfer in jedem Moment eures Seins.

Denn *Schöpferkraft ist immer auch gleich eure Seelenkraft,* die dann vollendet wirkt, habt ihr sie innerlich wie äußerlich in Gleichklang gebracht. Da Schöpferkraft Liebe ist, lebt Liebe…

Überlegt bitte täglich immer wieder aufs Neue, wie ihr dieses Licht, diese Liebe für euch am Leben erhalten könnt. Erwacht dazu im Licht eures erstrahlenden Geistes, welches das Gewand der göttlichen Einheit ist. Durch Stille, Gedankenkontrolle, Vertrauen, vor allem aber durch das Zulassen von Freude, Lachen, Humor, Spiel und Leichtigkeit in eurem Alltag könnt ihr eure Schatten überwinden und das eigene *Ich bin* wieder wahrhaft erkennen und ehren!

*Und so spricht* **Gott***:*

*Meine Stimme und mein Wirken ist überall*

*Im universellen All-Sein des kosmischen Äthers*

*Oftmals still, sanft und leise*

*Oftmals laut, heftig und dringlich*

*So hört es…*

*Im Rauschen der Wälder*

*Im Singen und Rufen der Tiere*

*Im stillen Sein des mächtigen Steins*

*Im Flüstern des Windes*

*Im Tosen und Plätschern des Wassers*

*Im Knistern und Brüllen des Feuers*

*Im Nähren und Geben der Erde*

*Im Lachen und Spielen der Kinder*

*Aber auch… im Trauern und Weinen der Seelen*

*Denn* **Ich** *liebe euch alle bedingungslos…*

*Ihr geliebten Sternenkinder, so wandelt nun wie wir im strahlenden, kristallinen Lichte der Ewigkeit und dem Wissen, dass der Eine-Gott-der-wahren-Liebe euch immer in seinen Händen hält. Erkennt, ihr seid alle Götter im Erwachen. Deshalb hebt eure Herzen ins Licht, indem ihr an euch glaubt. Vertraut.*

*Erkennt Gottes Absicht, die LIEBE, und somit unsere!*

*Wir sind schützend an eurer Seite.*

*Erzengel Michael und Erzengel Aannathas*

# Geschenke des Goldenen Zeitalters – Sternentore öffnen sich

Geliebte Kinder des Lichtes, tief in euren Herzen wisst ihr, dass jeder von euch ein strahlender Seelenstern ist, eine göttliche, in sich in Fülle schwingende, aus sich selbst schöpfende Kristall-Ganzheit, die allzeit von Gott gesegnet ist.

Das ist euer göttliches Geburts-Erbe und ist keinem versagt. Daraus ist erkennbar, dass jeder gleich viel universelles Bewusstsein in sich trägt und es nur entfalten muss, will er es für sich nutzen.

Doch ihr habt alle nicht nur einmal selbst erfahren, dass es manchmal schwer ist, an dieses *wunder...volle Wissen* zu gelangen. Da aber jeder von euch, jede Seele also, aus der göttlichen Genialität geboren ist, trägt sie diese auch immer in sich. So hat sich natürlich jede Seele auch einen *Plan* mitgebracht, bevor sie auf Erden inkarniert hat. Das erkennt ihr ja schon daran, in welch' unterschiedlichsten Verhältnissen und Umständen die Seelensterne jetzt leben.

Jeder Umstand, jedes Land oder Verhältnis bieten so der jeweiligen Seele das Umfeld, das wiederzuerkennen und zu erinnern, was jeweils eben nur für *sie* wichtig ist. Ihr alle wisst, dass ihr das Karma nennt, und dass *Karma* einfach nur *Handlung* bedeutet (aus den *Veden* = altindische Weisheitslehren).

Natürlich seid ihr alle in eurer Ur-Essenz des Göttlichen immer weise und genial, auch wenn das im Augenblick von einem Menschen *nicht* gelebt wird. Und so habt ihr euch selbstverständlich auch immer Hilfen mitgebracht. Und diese könntet ihr auch immer nützen... allerdings stehen euch dabei, und das nicht selten, eure Zweifel, Hast,

Unruhe, Ungeduld, Uneinsichtigkeit, Taubheit, Trägheit, Ignoranz, Unentschlossenheit und Schwäche im Wege.

Weil unser aller Gott-Vater-Mutter-Kosmischer-Geist dies aber vorhersah, hat er in seiner unendlichen Liebe und Weisheit vorgesorgt, denn er stellte jedem seiner geliebten Kinder einen *himmlischen Begleiter* an seine Seite – einen ganz persönlichen Schutzengel. Und dieser agiert und hilft immer, auch wenn ein Mensch *nicht* daran glaubt. Er wird immer seinem Schützling *Impulse* durch Ereignisse, besondere Umstände und Geschehnisse in dessen Leben geben, um ihn aufmerksam zu machen und so etwas zu unterstützen und ihm zu helfen. Natürlich ist es für den Engel leichter, glaubt ihr an ihn und seine göttliche Arbeit. Aber auch wenn das nicht so ist, wird der Engel diesen Menschen führen.

Noch wunderbarer ist es, wenn zwischen beiden eine *geistige Verbindung* besteht und sozusagen eine gemeinsame Zusammenarbeit stattfindet, denn dann ist alles leichter und freudvoller für diesen Menschen auf Erden.

Doch ihr wisst, euer freier Wille ist oberstes Gebot – auch für Engel.

Doch hört, geliebte Kinder des Lichtes, das ist nicht alles, was euch an Hilfen gegeben und vorgesehen ist.

Die 5. Bewusstseins-Dimension beinhaltet *wunder…volle* Möglichkeiten für jeden von euch. Aber sie bringt auch einige Herausforderungen mit sich, und darüber werde ich euch jetzt berichten.

*Das größte Geschenk, das Gott für euch bereithält, ist das Kraftfeld Liebe.*

Erzengel Aannathas erläuterte es euch sehr ausgiebig in Buch 1. Aber gerne wiederhole ich es euch kurz zur Erinnerung. Liebe ist göttliches Licht in *reinster* Transzendenz (Feinstofflichkeit) und göttlicher Weisheit. Es durchwirkt immer alles und jeden. Ist sich ein Mensch auf Erden dessen bewusst, so kann die Liebe, da sie die

Ur-Essenz alles Göttlichen ist, in aller Weisheit und Genialität wirken. Der universelle Puls-Strahl der Liebe ist die *Wahrheit* des göttlichen All-Eins-Seins und sorgt stets dafür, dass alles, was sich zeigt, geschieht oder ausgesandt wird im Umfeld einer Seele, sich immer wieder in Liebe wandelt; also alles Negative durch Mitgefühl, Barmherzigkeit und Güte in einem in göttlicher Kraft eigenständig sich wandelnden Prozess ins Positive gekehrt wird. Das passiert dann ganz *ohne*, dass sich der Mensch dessen bewusst ist.

*Denn die Liebe ist das Wesen Gottes, des autarken Schöpfers und weisen Heilers.*

Das heißt also für euch alle, wollt ihr den göttlichen Schutz, den ich, Erzengel Michael, für euch in Händen halte, immer nützen, so ist es an euch, ein Kraftfeld der Liebe um und *in* euch zu erzeugen. Und das, wie ihr ja nun wisst, kann nur in den Gedanken beginnen.

Dieses *Lichtfeld* des Schutzes baut sich langsam auf, indem ihr allem und jedem, vor allem aber euch selbst, immer und immer wieder in allumfassender und bedingungsloser Liebe begegnet.

> *Indem ihr täglich nur friedvolle Gedanken hegt.*
> *Indem ihr angstfrei eure Herzen öffnet.*
> *Indem ihr eure Trauer und Schmerz in Liebe wandelt.*
> *Indem ihr gebt und teilt in tiefstem göttlichen Vertrauen.*
> *Indem ihr in jedem Augenblick wisst, dass ihr Liebe seid.*
> *Indem ihr euch bewusst in opal-rosé-goldene Strahlen einhüllt oder einhüllen lasst.*
> *Indem ihr immer wisst, dass die Liebe euch schützt.*
> *Indem ihr jedem und allem Liebe sendet und schenkt.*
> *Indem ihr immer und alles versteht und in Mitgefühl beleuchtet.*

*Indem ihr allem und jedem Geduld und wissende*
  *Demut entgegenbringt.*
*Indem ihr immer jeden in Barmherzigkeit aufnehmt.*
*Indem ihr immer und alles versöhnt und niemals*
  *urteilt.*
*Indem ihr jeden Zorn, Wut und Hass in Liebe*
  *wandelt...*

...denn ihr braucht die gleiche Energie dafür – in Liebe zu wandeln oder die Energie der Unzulänglichkeiten am Leben zu erhalten!

Hat sich dieses Schutzfeld der Liebe erst aufgebaut, seid ihr darin wie in einem Licht-Ei, einem Vakuum aus kristallinem Licht und Liebe, eingehüllt und geschützt, das nur Positives *aussendet*, einschwingen lässt und Negatives *sofort* in Liebe wandelt – denn ihr seid in jedem Moment eures Seins Resonanz. Euer Schutz ist nun im *Rahmen eures Karmas* perfekt. Seid weise, geliebte Kinder des Lichtes, und arbeitet mit liebevollem Eifer und Freude daran, denn es ist wahrlich auf Erden der größte Segen für euch und eure Seele.

*Das zweite Geschenk, das Gott für euch bereithält, ist der göttliche Lichtkörper-Prozess.*

Geliebte Kinder des Lichtes, dieser Prozess des *Erleuchtens* all eurer Körper ist von nun an nicht *nur* Meistern auf Erden möglich. Jeder von euch kann und durchläuft bereits jetzt diesen Prozess. Niemals passiert dieser in einer geregelten Abfolge von 1-12, sondern immer nach Wunsch des jeweiligen Seelensterns können die verschiedenen Erinnerungs-Prozesse der göttlichen Wirklichkeiten durchlaufen werden.

Dieser läuft also in 12 Stufen ab. Die *6. Stufe* ist dabei die große Herausforderung. Kann diese nicht angenommen werden, verlässt der Mensch die irdische Welt und beginnt irgendwann diesen Prozess mit neuer Kraft von vorne! Die Licht-Aspekte der 6. Stufe beinhalten u.a.

vermehrtes nichtlineares Denken, Zulassen anderer (nicht irdischer) Wirklichkeiten, völliges Loslassen alter, überholter Glaubensmuster, erweiterte Spiritualität durch Erkennen universeller Gesetze, wie Resonanz und Kraftfeld Liebe, und das Annehmen der eigenen Göttlichkeit. Oftmals zeigt sich eine *neue Identität*, die angenommen werden will, woran diese Menschen zweifeln und scheitern. Diese tiefgreifenden Veränderungen veranlassen viele Menschen, jetzt den Lichtkörper-Prozess zu *unterbrechen* und die Erde, meist durch Krankheit – über die Trauer, der Sehnsucht des Herzens und der Seele aus Angst nicht nachgeben zu können – zu verlassen !

Beim Lichtkörper-Prozess findet und fand eine Frequenzerhöhung durch Reinigung statt. Der Mensch als Schöpfer-Geist-Wesen beginnt mehr und mehr zu ahnen. Das Thema dabei ist *Aufwachen*. Erwachen in die einzige Wahrheit Gottes. Und diese ist das Schöpfer-Prinzip. Durch die nun erhöhte Informations(Licht)-Einspeisung auf Erden erkennt und erinnert sich der Mensch nun in Leichtigkeit und Freude an sein *ursprünglich gedachtes Sein*. Mehr darüber wird euch Erzengel Raphael im dritten Buch der Aannathas-Reihe und der große Heiler Raphael erzählen und erläutern!

*Bitte beachtet dabei, dass alle eure Programmierungen und Prägungen in Form von Kristallen in allen euren Körpern, den irdischen wie geistigen, gespeichert sind.* Beginnt jetzt ein Mensch sein Leben zu ändern, indem er sein Denken und sein Tun im wahren Licht der Liebe und des Herzens lenkt und entfaltet, so löst er sein Karma auf und erhöht dadurch seine Licht-Frequenz: Er *durchbricht* somit die bisher notwendige Reinkarnations-Abfolge, denn alle starren Glaubensmuster und die dadurch entstandenen Blockaden, die ja nicht in Herzqualität schwingen, werden gelöscht. Er kehrt allmählich wieder ins göttliche Licht der kosmischen Wahrheit und Wahrhaftigkeit zurück, und Vollkommenheit und Liebe wird seine einzige Essenz sein.

Geliebte Sternenkinder, das ist ein höchst anspruchsvoller und manchmal anstrengender *Prozess*, den ihr alle auf Erden jetzt durchlauft, und jeder von euch wird diese Transformation in *anderer* Art und Weise geistig fühlen und körperlich spüren, denn die Frequenz-Erhöhung ist noch nicht abgeschlossen! Dadurch sind unterschiedlichste Wahrnehmungen möglich: geistige Ermüdung, *kurzzeitige* Verwirrung, ein Durcheinanderkommen, nichts auf die Reihe bekommen, unspezifische, unerklärliche, *kurzzeitige* körperliche Schmerzen, Schwäche und Unwohlsein, auch Trauer oder Angst! Dies kann sich immer *wieder* mal kurzfristig zeigen und auftreten; sollte dies *länger* anhalten oder sich sehr gesundheitsbedrohlich äußern, bitte zum Arzt gehen! Auch alte Gefühle zeigen sich nochmal, um dann in Liebe von euch *verabschiedet* zu werden. Vielleicht fühlt sich da manch einer von euch auch unsicher, *unverstanden* oder fehl am Platze.

Bitte nehmt dies in Gelassenheit und Verstehen an, denn es sind *Auswirkungen* der sich noch immer erhöhenden Energie eures Mutterplaneten Erde und ihrer kosmischen Aufwärtsbewegung.

*Das dritte Geschenk, das Gott für euch bereithält, ist die Licht-Information „Galaktischer Mensch". Diese trägt in sich die geistigen Aspekte der Fähigkeiten von Hellsehen, Hellhören, Telepathie, Telekinese und Teleportation, Materialisierung und Dematerialisierung und die Aufhebung des Alterungs-Prozesses.*

Wie ich euch schon sagte, macht euer Sonnensystem in seiner universellen Bewegung eine *Aufwärtsspirale*. Durch diese Reise durch den Kosmas eures Mutterplaneten Erde durchquert ihr außerdem einen *Photonen-(Licht)-Gürtel*, der das Magnetfeld der Erde verstärkt und *erneuert*. Da eure Lichtkörper in Resonanz schwingen, verbinden sie sich mit diesem *Magnetgitter* und erreichen damit die *nächste evolutionäre Stufe* geistigen Bewusstseins. Damit einher geht auch euer Lichtkörper-Prozess. Das bedeutet *höchste* Transzendenz und Feinstofflichkeit für euch alle. Somit kann nun jeder, der will und sich erinnert, manche – oder alle – dieser Fähigkeiten jetzt wieder beleben oder leben. Die Kriterien und Grundlagen der Klarheit und Vollkommenheit des Hellsehens, Hellhörens und all der anderen geistigen Fähigkeiten entwickelte sich bereits in euren alten Leben, in denen ihr diese Fähigkeiten bereits genutzt habt.

Je nachdem, wie und ob es euer Wunsch ist, könnt ihr heute darauf zurückgreifen und es wieder nutzen. Jede Seele ist nun mal aus dem Licht Gottes geboren und verfügt z.B. immer über die göttlichen Gaben des *Hellsehens, Hellhörens* und der *Telepathie* (Gedankenübertragung). Auch wenn ein Mensch es verneint, liegt es doch in ihm und schlummert, und wenn er es nicht nutzen will, so ist sein Wunsch *allein* wichtig. Solltet ihr jedoch schon daran arbeiten oder damit beginnen, so ist das Wichtigste erst einmal, die *Innere Stimme* besser oder überhaupt wahrzunehmen und diese zu hören. *Übt täglich* daran, denn erst dann wird es euch gelingen, auch uns, die Geistige Welt und euer Höheres Selbst besser zu hören und vielleicht zu... sehen. Das, geliebte Kinder des Lichtes, bereichert euer Sein auf Erden über alle Maßen und schenkt euch eine Fülle an Glück, Lebensfreude und Frieden. Dabei ist Meditation, Stille, Geduld und Glaube sehr wichtig. Und üben... üben... üben...

Auch *Telekinese,* wobei irgendwelche Dinge, Materie, allein durch geistige Kraft *bewegt* wird, ist euch nicht fremd. In altgelebter Zeit war es euch auch möglich, eine Person oder einen Gegenstand von einem Ort zu einem anderen zu transportieren, ohne dass diese dabei physisch den dazwischenliegenden Raum durchqueren mussten: Das nanntet oder nennt ihr *Teleportation.*

Da nach dem universellen, göttlichen Gesetz Energie *niemals* verlorengeht, sondern sich nur wandelt, ist das nichts, was euch Angst oder Kopfschmerzen bereiten sollte. Nun, es ist möglich, wenn es vielleicht auch nicht in eurem Bestreben liegt, das zu tun. Für jene, die das sehr interessiert, bitte habt noch Geduld, es dauert nicht mehr allzulange, bis ihr darüber durch eure Wissenschaftler *mehr* erfahrt. In einer längst vergangenen Zeit, lange vor dieser Zeit, war es euch absolut geläufig! Aber wie schon erwähnt, seht bitte die Zeit nicht an. Sondern genießt lieber die täglichen Wunder eurer schönen Welt.

*Materialisierung* von Materie aus dem *Nichts* in den Zustand der irdischen Dichte, sodass sie für euer irdisches Auge sichtbar ist oder wird, ist ebenfalls eine Fähigkeit, die in euch liegt. Ebenso die *Dematerialisierung*, die euch vielleicht unter dem Begriff *Beamen* bekannter ist, also das Gegensätzliche von Materialisierung bedeutet.

Was den *galaktischen Menschen* ganz besonders auszeichnet, ist die Begabung, auf seine *Körperlichkeit* auf Erden bewusst *einzuwirken*. Das wird euch alle sehr erfreuen, und ich sehe euer erleichtertes Lächeln… Ja, und ihr dürft euch wahrlich freuen! Alsbald wird es euch gelingen, eure irdischen Körper zu verjüngen. Jeder, der will, kann seinen *Alterungs-Prozess* unterbinden. Ihr wisst ja nun, dass jede eurer Milliarden Zellen über ein eigenes Gedächtnis verfügt und dass eure Geisteskraft die Fähigkeit besitzt, jede eurer Zellen zu lenken! Nun, was sagt euch das? Ja, ihr werdet euch erneuern können. Nicht nur geistig, auch körperlich! In anderen Systemen und Welten ist dies lange Normalität. Auf Erden jetzt noch unglaublich, aber nicht mehr allzulange. *Bitte erinnert euch… das alles habt ihr schon lange praktiziert.*

Ich bitte euch, habt also auch hier ein bisschen Geduld mit euch und gebt euch Raum, Zeit und Leichtigkeit, wenn ihr manche (mancher vielleicht alle) dieser wundervollen geistigen Fähigkeiten wieder erneuert und noch feiner ausarbeitet.

Die stetige Frequenz-Erhöhung auf Erden durch die von mir und Erzengel Aannathas gelenkten Opal-Kristall-Strahlen helfen und unterstützen euch kraftvoll, euch zu erinnern und so aus Karma und Reinkarnation auszusteigen und diese geistige Entwicklung selbst durch mutvolle Gedankenkontrolle voranzubringen. *Wir bitten euch von Herzen: Glaubt! Wir hören und lieben euch.*

*Das vierte Geschenk, das Gott für euch bereithält, ist der göttliche Aspekt der geistigen Wiedergeburt – die Entfaltung des ICH BIN.*

Durch die erhöhte Feinstofflichkeit erwachen nun viele Seelensterne auf Erden, weil sie die Diktatur des Verstandes durch Liebe und

Bewusstsein aufheben oder *durchbrechen*. Ihr alle wisst, dass euch der Verstand bei allen immer wiederkehrenden *irdischen Tätigkeiten* sehr von Nutzen und auch wichtig ist. Er legt es in die dafür von ihm vorgesehenen Schubladen ab und holt sie dann, wenn Ähnliches geschieht, wieder hervor. Es sind viele althergebrachte Muster, Vorgaben und menschliche Regeln darunter, die für ein irdisches Leben mitunter unerlässlich sind. Wird hierbei aber die Weisheit des Herzens gänzlich abgelehnt oder nicht zugelassen, werden diese Vorgaben oft zu verhärteten, unsinnigen und oftmals menschenverachtenden Gesetzen, die dann mehr *schaden* als helfen.

Geht es um Geistiges, kann also der Verstand *nicht* mithalten. Er kann euch hier nicht helfen, denn hier ist nur euer Herz gefragt. Euer Verstand schöpft sein Wissen immer nur aus allen Fakten, die er im Laufe seines, dieses, Lebens gelernt und aufgenommen hat. Oftmals werden einfach Regeln von anderen übernommen – weil es eben schon immer so gemacht wurde – ohne eigene Überlegungen mit einzubringen und dadurch vielleicht vieles besser zu machen. Es ist immer auch wichtig, zuzulassen, dass alles stets in Bewegung ist und dadurch der Veränderung unterworfen. Bei Nichtbeachtung dieser Tatsachen werden und wurden nur alte Zöpfe geflochten, die letzten Endes die Menschen verletzen.

Der Verstand kann *nicht* fühlen, nur logisch analysieren, und so wird das Höhere Ich Bin niemals respektiert. Dieses handelt immer aus dem Gefühl heraus, dessen Essenz die Weisheit der All-Liebe ist, und dieses fühlt bei jedem *individuell*, hat also andere Vorstellungen und Ansprüche, damit es etwas für gut halten kann und somit ein Wohlgefühl, Harmonie und Freude erzeugt, was *Nahrung* für die Seele und somit *lebenswichtig* ist, weil es allein den Körper, Geist und Seele als göttliche Einheit gesund erhält!

Seelenwissen hat also immer eine andere Grundlage als der Verstand. Es trägt die Essenz des Göttlichen in *geklärter Form* in sich: Weisheit, Bedingungslosigkeit, Klarheit, Reinheit, Wahrheit, Ehrlichkeit, Verständnis, Vollkommenheit und vieles mehr. Es ist immer Leben *übergreifend* und deshalb voller kostbarer Erfahrungswerte eines

Seelensterns, die, werden sie mit eingebracht, dann alles in Leichtigkeit, Harmonie und Brillanz zum Besten gestalten.

*Kann nun ein Mensch Herz und Verstand bewusst verbinden bei all seinem Denken und Tun, sodass er mit dem Herzen denkt und mit dem Verstand fühlt, dann entfaltet er sein wahres, göttliches Bewusstsein, und eine geistige Wiedergeburt in die göttliche Wahrhaftigkeit geschieht.*

Durch die Entfaltung des ICH BIN, in der sich der Mensch an sein *ursprünglich gedachtes Sein* in Wahrheit und allumfassender Liebe erinnert und seine Ur-Essenz als Schöpfer-Geist-Wesen anerkennt, setzt er seine Schöpferkraft in Liebe in universelle Bewegung. Er beschreitet fortan den göttlichen Weg der *geistigen Wiedergeburt im Licht der Vollendung*. Er ist endgültig erwacht, erkennt, dass er immer nur göttlichen Ursprungs in der Kristall-Ganzheit des göttlichen *All-Eins-Seins ist*. Von nun an ist ihm in größter Klarheit und Reinheit der kosmischen Sternenweisheit bewusst, dass er immer ein göttliches Ich-Bin ist und durch seine Gedanken die innere wie äußere Welt erschafft… und erschaffen hat.

*Das fünfte Geschenk, das Gott für euch bereithält, ist der göttliche Aspekt der Multidimensionalität.*

Geliebte Kinder des Lichtes, wie euch das Wort *Multi* schon aufzeigt, bedeutet es viel… Vieldimensionalität. Ihr wisst ja nun, was Dimension im geistigen Sinne bedeutet. So transportiert diese immer eine universelle Information in Form von Licht. Da jeder von euch eine *göttliche Keimzelle kosmischen Lichtes* ist, wird diese stets von Licht = Information = Liebe durchflutet und so am Leben erhalten. Wie euch schon Erzengel Aannathas berichtete, wird jeder Seelenstern immer, zu *jeder* Zeit von *allen* göttlichen Dimensions-Strahlen *durchwirkt* und kann diese je nach Wunsch in seinem Leben manifestieren und sich so bewusst weiter entfalten.

Damit du deine Multidimensionalität besser verstehst, greife ich auf die göttliche *Sternenweisheit* zurück. Die Welt und Alles-Was-Ist

ist immer *holografisch*. Das bedeutet: In einem Hologramm steckt praktisch in jedem Punkt der Fläche einer Wirklichkeit die *gesamte* Bild-Information.

*Das heißt also, alle Informationen befinden sich gleichzeitig überall:* denn zu aller Zeit ist immer Alles-Was-Ist von Gottes Licht und Liebe durchströmt. Nur mit deinen irdischen Augen glaubst du zu erkennen, dass du jetzt *nur* hier auf Erden bist. Bitte lasse dich jetzt nicht verwirren. Eigentlich ist es ganz einfach. Du und jeder Mensch, jeder Seelenstern, ist *immer multidimensional*, denn Gott ist es auch. Somit lebst du wissentlich gerade jetzt nicht nur hier auf der Erde sondern auch in *anderen* Welten, Dimensionen und himmlischen Ebenen, welche so vielfältig wie die Sterne an deinem Himmel sind. Und genauso farbenprächtig bunt und unglaublich.

*Dein Höheres Selbst ist immer bestrebt, neues göttliches Bewusstsein zu erschaffen, und schöpft deshalb alle geistigen Fähigkeiten aus. Du bist ein immer strahlender, Licht reflektierender Seelenstern und jeder deiner Strahlen ist eine autarke göttliche Licht-Einheit, ein selbständiges, sich seiner selbst bewusstes Schöpfer-Geist-Wesen und kann jederzeit auch in anderen Bewusstseinszuständen und Wirklichkeiten sein und sich bewegen! Bitte beachte das, auch wenn es dir jetzt (vielleicht) fremd vorkommt: In der Göttlichen Matrix und deren Verständnis ist das eine Normalität… auch für dein Höheres Ich!*

Wenn du die Technik der Meditation schon in Klarheit beherrschst, bist du sicher schon öfter in anderen *Realitäten* gewandelt. Oder vielleicht hattest du einen Traum, den du nicht verstehen oder einordnen konntest. Auch da hast du mit Sicherheit dir fremde (verstandesmäßig) Welten bereist! Ich bitte dich, dies nun einfach mit deinem Herzen zu *beleuchten* und deinen Verstand ganz einfach ruhen zu lassen, damit dein Seelenfrieden gewahrt bleibt. Freue dich einfach darüber, dass du diese Fähigkeit immer präsent hast, und danke deinem Höheren Selbst dafür. Vielleicht bittest du es ja ganz bewusst, dich einmal in eine *neue Welt* zu führen. Das könnte sehr spannend werden. Ich wünsche dir von Herzen viel Mut und Gelassenheit dabei, das ist die richtige Mischung, dich selbst noch mehr kennen-zulernen… und es uns Engeln nachzumachen. Trau dich… Wir sind bei dir.

*Das sechste Geschenk, das Gott für euch bereithält, ist die Einweihung ins kristalline Opal-Licht durch uns: Erzengel Michael und Erzengel Aannathas.*

Diese Einweihung erfährt jetzt jeder Seelenstern, der *bereit* ist, sich dem Geistigen zu öffnen und durch Achtsamkeit, Wahrheit, Absicht, Glaube, Mut und bedingungslose Liebe sein Leben zu lenken. Erzengel Aannathas sprach euch schon davon: Der wichtigste Seelenauftrag für jeden Menschen lautet, allumfassende Liebe zu *sein* und diese dann abzustrahlen wie eine kristallene Lichtsäule.

Wobei die erste Aufgabe immer darin besteht, sein *eigenes Ich* zu betrachten und zu beachten, es *wahr*-zu-nehmen, ihm Raum zu geben, es zu lieben, indem erforscht wird, was denn die *Seelen-Vision* ist. Diese bedeutet für die Seele immer größte Freude, Leichtigkeit und einzig Erfüllung und ist Sinn eines Erdenlebens. Da herum sollte und kann sich dann alles Irdische an Wünschen und Zielen gesellen; doch sollte das niemals alles sein, was erstrebt werden will. Ansonsten trauert die Seele, deren Essenz das Geistige ist, und sehnt sich deshalb einzig nach geistigen Werten, um diese zu entfalten.

Hier beginnt der Mensch zu zaudern – er hat vergessen, warum er inkarniert ist! Die glitzernde Materie nimmt ihn gefangen und er entkommt diesen Fängen schwer.

Die zweite Aufgabe ist es dann, sein Licht und die Liebe auszusenden für Alles-Was-Ist, und *zwar immer*, egal, was ist! Hier liegt eure größte Herausforderung auf Erden, geliebte Geschwister meines Herzens. Ich versteh' euch ja, aber bitte versteht auch ihr, dass eben Menschen nicht immer ihre Emotionen lenken können, wie viele es von euch jetzt schon ganz wunderbar können! *Und dafür danken wir euch.* Und trotzdem bitte ich jetzt jeden von euch, versucht es immer mehr und öfter, jedem und allem, was ihr seht, eure

Liebe und eure *Bedingungslosigkeit* zu senden und zu schenken. Denn nur so könnt ihr eure Welt heilen. Denkt immer daran: Einer muss beginnen… sei bitte du es! *Wir lieben dich dafür.*

*Das siebte Geschenk, das Gott für euch bereithält, ist die Möglichkeit der Entfaltung eures 13. DNS-Strangs.*

Die DNS oder DNA (ist das Gleiche, DNA = engl. Bezeichnung) besteht aus zweispiralförmigen Strängen, die Träger der Erbinformation sind. Sie stellen sozusagen das Universum in euch selbst dar. So beinhalten eure DNS-Stränge eure Ur-Matrix, euren Seelenplan. Durch fortlaufende Einstrahlung der beiden Opal-Kristall-Strahlen ist nun auf Erden die Energie so angestiegen, dass es euch leichtfallen wird, euren 13. DNS-Strang zu aktivieren. Das entwickelt sich ganz von allein, seid ihr im Einklang mit Eigenverantwortung, göttlicher Wahrheit, Schöpfertum und bedingungsloser Liebe. Der 12. DNS-Strang steht für Liebe, der 13. DNS-Strang steht für die *Aktivierung der Ur-Matrix.* Durch geistige Befreiung erfolgt hier die Rückverbindung zur Ur-Kraft. Mehr darüber berichten wir euch gerne im nächsten Buch.

Natürlich unterstützen wir euch seit Anbeginn aller Zeit, vor allem aber jetzt; Erzengel Aannathas mit seinem violett-goldenen Opal-Kristall-Strahl, der für Gleichklang, Wahrhaftigkeit und Transformation steht. Die göttliche Kraft dieses Farbstrahls ermöglicht es jedem, durch in freiem Willen *gelebte* Liebe für Alles-Was-Ist höchste Erkenntnis zu erlangen und in Freude zu *erwachen.*

Ich bin mit meiner Lichtkraft und meinem Lichtschwert der Liebe an eurer Seite. Mein blau-goldener Opal-Kristall-Strahl, der für Öffnung, Navigation und Zentrieren steht, ermöglichte euch, sich auf die Transformation durch und mit Erzengel Aannathas lange vorzubereiten. Immer stärkte dabei meine göttliche Kraft euren freien Willen und vermittelte euch auf Wunsch Klarheit und schützte und schützt euch.

*Gemeinsam lenken wir euch auf euren Wegen der Erinnerung und der Erkenntnis.* Wir unterstützen euch, indem wir eure Absicht und Entscheidungen stärken, eure Wege erhellen durch den hoch-transzendenten Opal-Kristall-Strahl, wir senden Harmonie und Ausgleich, um euch zu besänftigen und zu trösten, wir schenken euch immer wieder unsere bedingungslose Hingabe, damit ihr eure *geistige Vollendung* in Leichtigkeit vollziehen könnt. Wir erinnern euch täglich an Achtsamkeit, damit es euch gelingt, endlich die Einheit von Geist und Verstand zu manifestieren.

Geliebte Kinder des Lichtes, jedes dieser göttlichen Geschenke steht jedem von euch zu *jeder Zeit* zur Verfügung im energetischen Sinne. Diese Fähigkeiten sind göttlicher Natur und somit eurer, und schwingen als zentriertes Bewusstsein im ewigen Kristall-Strahl der göttlichen Liebe und Weisheit im himmlischen Äther. Da Gottes Liebe immer überall ist, sind auch diese universellen Geschenke des Goldenen Zeitalters immer geistig *abrufbar.*

*In der göttlichen Matrix sind alle Licht-Dimensionen gebündelt und tragen, wie ihr wisst, unterschiedliches universelles Bewusstsein. Wir nennen es auch Sternenwissen, denn es wurde und wird seit Anbeginn aller Zeit von Sternen erschaffen. Sterne wiederum sind Licht-Wesenheiten höchster Konzentrationen von Licht und Frequenz und somit Same aller göttlichen Impulse und nähren die Puls-Strahlen des kosmischen Regenbogens, die jetzt für euch Menschen richtungsweisend sind. Des Weiteren zeigen die Sterne Zeitqualität auf und formen diese unentwegt.*

*Durch die nunmehr permanente Erhöhung der Licht-(Informations)-Frequenz auf Erden habt ihr alle nun in Leichtigkeit Zugang zu diesem Sternenwissen, und allein eure Absicht, Mut, Glaube und eure Hingabe öffnen euch jetzt die Sternentore der Licht-Dimensionen: denn wer jetzt seinem Geist Raum, Zeit und Vertrauen schenkt, erhöht seine Frequenz und hat somit leichteren Zugang zum kristallinen Wissen der göttlichen Matrix als jemals zuvor!*

*Geliebte Kinder des Lichtes, wir* **lieben** *euch unendlich und sind immer mit euch, damit ihr endlich in eure göttliche Wahrheit erwacht.*

*Damit ihr ernten könnt, was ihr einst gesät habt und was nur darauf wartet, von euch empfangen zu werden in Vollkommenheit: Freiheit, Freude, Gesundheit, Schutz, Erfolg, Frieden... unendliche göttliche Fülle aller Art und in aller Herrlichkeit Gottes, der euch unsagbar liebt. Wir bitten euch aus tiefstem Herzen, glaubt und vertraut, damit es wahr werden kann.*

*Wir lieben euch.*

*Michael und Aannathas*

# Die 5. Bewusstseins-Dimension und ihre Herausforderungen

Geliebte Sternenkinder, zurzeit lebt ihr auf Erden im Bewusstsein der *3. Dimension*, die ihr als Schöpfer-Geist-Wesen des Lichtes durch eure Gedanken-Manifestationen geformt und so sichtbare Materie erschaffen habt. *Sie ist die Manifestations-Dimension der göttlichen Matrix.* Wobei jede eurer grobstofflichen Schöpfungen immer ein feinstoffliches, geistiges Feld umgibt, also sozusagen über ein geistiges Pendant verfügt. So habt ihr also von Anfang an euch selbst und eure Welt mit-kreiert. Das alles geschieht immer im Einverständnis mit der *Gott*-Quelle, Allem-Was-Ist, und steht immer unter dem persönlichen Schutz eines jeden *Ich Bin,* was wir auch als die *Höhere Geist-Seele* bezeichnen.

*Die 4. Bewusstseins-Dimension ist die Dimension von Raum und Zeit und ist immer mit der 3. Dimension verbunden.* Deshalb ist sie nur eine Durchgangs-Dimension, trägt dabei aber den wichtigen Puls-Strahl des universellen Themas des *Wir.* Viele unter euch Erwachten haben diese Dimension bereits *erfolgreich* durchlaufen und schwingen schon bewusst in der Liebes-Energie des *ungetrennten Eins-Seins*: Sie fühlen und wirken füreinander und nicht mehr gegeneinander oder handeln im unbewussten, niederen Ego.

*Worüber größte Freude hier in den himmlischen Ebenen des Lichtes herrscht! Wir alle danken euch für eure Achtsamkeit des Herzens.*

Bitte wisst, geliebte Kinder des Lichtes, Raum kann ohne Zeit *nicht* existieren. Versteht bitte, dass alle Wirklichkeiten und Phänomene, die ihr in eurem Sein erschaffen habt oder erschafft, immer ein *Ausdruck der Zeit im Raum* ist. Das Wunderbare bei all diesen Schöpfungsprozessen ist für euch, dass jeder anhand seiner Schöpfungen und Wirklichkeiten seine ganz *eigenen* Informationen erhält – woran er dann erkennen kann – ist er ehrlich zu sich selbst – wie weit er sein Bewusstsein bereits geklärt bzw. sein niederes Ego besiegt hat.

*Die 5. Bewusstseins-Dimension ist, wie euch Erzengel Aannathas bereits mitteilte, eine reine Strahlungsdimension, in der mächtige Sternenmeister die göttlichen Opal-Kristall-Strahlen lenken und dadurch unentwegt neue Sterne gebären und somit höchstes kosmisches Bewusstsein formen und erneuern.* Da sehr viele Menschen auf Erden nun die *6. Stufe* – viele noch weitere Stufen – des *Licht-Körper-Prozesses* geschafft haben, können sie nun auf die göttlichen Geschenke, die ich euch eben beschrieben habe, in Leichtigkeit zugreifen und somit das Opal-Kristall-Licht der 5. Dimension für sich und die Welt nutzen. Dabei kann jedwede dritt-dimensionale Begrenztheit *überwunden* und eine völlig neue Realität, getragen von göttlicher Liebe und gebunden in universeller Weisheit, von nun an von *jedem* von euch erschaffen werden.

Da ihr dies nun wisst, geliebte Sternenkinder, bitten ich und Erzengel Aannathas euch, werdet euch dessen bewusst und wendet diese „Wunder…volle" universelle Energie so oft wie möglich an. Und bitte erinnert euch immer daran, dass nur heilen kann, was ihr zuerst *in* euch heilt. Verfahrt deshalb mit allem, was ihr bedenkt, aussendet oder tut, in gleicher liebevoller Weise, so wird es euch zu jeder Zeit wohl und gut ergehen. Bitte, erinnert euch immer wieder, dass ihr *Resonanz* seid.


So erreicht jeder von euch dann Einklang und Gleichklang, was Harmonie und Frieden erzeugt und alle eure Licht-Körper und den materiellen Körper *gesund* und glücklich erhält.

Jetzt das Bewusstsein zu erhöhen, verlangt euch sicherlich einiges ab. Stille und Meditation sind dabei die wichtigsten Helfer. Aber auch der Glaube an euch selbst ist ein wichtiger Aspekt, diese enorme Energieerhöhung gut zu verarbeiten. Zu erkennen, dass ihr *göttlich* seid, wird euch dabei sehr stärken!

Arbeitet jetzt bitte auch vermehrt daran, eure *Innere Stimme* besser wahrzunehmen. Dazu braucht ihr Geduld und ruhige Gedanken. Atmet in Zukunft grundsätzlich bewusster – vor allem, wenn ihr im Alltag unterwegs seid. Bedenkt bitte, eure Innere Stimme gibt euch *immer* zu allem Tun einen Hinweis, der zwar meist gehört, allerdings dann *nicht* befolgt wird, sondern lediglich euren *Verstandes-Apparat* in Gang bringt: Die Ergebnisse kennt ihr alle. Die meisten sind im universellen Sinne *ungenügend*.

*Versteht bitte, die Innere Stimme gibt euch immer den Hinweis, um auf kürzestem Weg das bestmögliche Ergebnis zu erzielen. Stellt euch vor, welch große Erleichterung das für euch wäre! Versucht es. Werdet langsamer, ruhiger, glaubt, dass ihr hören könnt, und lauscht…*

Um beste Ergebnisse in allen Bereichen eures Seins zu erzielen, ist es auch nötig, euer bewusstes Denken über die eigenen Grenzen hinaus *auszudehnen*. Alle alten, starren, überholten und oft unmenschlichen Glaubenssätze, Regeln und Vorgaben, werft sie über Bord und ersetzt sie durch eure eigenen Intuitionen! Werdet also aufmerksamer, was euer Umfeld betrifft. Achtet darauf und erfühlt im Herzen, ob es wirklich eure Erwartungen oder Vorstellungen erfüllt? Wenn nicht, solltet ihr es mutvoll ändern.

Nur so könnt ihr letzten Endes auch aus euren Ängsten und Sorgen aussteigen: Ihr wisst ja nun, dass alles, was ihr denkt oder einst gedacht habt, immer in eurem Aura-Energie-Feld *gespeichert* ist und *bleibt*. Euch also dient, wenn es lichtvoll, oder aber schadet, wenn es lichtlos erschaffen wurde.

*Bedenkt bitte, Gedankenkontrolle, Gedankendisziplin und Gedankenhygiene sind das wichtigste Handwerkszeug für euch, gerade in dieser großen Umwälzung auf Erden.*

Gedankenkontrolle und Disziplin sind die Voraussetzung, um Transformation in Klarheit umzusetzen. Ihr alle wisst, dass alles in euren Gedanken beginnt. Wollt ihr also etwas nicht oder es ändern, solltet ihr in den Gedanken damit beginnen. Achtet ihr jetzt einmal bewusst darauf, werdet ihr erst merken, wie schludrig ihr vielleicht mit dieser göttlichen Kraft umgeht oder umgegangen seid. Wie schnell ist ein Gedanke geboren, aber lange nicht so schnell ist den meisten unter euch bewusst, was er einst erschaffen hat oder aber erschaffen wird! Bitte, *achtet* jetzt mit strengster Disziplin zu eurem eigenen, aber auch dem Wohl von Allem-Was-Ist darauf.

Gedankenhygiene bedeutet für euch, aufzuräumen, zu entrümpeln und sauberzumachen in euren Licht-Räumen, in euren Auren – die euch ewig umgeben und die alles beinhalten, was ihr jemals *seid*, zu aller Zeit. Hier schwingt alles Liebevolle in Weisheit, *kräftigt* und schenkt Fülle, Glück und vor allem Gesundheit. Aber hier dümpelt auch alles Dunkle, Unbewusste langsam vor sich hin und schwächt euch, denn es sendet unentwegt Trauer, Schmerz, vor allem Angst aus. Es ist an euch, das zu ändern. Ruft uns Engel an – denn wir brauchen eure Zustimmung, um zu wirken – und wir *helfen* euch mit unseren opal-goldenen Kristall- Strahlen, eure Auren zu reinigen und wieder mit Energie aufzufüllen. Ihr selber könnt natürlich auch einiges dazu tun:

*Nehmt reinigende und klärende Meersalz-Bäder, lasst eure Duschen in Gedanken zu Lichtduschen werden, die alles wegwaschen und ausspülen, was euch nicht mehr dient; räuchert immer wieder euch selbst und eure Räume mit Salbei, der die höchste Schwingung im Bereich der Kräuter in sich trägt, nützt die Heilkraft der Farben und Steine, sprecht immer wieder positive, stärkende und anbindende Affirmationen, glaubt an euch und eure Schöpfer-Macht und unterbrecht sofort jeglichen negativen Gedankengang und ersetzt diesen positiv. So arbeitet ihr lichtvoll, zielgerichtet und unterstützt euren Weg der Meisterschaft! Und… dankt den Elementen für die Reinigung.*

Arbeitet auch mit euren Chakren in der Meditation. Füllt diese mit *unserer Hilfe* immer wieder mit Licht und Liebe an. Seht, wie sie sich dabei wie eine Blüte, Blatt für Blatt entfalten, neu erblühen und erstrahlen im sanften Licht der himmlischen Liebe. *Raphael, der große Heiler Gottes, wird euch in Buch 3, Aannathas und Erzengel Raphael, mehr darüber berichten.*

Auch eure *Sonne*, euer Solarplexus, euer drittes Chakra, das in euch strahlt, bedarf in dieser Zeit der Wandlungen auf Erden eure besondere Beachtung. Bedenkt, dass diese direkt mit eurer Sonne am Himmel verbunden ist und sich demnach auch nach deren Zeit-zyklus orientiert. Eure *Innere Uhr* läuft also im gleichen Rhythmus wie die Himmelsonne. Deshalb verbindet euch in Gedanken und Stille des öfteren mit ihr und lasst ihr mächtiges Licht und ihre Kraft in euch, in euren Solarplexus, fließen, um euch und eure Selbsterkenntnis, aber auch eure Mächtigkeit zu *stärken*. Wir bitten euch, dankt der Sonne dafür, damit sie euch auch weiterhin mit ih-rer Licht-Fülle erhellt und wärmt.

Bedenkt auch, dass, so wie die Sonne direkten Einfluss auf euch nimmt, auch der *Mond* und all die anderen *Planeten* eures Sonnen-systems auf euch direkten Einfluss haben. Ihr könnt diese kosmi-sche Kraft sehr einfach und hilfreich für euch selber nützen, verbin-det ihr euch mit ihnen in Dank und empfangt in Gedanken diese Geschenke. Ihr wisst ja, dass ihr alle Sternenkinder seid, also *Stern-gebore*ne, denn eure Ur-Materie ist die gleiche wie die der Sterne. Das haben inzwischen sogar eure Wissenschaftler herausgefunden und bestätigt.

*Besondere Aufmerksamkeit könnt ihr gerade jetzt eurem Dritten Auge schenken. Es trägt alle galaktischen Fähigkeiten als göttliche Essenz in sich:*
Stellt es euch bitte vor, hinter der Stirn, wie einen großen, strah-lenden *Saphir*, schillernd und facettenreich wie ein blauer Diamant, der sich langsam dreht und dabei seine Kristall-Strahlen aussendet in eure Lichtkörper und darüber hinaus. Lasst nun mit unserer Hil-fe universelles Licht und himmlische Liebe einfließen und seht, wie sich ganz sanft und zart, Blatt für Blatt, diese kristalline Blüte ent-faltet... Je öfter ihr euch damit beschäftigt, umso leichter kann euer Bewusstsein sich erinnern und sich so transzendieren. *Geistige, fein-stoffliche Wahrnehmungen in eurer grobstofflichen Welt nicht nur zu fühlen, sondern auch zu hören und zu sehen, wird dann für euch, mehr und mehr, möglich sein.*

Versucht bitte, geliebte Kinder des Lichtes, *täglich* als bewusste Schöpfer zu agieren. Schöpft dazu unentwegt aus der Göttlichen Quelle, weil ihr euch bewusst macht, dass ihr zu aller Zeit mit ihr verbunden seid, somit immer aus ihr schöpfen dürft und außerdem ja auch immer von ihr gelenkt werdet. Nehmt also eure Göttlichkeit, somit eure autarke Mächtigkeit in Liebe und Freude an. Und erinnert euch stets, *es gibt keine Trennung!*

*Wann immer ihr zweifelt, wendet die göttliche Weisheit des Ich Bin an: Diese trägt als göttlichen Puls-Strahl die Information des Ich Bin ... Ich Bin eins mit Gott ... Ich Bin eins mit Allem-Was- Ist... in sich. Dadurch seid ihr bewusst sofort an die Ur-Quelle angebunden. Alle Zweifel lösen sich sofort in Licht auf. Und euch geht es gut.*

Hilfreich sind in Zweifel und Angst auch folgende Affirmationen:

> Ich Bin ein göttliches Ich Bin und immer geschützt.
>
> Ich Bin immer im reichlichen Fluss aller göttlichen Fülle.
>
> Ich Bin zu jeder Zeit geführt und geliebt.
>
> Ich Bin mutvolle Absicht und Erfolg zu jeder Zeit.
>
> Ich Bin verbunden in Liebe mit Allem-Was-Ist.
>
> Ich Bin eine göttliche Einheit, Licht und Liebe.
>
> Ich bin ewig und meine Seele unsterblich.
>
> Ich Bin immer Schöpfer von Allem-Was-Ich-Bin.
>
> Ich Bin ein über alle Maßen geliebtes Kind Gottes und
>     Gottes Fülle ist bei mir.

Ich Bin ... setze hier bitte *ein*, was du noch gerne sein oder erreichen möchtest.

Um auch deiner Körperlichkeit gerecht zu werden, setze hier deinen Namen ein ...

Und lobe, liebe dich, gib dir Kraft, z.B.: Anna, du bist wunderbar ... du bist weise ... du bist stark ... du schaffst alles, oder:

Anna, ich liebe dich, wie du bist, usw. Bedenke bitte immer, du bist ja Körper *und* Geist.

Eine der wichtigsten täglichen Affirmationen sollte für dich sein: *Ich Bin immer zur richtigen Zeit am richtigen Ort.* – So wirst du alle Weisungen deiner Seele oder Engel wahrnehmen – dein Weg öffnet sich von alleine. Bitte übe Geduld dabei.

Bitte erschaffe auch alles gedanklich in der *Gegenwartsform*, da das Göttliche immer *ist*... ohne Vergangenheit oder Zukunft. Das ist wichtig für deine Schöpfer-Ergebnisse!

*Wisse immer, Kind des Lichtes, die Worte „Ich Bin" sind die direkte Verbindung und Anbindung an die Ur-Quelle, GOTT. Denkst du sie, so aktivierst du die göttliche Genialität der Vorsehung und der Weg – deine Vision – wird sich dir in Klarheit öffnen.*

Wollt ihr in Zukunft mehr Frieden, Freude und Freunde in eurem Leben sehen, so wird euch Geduld, Gelassenheit und Ruhe dazu verhelfen. Nehmt eine neue, *urteilsfreie* Sichtweise ein. Und bitte, hört auf zu missionieren, denn dies ist nicht mehr die Zeit dafür auf Erden. *Seht besser alle und alles mit den Augen Gottes.* Dieser ist und bleibt immer nur Liebe, egal was geschieht oder wie etwas gerade ist. Ja, wir wissen, dass das nicht leicht ist. Aber es ist auch nicht schwer. Geht einfach bei jeder Situation von euch selbst aus! Wie würdet ihr euch das – ehrlich – wünschen, dass es sei? Und so sollt ihr euer Denken und Tun lenken. *Vergesst dabei nicht das Geschenk der Resonanz!* Denn alles, was ihr aussendet, bekommt ihr – in dieser Zeit der Wandlung – ziemlich *bald* wieder zurück. Das könnte doch sicher für jeden von euch erstrebenswert sein! Oder? Wir wünschen euch viel Mut dabei.

Geliebte Kinder des Lichtes, versucht bitte, auch wenn es euch schwerfällt – weil das, was ihr gerade seht, euch nicht gefällt – es *trotzdem* zu lieben, denn nur so könnt ihr es auflösen und ins Licht bringen.

*Und bitte, nehmt jetzt in diesen oftmals heftigen Zeiten der Transformation nichts persönlich!* Wir bitten euch, ich und Erzengel Aannathas, versteht eure Mit-Geschwister auf Erden, die, weil sie ihre Herzen noch nicht angstfrei geöffnet haben, ungerecht, unfair, vielleicht sogar bösartig und verletzend handeln und sprechen. Natürlich dürft ihr euch von ihnen fernhalten. Geht aber möglichst jedem Streit liebevoll aus dem Weg, denn er schadet vor allem euch *selber*. Doch seid bewusst. Lebt Mitgefühl. Sendet diesen noch Schlafenden im geistigen Sinne von Herzen Liebe, Verständnis und Versöhnung, so handelt ihr göttlich und so heilt ihr euch, jene und auch die Welt. *Das ist eurer Seele wahre Intention!* Lasst sie durch eure lichtvolle Mächtigkeit wahr werden.

*Erinnert euch... ihr seid zu aller Zeit Botschafter der Liebe.*

Bedenkt bitte, besondere Unterstützung schenkt ihr euch *selber*, beschäftigt ihr euch jetzt in eurer Freizeit liebevoll *kreativ*. Dabei ist es egal, was das ist, und vor allem egal, was andere darüber denken. Wichtig ist: *Was willst du?* Malen, schreiben, häkeln, basteln, tanzen... und vieles mehr ist dabei möglich. *Es geht hier nur darum, zu sich selbst zu finden.* So ein *kreatives Hobby* zeigt euch in der Geduld und Freude, die ihr dabei erlebt, in Stille und wundervoller Klarheit den Weg zu eurer Meisterschaft auf. Es ist immer ein Anfang, der durch kreatives Gestalten passieren kann: Seid ihr in dem beruhigenden, entspannenden Fluss der Kreativität, kann sich vieles entkrampfen und sich Wahres, eure Seelen-Wahrheit, zeigen! Wir bitten euch, *unterschätzt* diese Vorgehensweise nicht. Sie ist genial... weil euch in dieser besonderen Energie eure Seele und auch wir euch in Leichtigkeit erreichen. Also, besser heute als morgen damit angefangen...

Ein weiterer wichtiger Punkt, um geistig aufzusteigen, ist das *Ändern* der Kontrolle. Solange ihr alles noch mit dem Verstand kontrollieren wollt, haben wir Engel und auch euer Höheres Selbst sehr schlechte Karten (würdet ihr sagen!). Und das stimmt leider nur zu genau. Sicherlich dient euch der Verstand in vieler Hinsicht, aber die wahre Hilfe kommt immer aus eurem Unbewussten: Das weiß eben immer mehr, weil es den ganzen *Überblick* hat. Der Verstand sieht immer nur *eine* Sache und kann die Weisheit des Ganzen nie mit einfließen lassen. Deshalb solltet ihr bei jeder Gelegenheit nicht nur aus dem Verstand handeln, sondern auch die Energie des Herzens mit hineinnehmen.

Und sollte etwas gar nicht gelingen oder nur schwer, weil es noch zu früh oder noch nicht in der Energie eurer Wahrheit ist, dann sind wir gerne zur Stelle, wenn ihr bereit seid, es *in unsere Hände zu legen.* Diese *Ergebnisse,* welche aber immer unterschiedliche (persönlich-bedingte) Zeitspannen benötigen, sind dann die *besten* für euch! Wir versprechen euch das! Und bitte lasst diese Weisheit gelten: *Kommt es nicht so, wie ihr es euch vorgestellt habt, dann kommt es besser.*

*Sind das nicht Wunder...volle Aussichten? Wahrlich, ihr solltet dies für euch nützen. Seid klug!*

Noch einen Rat geben wir euch von Herzen gerne: Ihr solltet auf euren Wegen nicht suchen... egal was..., sondern verbindet euch mit uns. *Betet* und *empfangt* dann in Geduld, was die göttliche Vorsehung und eure Höheren Selbste für euch bestimmt haben. Das wird euch auf euren Wegen der Transformation und Erleuchtung Friede, Harmonie und Freude bescheren. Nicht Unruhe, Druck oder gar Stress. *Denn alles liegt immer in jedem von euch... und wartet auf euch.* Doch kann es sich nur zur *richtigen* Zeit zeigen und offenbaren. Lasst also die Zeit reifen. Seid währenddessen, wie gesagt, kreativ unterwegs und handelt in allem ruhig und gelassen, gebt der Sache *Raum,* damit sie wunderbar ausreifen und sich entfalten kann. Ihr wisst doch, ein unreifer Apfel schmeckt sehr *sauer* oder auch gar nicht. *Die göttlichen Früchte aber sind süß.*

Freut euch darauf, und inzwischen geht in Ruhe eures Weges und tut, was getan werden muss – im irdischen Sinne. Tut es in der Energie eines Kindes. Lasst deshalb auch Spiel und Spaß in euer Leben ein. Vermeidet Verbissenheit und Druck, entfaltet lieber Vorfreude, indem ihr euch schon vorstellt, wie wundervoll es dann sein wird. Wir sind dabei gerne mit euch, geliebte Kinder Gottes.

Nützt auch eure besondere Kraft der Gedanken, um Mutter Erde zu helfen, sich selbst und all ihre Kinder zu transformieren. Erschafft euch immer wieder in Gedanken als eine machtvolle, große *Licht-säule*, die ihr Licht und ihre Liebe weit hinaus strahlt, um Alles-Was-Ist zu erhellen und zu erleuchten. Gleichzeitig werdet auch ihr dadurch erhellt und erleuchtet, und das schenkt euch Heilung und Gesundheit auf allen Ebenen.

Ein sehr wichtiger Punkt ist für euch noch das *Opfer-Thema, das wir hier, an späterer Stelle (Kapitel 14), noch ausführlicher erläutern werden*. Viele von euch befinden sich noch in dieser dunklen, angst-besetzten und schmerzhaften Gedanken-Energie: denn einem Opfer geht es nie gut, es ist wehrlos und elend. Macht ihr euch aber be-wusst und nehmt liebevoll an, dass ihr göttliche Kinder, geboren aus Weisheit, machtvoll, autark und *nur* Liebe seid und dass ihr allein euer Leben und alles, was euch je begegnet oder begegnet ist, selbst erschaffen habt – um wieder zu erkennen und sich zu erinnern –, sollte es ein Leichtes sein, aus der Opferfalle *auszusteigen!* Denn ihr alle wisst tief in euren Herzen, dass es keinen Schuldigen gibt und auch keine Schuld. Gottes Waage des ewigen Ausgleichs ist immer in Bewegung, um alles zu erhellen. Schützt euch selbst, indem ihr glaubt, denn nur so werdet ihr *unverwundbar.*

*Deshalb, ihr Lieben, glaubt und vertraut. Vertraut auf unseren Ei-nen-wahren-Gott-der-Liebe. Keiner wurde jemals vergessen!*


Geliebte Sternenkinder, erinnert euch jetzt vermehrt auch daran, dass ihr immer *Kinder* Gottes seid. Dieses Kind lebt auch immer in euch – euer *Inneres Kind.* Wollt ihr euch stärken, euch fühlen, euch trösten, so ruft in Stille euer Inneres Kind an und sprecht mit ihm. Hört ihm zu, was es sich wünscht, und versprecht euch dann selbst, *das für euch zu tun.* Ihr werdet euch wundern, wie *effektiv* diese geis-tige Arbeit, in Liebe ausgeführt, ist.


*In diesem Zeitalter der Transformation folgen viele Menschen dem Ruf ihrer Seele, die wiederum den Wunsch und den Auftrag hat, ihren See-lenplan zu erfüllen. Wichtige Aspekte hierbei sind:*

➢ *die eigene Vision, also eigene Meisterschaft, zuzulassen und zu leben;*

➢ *autarke Göttlichkeit und eine immer machtvolle Schöpferkraft anzuerkennen;*

➢ *das Gesetz der Resonanz zur eigenen Heilung und zum Schutz anzuwenden;*

➢ *Unendlichkeit als eigene und einzige Ur-Essenz anzunehmen.*

*Der wichtigste Aspekt aber ist, die einzige göttliche Ur-Kraft-Liebe in ihrer Komplexität, Genialität und Wahrhaftigkeit zu verstehen, unabdingbar gelten zu lassen und jederzeit zu leben.*

Geliebte Kinder des Lichtes, zuletzt möchte ich euch noch an das erinnern, was euch Erzengel Aannathas schon sagte: *Dankbarkeit und Wertschätzung* sollten in eurem täglichen Sein an *erster* Stelle stehen. Deshalb dankt. Dankt täglich dem *Einen-wahren-Gott-der-Liebe* und Allem-Was-Ist, den Elementen, den Engeln und wem ihr denkt, noch danken zu wollen – denn Dank bewegt die Fülle und erhebt euch in den ewigen Kreis der göttlichen Bewegung allen Seins. Und so wird jedwede Entfaltung vorangebracht und Erleuchtung erleichtert.

*Ihr wisst das tief in eurem Herzen, denn allein dies ist der Sinn eines Erdenlebens und allein die Erfüllung dieses Plans rechtfertigt für die Seele eine Inkarnation und bringt der Seele und Allem-Was-Ist Frieden, Glück, Freude, Fülle, Erfolg, Zufriedenheit und Gesundheit und stetiges Erschaffen und Erneuerung universellen, göttlichen Bewusstseins.*

*Bitte bedenkt, dass, wer einmal begonnen hat, durch Mut, Absicht und ehrliche Erkenntnis den Weg der Entfaltung des wahren Bewusstseins zu gehen, nicht mehr zurück kann. Er hat durch den Schmerz der unerfüllten Sehnsucht seines Herzens erfahren, dass der Himmel der göttlichen Wahrhaftigkeit und Herrlichkeit im Loslassen aller niederen, ego-bezogenen Begehrlichkeiten, wie aller irdischer Reichtümer wie Geld, beherrschende Macht und leeren Begierden, verborgen liegt.*

Das heißt nicht, dass ihr nun in Armut leben sollt und *nichts* besitzen dürft. Ganz im Gegenteil. Aber wenn wir hier von *loslassen* sprechen, so ist gemeint, dass euer irdisches Bestreben vor allem auf das Entfalten eurer *geistigen* Fülle gerichtet sein sollte, und nicht auf die materielle Fülle. Zumindest sollte es im Ausgleich sein, doch meist steht das Erstreben materieller Werte größtenteils auf Erden noch ohne Rücksicht auf alles andere an erster Stelle.

Auch solltet ihr, so oft wie möglich, andere *teilhaben* lassen an eurem lichtvollen Reichtum, ganz gleich, welcher Art dieser ist. Wir sehen aber auch, dass schon viele von euch so denken und handeln: Sie wissen, dass das wahre Glück und Wohlergehen vor allem in der All-Liebe, wovon *Bescheidenheit* und Mitgefühl wichtige Bestandteile sind, liegt. Ebenso die *Freude* über das, was Gottes Urnatur des Lichtes jedem von euch auf dieser Erde, so er es sehen kann, täglich aufs Neue in unendlicher Pracht und Schönheit zeigt und schenkt.

*Bei all euren Unterfangen, geliebte Kinder des Lichtes, erinnert euch daran, dass wir Engel, Ich, Erzengel Michael und Erzengel Aannathas, vor allem eure Schutzengel und natürlich alle anderen Engel, aufgestiegenen Meister oder Lichtwesen immer sofort an eurer Seite sind, ruft ihr unsere Hilfe an. Wir alle schenken euch immer alle Zeit, die ihr benötigt, und bleiben bei euch, solange ihr uns braucht! Denn wir alle lieben euch sehr. Und denkt immer daran, dass allein die gelebte Liebe alles für euch richten, erreichen, heilen und erneuern kann.*

*So lebt Liebe – immer und vor allem für euch selbst. Denn dadurch öffnen sich alle Wege für euch – in Liebe.*

*Wir sind dabei an eurer Seite mit unserer göttlichen Macht und Hingabe.*

*Michael und Aannathas*

# Die 13 – Symbol der Galaktischen Mächte

Alles Ist Zahl"… schwingt es in den Weiten des göttlichen Universums, geliebte Kinder des Lichtes. Und weil jeder von euch ein wichtiger Teil von diesem ist, schwingt dieser göttliche Impuls auch in jedem von euch.

Seit unendlicher Zeit begleiten euch Menschen *die kosmischen Zahlen,* um Wege aufzuzeigen, Phänomene zu erklären und alle Wirklichkeiten, irdische wie auch göttliche, zu verstehen. In allen Kulturen und Weltenzyklen wurden sie in ähnlicher Art und Weise gebraucht.

Ein großer spiritueller Meister auf Erden mit Namen Galileo Galilei, ihr kennt ihn wohl alle, der einst in Italien lebte, hinterließ euch eine große universelle Weisheit in seinen Worten: *Die Mathematik ist das Alphabet, mit dem Gott die Welt geschrieben hat.*

Ein weiterer spiritueller Meister des Lichtes mit Namen Pythagoras, der einst im alten Griechenland lebte, *erinnerte* sich ebenfalls sehr klar und schenkte euch die weisen Worte: *Alles ist Zahl … Alles ist Gott und das Wesen aller Dinge ist die Zahl.*

Er erkannte, dass die Grundzahlen 1-9 einen Schwingungszyklus darstellen, der durch die 0 – sie steht für Gott, das Unendliche – eine *Unendlichkeitsrechnung* möglich macht. Auch erkannte er, dass jede Zahl besondere Schwingungsfrequenzen, Quantität und Qualität beinhaltet und somit universelle Ur-Prinzipien in sich trägt und aufzeigt.

Deshalb ist die Zahl für euch ein geniales Medium, um eure Welt und den Kosmos zu verstehen: Denn die kosmische Welten-Ordnung basiert auf gewissen Zahlen-Verhältnissen. So zeigen euch die Zahlen *1-9 die Stufen der Weisheit* auf, die ein Mensch auf Erden erringen will. Darüber werde ich euch in einem neuen Buch einiges erzählen.

In eurem energetischen Verständnis steht die 9 für *höchste Weisheit*:

Die 1 für den *Willen,* und Erzengel Michael ist Hüter dieser essenziellen Zahl, denn er vermittelt durch sein machtvolles Sein die Wirk-Kraft dieser Zahlen-Energie.

Die 2 für das göttliche, universelle *Wissen.*

Die 3 für die eigene *Göttlichkeit* in dir und jedwede *Gemeinschaft* (+ Ehegemeinschaft).

Die 4 für die lichtvolle *Tat* und irdische Vollendung.

Die 5 für *Religion* = Mein *Weg zu Gott,* gleichbedeutend mit *Mein Weg zu mir* = Schule des Lebens. (Religion bitte nicht verwechseln mit Konfession, wie z.B. katholisch.)

Die 6 = die Erdenzahl, *schamanisches Wissen, Entscheidung* und *reine irdische Liebe.*

Die 7 steht für *heiligen* (lichtvollen) *Sieg.*

Die 8 für *Ausgleich, Gleichklang, Gerechtigkeit.*

Die 9 für universelle, göttliche *Weisheit.*

Die 10 = *Spiritueller Prüfstein* – für dich durch *steten* Wechsel des Glücks im Leben.

Die 11 = *Spirituelle* = *höchste Macht,* die ein Mensch auf Erden leben kann.

76

Die **12** steht für *Opfer oder Heiler* . Sie ist auch Zahl des Raumes und ordnet so.

*Die* **13** *für Transformation: Erzengel Aannathas ist Hüter dieser mächtigsten aller Zahlen, denn sie ist die Zahl der Ewigkeit, somit Gott, und daraus geboren: Ich Bin Gott.*

Die **14** bedeutet, *sich selbst zurücknehmen,* sowie *Rücksicht* und verbindet Himmel und Erde, wird Geduld, Ruhe, Einsicht, Toleranz und Langsamkeit praktiziert.

Die **15** ist heilige *Magie.* Sie ist die Kraft der (göttlich) Wissenden auf Erden.

Die **16** für größte *Herausforderungen* und dadurch *Wandlung.*

Die **17**: Alles Leben steht unter einem guten *Stern,* Glaube, Wahrheit und Hoffnung unterstützt es.

Die **18** ist die Mond-Zahl und steht für *Intention, Intuition,* eigene Wahrheit und *Selbstwert* erkennen.

Die **19** steht für *Fülle* und Freude, Leichtigkeit.

*Die* **20** *steht für: Erwache in dein ursprünglich gedachtes Sein. Erwachen und dadurch Wiedergeburt in das wahre Sein. Sie ist die Basis und Essenz, der Ur-Baustein alles Göttlichen. Sie ist die Zahl des göttlichen Ur-Lichtes, das weiß: Ich Bin… denn Ich fühle.*

**21** steht für erfolgreiches Schöpfertum auf Erden = *Erfolg.*

**22** steht für *Illusion*: Erkenne, dass das Irdische nur ein Teil deiner selbst ist, das Geistige aber deine Heimat, Ursprung und wahres Glück, sonst wird dich die *Illusion* besiegen. *Erwachte Menschen mit* *dieser Zahl sind die Lehrer der Neuen Zeit! Denn die 22 trägt energetisch gesehen 2 x das göttliche, universelle Wissen in sich.*

Geliebte Kinder des Lichtes, *Galaktische Mächte* werden unentwegt geboren aus dem universellen Sein, das durch ewige Bewegung der Sterne aller *Galaxien* des Universums entsteht. Diese Mächte habe ich euch ja bereits beschrieben, denn es sind ja auch *eure*. Hier zeige ich euch noch die Verbindungen auf zwischen den kosmischen Zahlen und den Aspekten göttlichen Seins und Werdens.

Zahlen bestimmen, so wie Töne, Farben und Formen, wie ich euch schon mitteilte, das Universum und sind Basis und Essenz alles Göttlichen, der göttlichen Matrix (Ordnung). So könnt ihr den Kosmos und Alles-Was-Ist wahrnehmen und verstehen. Ihr selbst habt als große *Schöpfer-Geist-Wesen* daran einst mitgearbeitet, denn jeder von euch ist *gottgeboren*. So ruht auch in euch dieses brillante Wissen und, wendet ihr es an, so wird es sich zu eurer ganz *eigenen* Weisheit entfalten.

*Der Zahlen Genialität ist unendlich, so wie das Universum und Gott. Ich gebe euch gerne einige Beispiele, um zu verstehen.*

*Ein wundervolles Beispiel gibt euch euer umgebender Orbit: euer Sonnensystem, die Erde und ihre 9 Planeten.*

Ihr rechnet mit 12 Monaten, an eurem Himmel vollziehen sich aber stets 13 Vollmonde und somit 13 Mondmonate. Euer *Mond* zeigt sich also 13 mal voll und danach rechnet ihr nach Mondphasen eure Zeiten, Frühling, Sommer, Herbst und Winter, außerdem die 7 Tage Woche und einiges mehr. *Ist euch hier schon aufgefallen, dass ihr aber nur mit 12 Monaten rechnet?* Erinnert euch bitte, sie ist zwar die Zahl der Ordnung, das ist richtig, aber durch eure kontrollierte, somit duale Anwendung auf Erden lebt ihr dabei den *Schatten* dieser Zahl und werdet somit Opfer, was sich euch ja vor allem im Berufsleben zeigt. Tagtäglich werdet ihr so zum Sklaven des Uhrzeigers... der euch drängt und zwingt. Burn out, Herzprobleme und viele anderen gesundheitlichen Auswirkungen tragen dem Rechnung. Nur wer aus diesem Stress aussteigt, weil er nach seiner *Inneren Uhr* lebt, entgeht dem. Bitte versucht es: Das ist möglich, auch wenn euch die 12monatige Zeitvorgabe noch einige Zeit erhalten bleibt!

Auch eure *Sonne* zeigt durch ihren Stand in Verbindung mit der Erde Tag und Nacht an und die täglichen Stunden.

Darüber hinaus *verschränkt* sich die Sonne, also sie verbindet sich alle *8 Minuten* mit der Erde und tauscht somit kosmische Information aus. Das haben auch eure Wissenschaftler inzwischen bestätigt. Dabei verbinden sich die Licht-Photonen-Teilchen beider Sterne kurzzeitig zu *einer* Einheit. *Die 8 ist die Zahl des Gleichklangs. Was sagt euch das... bitte fühlt hinein.*

So sind Sonne und Mond ebenfalls in einer Konvergenz miteinander verbunden (wie alle Planeten und Sterne), um Licht auf Erden zu *manifestieren,* damit sich Leben entwickeln kann. So braucht das Sonnenlicht *8 Minuten* zum Mond; der es dann wiederum reflektiert.

Alle *11 Jahre* herrschen auf der Sonne heftigste Stürme und Eruptionen: *Sonnenstürme,* die immer auch euer Frequenz-System auf Erden beeinträchtigen und somit auch eure psychischen wie physischen Befindlichkeiten.

Die *Planeten* eures Sonnensystems bewegen sich in *präzisen* Umlaufbahnen und Abständen voneinander und erzeugen somit *genau* die Frequenz und Energie, die euer Mutter-Planet Terra-Gaia benötigt, um Leben zu erschaffen und zu bewahren. Das alles ist vor allem in Zahlen darstellbar.

Ihr selbst als Menschen durchlauft alle *7 Jahre* einen *Quantensprung,* der somit erneuernde Lebenszyklen erbringt und aufzeigt. Unendliche Energie kann sich so in endliche Formen zentrieren und bezeugt den Schöpfungs-Prozess. *Die – heilige – 7 trägt die Energie des Sieges.* Sie wird von euch wissend *heilig* genannt, weil jeder von euch im göttlichen Sinne immer nur ein Sieger sein *kann* und *ist.* Allein ein Leben auf Erden zu wagen, ist eine große Einweihung: Ganz gleich wie das Leben verläuft oder verlaufen ist, nimmt jeder Mensch doch große und größte Erkenntnis mit in seine *geistige Heimat!*

Lebt ihr dazu nun noch bewusst euren Willen, für den die *Zahl 1* steht, so entfaltet sich energetisch gesehen aus 1 + 7= 8. Und die 8 steht in der universellen Wahrheit für Gleichklang und *gebiert* daraus, mit erweitertem Willen – einer nochmaligen 1 – die 9 und damit Vollkommenheit und geistige Vollendung, die die Essenz der Ewigkeit ist und die Erfüllung des Göttlichen Plans (Vision) jeder Seele erst ermöglicht.

*Wobei die heilige 7 immer auf den Einweihungs-Weg verweist. Hierbei soll und will die Seele immer in Licht und Liebe siegreich agieren auf Erden (Erdenzahl = 6, Sieg 7 + 6 = 13). Während die 13 dann die Einweihung vollzieht durch mutvolles Annehmen und kraftvolles Umsetzen in bedingungsloser Liebe der von der Seele geforderten Transformation. Auf Erden wie im Himmel.*

Eure *Lichtkörper,* die ihr auch Mer-Ka-Ba nennt, sind immer eine Vereinigung von männlicher Energie und weiblicher Energie und ergeben so gemeinsam die wahre Schöpferkraft, denn immer ist beides in jeder Schöpfung enthalt.

Die Mer-Ka-Ba entspricht den Zahlen 11:11, dem Lichtkörper, und verbindet euch mit eurer ewigen Natur = Ursprung (deshalb 2 x 11). Sie stellt sich in 2 ineinander verschränkten Tetraedern dar.

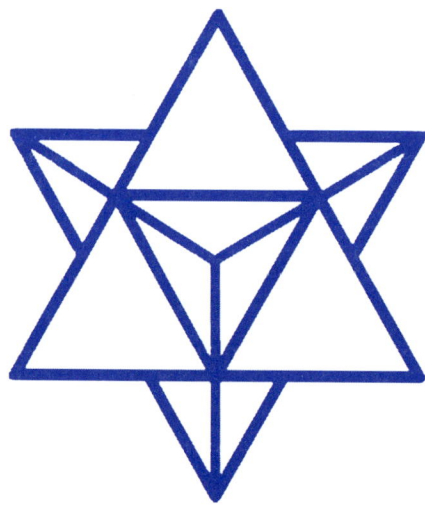

Die 11 selber steht für die *Spirituelle Kraft*, die die höchste Kraft bezeugt, die ein Mensch auf Erden leben kann. Sie weist auf *altgelebte Meister-Leben* hin und erfordert vom Menschen, der diese Zahl zum Beispiel in seinen Geburtsdaten trägt, auch in diesem Leben wieder Meisterliches, ist also eine große Herausforderung. Doch die Ernte dabei ist wahrhaft „Wunder…voll himmlisch".

Geliebte Kinder des Lichtes, auch in der Natur begegnet euch die Zahl auf Schritt und Tritt. Alle Pflanzen, Bäume, Blumen, auch Steine und Kristalle, selbst Viren und Bakterien, alle Sterne und alle Lebewesen, ja, alles, was ihr an sichtbarer, aber auch unsichtbarer Materie in eurem Sein als solche erkennt, sind in und durch die sogenannte *heilige Geometrie* aufgebaut. Ihr nennt diese Grundlage allen Lebens auch die *Blume des Lebens,* und diese bildet in zweidimensionaler Darstellung aus *13 Kreisen* die Frucht (bei einer Pflanze oder Blume) oder eines anderen Phänomens des Lebens. Sie bildet durch die universell-harmonische Aneinanderreihung der Formen ein *heilendes Energiefeld*, das in göttlicher Ordnung schwingt und somit allem den *Impuls* gibt, sich wieder in die *ursprüngliche* Göttliche Ordnung zu transformieren.

*Auch der Goldene Schnitt (Leonardo da Vinci) und die Goldene Spirale (Fibonacci) basieren auf der harmonischen universellen Ordnung (göttlicher Matrix) der Blume des Lebens, welche in der Schwingung der 13 manifestiert ist. Alles Göttliche Sein und Werden richtet sich danach aus. Da jede eurer Körperzellen dieses Schöpfungsprinzip als ihr eigenes erkennt, versucht sie, wieder in diese göttliche Ordnung zu kommen, und heilt sich selbst – sind positive und kraftvoll-glaubende Gedanken und unerschütterlicher Wille eines Menschen darauf gerichtet. Nur dann wird der eigene göttliche Heiler in euch aktiviert, der in jedem von euch immer ruht.*
*Die Blume des Lebens als kosmisches Schöpfungssymbol, zahlen-energetisch gesehen die 13,* ist somit für jeden von euch immer eine große Quelle der Heilung, die von euch genützt werden kann, um zu reinigen, neu zu energetisieren, zu revitalisieren, zu harmonisieren,

zu kräftigen, zu lindern und schützen, zu entstören und zu stabilisieren (als Untersetzer, Mandalas, Aufkleber, Schutzsymbol, auch als Zahl einsetzbar, usw.).

Die Blume des Lebens zeigt sich in der *Form = Geometrie*, trägt aber gleichzeitig auch die Frequenzschwingungen von *Farbe, Ton und Zahl*. So zeigt sich euch also eure Welt und alle Materie in diesen *vier* kosmischen Größen, die damit euer Verständnis über Kosmos und Welt begründen.

*So sind diese 4 Säulen oder kosmischen Größen:* Zahlen, Farben, Töne und Formen *die Basis der göttlichen Wirklichkeiten auf Erden. Die heilige Geometrie, manifestiert durch die 13 und die 20, in diesen Größen dargestellt, gibt euch ein Abbild der höchsten göttlichen Genialität und Intelligenz, welche sich euch in der hohen Mathematik der Quanten-Physik erklärt.*

*Zahlenphilosophisch ist zu beachten, dass die 12 das Prinzip des Bündelns ist, sie ordnet und geht immer der 13 voraus. So zeigte euch auf Erden einst mein über alles geliebter göttlicher Bruder Jesus durch sein Leben genau das auf. Er schart 12 Jünger um sich und er selbst trat als der 13te. auf. Somit zeigte er seine göttliche Mächtigkeit, aber gleichzeitig auch die Kraft der Transformation durch seine Überwindung des Todes. Wie ihr hier erkennt, trägt die 13 das Prinzip des Erkennens durch freiwilliges Opfer energetisch gesehen in sich. Sie überwindet somit alles Irdische, und dadurch erwächst Neues, in Form und Art – welches immer göttlich-universell ist.*

*Nur wenn sich die Zahl, deren Kraft und Absicht der „Wille" (1) ist, und die Zahl 3 „Göttlichkeit in dir und Gemeinschaft" in die 13 verbinden, aktivieren sie die in ihnen ruhenden universellen Kräfte und eine Entwicklung durch Transformation in eine höhere Dimension beginnt. Denn allein die Energie der 13 erhöht alles, was ist.*

*Wir bitten euch deshalb, seid weise für euch und vergesst mit wahrem Herzen alles Negative, was ihr je über die 13 gehört habt oder was euch gesagt wurde!*

Geliebte Kinder des Lichtes, ich möchte euch hiermit aufzeigen, dass die kosmischen Zahlen eine große Bedeutung im Universum, aber auch in eurem irdischen Sein haben. Dabei steht die 0, wie gesagt und wie euch ebenfalls bereits Erzengel Aannathas mitteilte, für Gott: Sie steht dabei in eurem Verständnis für *nichts*, aber dieses Nichts beinhaltet im göttlichen Sinne *alles*. Bitte beachtet des Weiteren, dass alle Zahlen nicht nur einen Zahlenwert, sondern immer auch, wie ihr jetzt wisst, eine *energetische Essenz beinhalten*. Das bedeutet für euch, dass jede Zahl eine universelle Energie trägt, die aber immer neutral ist. Eine duale Wirkung gebt ihr den Zahlen erst durch das Einwirken eurer Gedankenkraft und der folgenden Taten.

Die universellen Energien der Zahlen bedeuten für euch nicht nur verschiedenste Deutungsmöglichkeiten, sondern beinhalten auch *Herausforderung im Sinne von Leben*, bei lichtvoller Umsetzung der Zahlen-Energie aber auch reichlich Gutes und Geschenke.

*Dabei ist die Zahl 13 zwar die heftigste Herausforderung für euch Menschen auf Erden, aber gleichzeitig trägt sie als einzige die Chance höchster Transformation energetisch in sich. Erkennt ihr daran, warum sie für euch stets angstbesetzt war…?*

Da ihr Menschen aber genau deshalb auf Erden inkarniert seid, solltet ihr verstehen, dass diese Zahl weder allein für Unglück, Trauer, Elend und Schmerz steht, sondern vor allem für das *Wundervollste*: für jenes größte Glück und den größten Wunsch, den jede Seele als ihr einziges Ziel verfolgt, nämlich durch *Überwindung* des niederen Ego dann einzugehen in die Herrlichkeit und Vollkommenheit der Ur-Quelle aller Liebe und allen Lichtes: **Gott**.

Geliebte Sternenkinder, bitte manifestiert in eurem Gedächtnis, dass die 13 energetisch gesehen die *größte Kraft und galaktische Macht* in sich trägt, denn sie steht für Transformation und fordert daher größte Anstrengungen von allem, für das sie steht oder wo sie sich zeigt. Doch bringt sie nicht nur Anstrengung mit sich, sondern vor allem höchstes Licht und somit *Erleuchtung,* wie das Wort aufzeigt. Es erleuchtet alles Dunkle, erhellt es mit göttlicher Weisheit, Fülle und wahrem Sein.

*So ist die 13 also die mächtigste Zahl des Universums, das Symbol ewigen Lebens durch stete Bewegung und lichtvolle Transformation, und steht somit als höchstes Symbol der galaktischen, göttlichen Mächte im Mittelpunkt allen Seins und Werdens, denn die höchste Frequenz, das höchste Licht ist ihr eigen.*

Dadurch entwickelt sie allerhöchste Dynamik und *erhebt* sinnbildlich den Kreis, was für *Aufstieg und Erleuchtung* steht. Eure Heimat-Galaxie ist eine Spiral-Galaxie und schwingt so durch das All. Ihr Lebens-Sinn ist als Evolutions-Beispiel des *Aufstiegs* in ewiges Licht und unendliche Liebe für *Alles-Was-Ist* von Gott, der Ur-Quelle, in universeller Weisheit erschaffen und manifestiert somit die *Ur-Essenz 13* und *Ur-Basis 20* und verbindet mit allem göttlichen Sein.

Der Kreis (Spirale) steht immer für Gleichklang und Gleichsein, denn in ihm ist alles an einer gleichen Position aneinandergereiht, nichts ist mehr oder weniger: alles ist in Ausgleich und Harmonie. Das Viereck soll zum Kreis werden, denn nur was rund ist, ohne harte Ecken und scharfe Kanten, fließt und ist heil (alles andere verletzt). Die *liegende 8*, die zwei aneinandergereihte Kreise darstellt, ihr kennt sie alle und nennt sie *Lemniskade,* ist ein Beispiel dafür: für göttlichen Gleichklang, universelle Harmonie und wahren Ausgleich durch allumfassende Liebe!

Ihr selbst als *verkörperte Göttlichkeit* auf Erden stellt ein System der 13 dar, denn ihr verfügt über 13 Hauptgelenke.

Des Weiteren verfügt jeder von euch über 10 Finger, 10 Zehen = 20 Extremitäten, und 20 Aminosäuren machen euren Körper erst *funktionsfähig* zum Leben auf Erden. Die 20 gibt somit eurer Körperlichkeit Struktur, denn sie beinhaltet alle Ur-Bausteine, und verbunden durch die Göttlichkeit der 13 wird irdisches Leben in universeller Weisheit und Wahrhaftigkeit erst *möglich*.

*Geliebte Sternenkinder, ist euch etwas aufgefallen? Ein Zahlenspiel… und doch ist es eigentlich kein Spiel, sondern kosmische und somit eure Wirklichkeit! 13 … 20 … bitte dreht die Zahlen und erkennt! 2013… Anfang einer Neuen Welt.*

*Nun ja, es sollte doch ein Spiel für euch sein.* Bitte seid jetzt nicht zu ernst: Denn das Leben ist nun mal ein Spiel, das sich jeder von euch *selbst ausgesucht* hat! Deshalb seht es doch bitte auch so. Ihr wisst doch alle, dass hier in unseren Ebenen des Lichts vor allem Heiterkeit, Freude und inspirierendes Lachen vorherrscht und alles erfüllt, und ihr seid immer mit uns verbunden, auch wenn ihr es manchmal nicht fühlen könnt. Deshalb, lacht mit uns und freut euch, dass jetzt diese besondere Zeit auf Erden begonnen hat und – das versprechen wir euch alle – auf jeden Fall ein gutes, ja ein bestes Ende nehmen wird... doch, bitte, schaut die Zeit nicht an...

**20 und 13.** Die zwei Energien der göttlichen Ur-Bausteine: aufgezeigt durch die Zahlen-Basis-Energie der 20 und die verkörperte Göttlichkeit, aufgezeigt durch die symbolische 13, verbinden sich und verschmelzen nun nach und nach zu göttlichem Eins-Sein, welches die Ewigkeit als einzige Ur-Essenz vorgibt. Der Mensch als *Gott-Geborener* beginnt langsam zu erkennen, dass sein irdisches Erdenleben nur ein winziger Ausschnitt seiner Seins-Möglichkeiten ist. Er erwacht in sein *ursprünglich gedachtes Sein* und ehrt und achtet nunmehr sein geisthaftes Wesen als einzige Wahrheit, was ihm eine *geistige Wiedergeburt in sein Wahrstes Ich Bin* in Leichtigkeit, Fülle und göttlicher Herrlichkeit beschert. Er versteht alles Irdische als Spiegel seiner selbst und freut sich auf ein Weitergehen in Welten und Systeme des Lichtes, welche er selbst bestimmt.

Geliebte Kinder des Lichtes, so seid ihr ab 2013 eingetreten in das heilbringende Licht sehr hohen Bewusstseins, und viele von euch erinnern sich jetzt voller Freude. Alle kommenden Jahre schenken euch nun eine *neue Zeit-Energie.* Entsprechend der vorherrschenden Energie der jeweiligen Jahres-Zahl habt ihr die Möglichkeit, *Besonderes* zu erreichen oder umzusetzen!

Wir bitten euch, erkennt durch dieses *Zahlen-Spiel*, dass jeder von euch ein *himmlisches Spiel* auf Erden vollzieht. Seid deshalb nicht zu heftig, verbissen und ernst auf euren Wegen: Ihr seid doch alle Kinder des Himmels, der eure wahre Heimat ist und in die ihr doch immer wieder zurückkehrt, ist eines eurer irdischen *Erkenntnis-Spiele* beendet. Bitte erinnert euch immer wieder daran. So wird alles leicht und freudvoll, denn so ist es vorgesehen. Nicht Mühsal, Trauer, Elend, Schmerz und Leid. Sondern Freude, Spaß und Leichtigkeit – ja, einfach *Spiel*. Habt also viel Geduld, Gelassenheit, mit euch und euren geistigen Geschwistern auf Erden, auch wenn es manchmal schwerfällt. Seid einfach keine Spielverderber, sondern habt, vor allem wenn es manchmal schwierig ist... viel Humor! *Lacht, lacht viel, so oft ihr könnt, denn es gibt kein größeres Heilmittel als das Lachen!* Bitte, glaubt uns, das hilft wirklich sehr! Und wir Engel helfen auch immer gerne, *ermächtigt* ihr uns.

Soweit Interesse besteht, kann sich nun jeder von euch anhand der Zahlen-Energien, die ich euch gerade aufgezählt habe und anschließend noch aufzeige, im großen Ganzen ein Bild der Jahre machen, die kommen werden.

*Gerne gebe ich euch noch eine Hilfe,* damit ihr die Zukunft, die auf euch zukommt, besser versteht: Die **20** steht also immer für den göttlichen Ur-Baustein und stellt energetisch den Seins-Rahmen auf Erden dar. Die Jahreszahl 2000, die die 20 und Gott (durch 2x0) enthält, *begleitet* euch alle also energetisch gesehen nun noch fast 1000 Jahre und trägt den göttlichen Impuls-Geber des *Erwachens und der Wiedergeburt* in die göttliche Wahrheit. Alle anderen *Jahres* Zahlen zeigen jedesmal die jeweilige *Jahres-Energie* auf.

*20... 13 bedeutet also*: 20 bzw. 2000 zeigt auf, dass die Menschheit in ihre göttliche Wahrheit erwachen *kann. Das bleibt ja nun das ganze dritte Jahrtausend so.* Die 13 zeigt euch auf, dass des Weiteren *Transformation* erforderlich ist, damit Glück, Frieden und universelle Fülle sich entfalten können: Bitte erinnert euch und seht ehrlich in euer Leben und ändert, was ohne Liebe ist.

*20... 14 bedeutet für euch:* Die 20 bleibt und die 14 bedeutet, wird Geduld und Toleranz gelebt, können Himmel und Erde energetisch *verbunden* werden – was auch immer das für ein Volk oder den Einzelnen bedeutet.

*20... 15 bedeutet:* Die 20 bleibt (wieder) und die 15 steht für die *heilige Magie* (siehe weiter oben). Jedwede Art von Magie kann also *gelebt* werden und wird sich in vielen Bereichen zeigen. Wobei Magie das Wissen über die Kräfte und Zusammenhänge der Elemente, ihre Zyklen und das ewige kosmische Geschehen ist und durch die Alchemie – ihr nennt es heute Wissenschaft – irdische Anwendung findet. Dazu zählen u.a. Gesundheitssysteme, Gen-Manipulationen, chem. Medikamente, Natur-Medikamente, Natur an sich, wie Wetter / Einflüsse / Veränderungen / Umwälzungen etc., Energie jedweder Form. Dies sind nur einige Aspekte, auch Gedanken; all diese Wirklichkeiten können von euch göttlich-magisch – in Liebe – oder dunkel-schwarz-magisch – ohne Liebe – sein oder gelebt werden. Bedenkt, der freie Wille ist immer gegeben und bleibt bestehen. Das Gesetz der Resonanz wird auch hier immer für Ausgleich sorgen.

Geliebte Sternenkinder, bitte beachtet, da die himmlische Zahlenmagie nach einem bestimmten Zahlenverhältnis aufgebaut ist, ist es nötig, ab der Zahl 22 zusammenzuzählen. Also 2022 ist noch berechenbar, also die 20 und die 22 geben Auskunft (siehe oben).

2023 verhält sich so: Die 20 ist wieder gegeben und aus der *23 wird die 5 (2 + 3 = 5).* Auskunft geben nun über dieses Jahr die 20 und die 5. 2024 = 20 + 2 + 4 = 6 = nachlesen bitte: 20 + 6 usw.

*Aber bitte beachtet, da die Zahlenmagie – wie das Wort schon aussagt – magisch ist, wird noch eine andere Berechnung für euch möglich: Das ist die – sehr einfache – Berechnung durch die Quersumme eines Jahres.*

Demnach schwingt das Jahr 2013 in der Energie 2 + 0 + 1 + 3 = 6 (lies oben nach).

2014 ergibt die Quersumme 7 und bedeutet energetisch *Sieg*; also sind in diesem Jahr Siege vorprogrammiert. Im negativen Fall, also bei bewusstlosen, angstvollen oder ungläubigen Gedanken oder Hektik aber auch Sieglosigkeit, dadurch auch Verlust.

2015 ergibt die Quersumme 8 und bedeutet somit Ausgleich, Gleichklang und Gerechtigkeit.

2016 ergibt die Quersumme 9 und Weisheit will gelebt und umgesetzt werden. usw.

2022 ergibt die Quersumme 6 – 2023 ergibt die 7 – 2024 ergibt die 8 usw.

Schauen wir uns das Jahr der endgültigen, dann für jeden sichtbaren Manifestation der Transformations-Energie auf Erden, 2039 an, so ergibt dies wieder die Quersumme 14, die energetisch gesehen *Himmel und Erde verbindet*. Es wird auf Erden also bis dahin vieles sichtbar werden, was euch der Himmel verspricht...

*Wer jetzt von euch noch gerne wissen möchte, welchen Hauptcharakterzug* er aus dem vorherigen Leben energetisch mit in diese Inkarnation gebracht hat, kann das ebenfalls sehr leicht *errechnen*. Dazu werden nur die **Geburtsdaten Tag, Monat, Jahr,** zusammengerechnet und die Endsumme, sollte diese *über* dem *Zahlenwert 22* liegen, *nochmal* zusammengezählt. Dann einfach oben nachlesen.

Gerne gebe ich euch einige Beispiele.

Ist ein Mensch am 4. 2. 1950 geboren, ergibt das die Quersumme $4 + 2 + 1 + 9 + 5 + 0 = 21$ **Erfolg**.

Ist ein Mensch z.B. am 25. 3. 1970 geboren ergibt das die Quersumme $2 + 5 + 3 + 1 + 9 + 7 + 0 = 27 = 2 + 7 =$ **9 Weisheit**. (Achtung bitte: Hier ist also zu beachten, dass die Endzahl von 27 über der 22 liegt und deshalb noch mal zusammengezählt werden muss $= 2 + 7 = 9!!$)

Auch hier bitte aufpassen beim Rechnen: *Besondere Berechnungen erfordern nur die Geburts-Tage* **19., 28. + 29.** wegen des Zahlverhältnisses, das gilt also nur bei diesen *3 Tagen*. Bitte achtgeben sonst geht ihr von einer falschen Energie für euch aus. Das wäre schade.

*Einige Beispiele dazu:*

Geboren **19.** 4. 2000 $= 1 + 9 = 10 = (1 + 0) = 1 –$ weiterrechnen $1 + 4 + 2 + 0 + 0 + 0 = 7$ **Sieg**

Geboren **28**. 2. 1980 = 2 + 8 =10 = (1 + 0) = **1** – weiterrechnen
1 + 2 + 1 + 9 + 8 + 0 = **21 Erfolg**

Geboren **29**. 12. 1974 = 2 + 9 = 11 = (1 + 1) = **2** – weiterrechnen
2 + 1 + 2 + 1 + 9 + 7 + 4 = 26 (**Achtung!**) die 26 geht aber über die *22 hinaus,* deshalb *noch mal* zusammenzählen = 2 + 6 = **8 Ausgleich, Gleichklang und Gerechtigkeit.**

Also bitte beachten: Bei diesen Sonder-Tageszahlen verhält es sich immer so: Der Tag 19 und 28 = immer die 1, die 29 = immer die 2, um dann weiterzurechnen (mit dem Monat + Jahr)!

Jetzt habt ihr vielleicht eure Haupt-Charakterzüge berechnet und oben nachgelesen. *Diese Energie (in Zahl dargestellt) bringt also jeder von euch mit, d.h. diese Kraft und Fähigkeiten habt ihr euch bereits in alten Inkarnationen erworben und sie stehen euch hiermit wieder zur Verfügung.*

Natürlich könnte trotz allem diese Zahlen-Energie auch lichtlos – negativ – gedacht und gelebt werden, das steht euch aber frei. So würde die Zahl *21 Erfolg* auch durch Schwäche in Erfolglosigkeit negativ umgesetzt werden; *die Zahl 2 universelles göttliches Wissen* durch starre materialistische (irdische) Verstandesgedanken – bewusstlos im göttlichen Sinne – negativ umgesetzt werden. Die Zahl *14 Geduld und Zurücknehmen* durch vielleicht Ungeduld, Hetze, Heftigkeit, Intoleranz und Schnelligkeit negativ umgesetzt werden usw. Bitte fühlt für euch selber hinein, was ihr noch ins Licht und somit in den Gleichklang und Ausgleich bringen wollt. Gerne sind wir dabei an eurer Seite.

Solltet ihr mehr darüber wissen wollen, werden wir euch in der Aannathas-Reihe in einem der nächsten Bücher darüber berichten.

Nun wünschen wir euch viel Spaß beim Rechnen und Erkunden.

Bitte beachtet also immer, geliebte Kinder des Lichtes, dass sich jede Zahlen-Energie auf Erden noch in der *Dualität* zeigen kann. Sie kann sich sowohl *lichtvoll* als auch *lichtlos* darstellen oder entwickeln, je nachdem *welche* Kräfte auf sie wirken. Also achtet bitte darauf, wertet ihr in Zukunft die Jahres-Energien oder eure eigene Energie aus.

*Bedenkt dabei immer, dass grundsätzlich jede Zahlen-Energie immer neutral ist und ihr jetzt in dieser besonderen Zeit der Transformation – die durch die Opal-Kristall-Strahlen von uns unterstützt wird – selber daran mitarbeiten könnt, ob eine Zahlen-Schwingung für euch positiv ausfällt oder negativ. Hier wird eure lichtvolle Schöpferkraft und der bewusste Glaube daran ausschlaggebend sein und das Ergebnis bestimmen: mehr und intensiver als es jemals möglich war!*

Beispiel: Ist Erwachen möglich, ist Unerwacht-sein oder Nicht-erwachen-wollen der Spiegel (Licht und Schatten der Zahl 20). Ist erfolgreiche Schöpfermacht möglich (Zahl 21), kann sie auch erfolglos gelebt werden. Ist Tat (Zahl 4) vorgegeben, kann natürlich auch Tatenlosigkeit noch ausgeübt werden, was letztendlich in eine schmerzlich empfundene Sackgasse führt. Ist Erkennen des Selbstwertes vorgegeben (Zahl 18) kann auch nichts erkannt werden wollen, was dann wiederum zu Trauer, Unglück und Depression führen kann usw.

Erinnert euch, der *freie Wille* ist immer gegeben. Menschen, die nicht bereit sind, wie *einst* vorgesehen, die kosmische Vorgabe, die sich in der jeweiligen Jahres-Zahl zeigt, anzunehmen und zu transformieren, welche die 5. Bewusstseins-Dimension auf Erden als Leit-Energie und als Impuls dann vorgibt, bewegen sich dann in eine trübe, hemmende Energie, die sich unweigerlich ausweiten wird in Trauer, Unmut, Krankheit, geistige Zerrüttung und Verwirrtheit, oder sie verlassen dann ganz plötzlich die Erde. Denn jeder von euch, der jetzt inkarniert ist, war sich einst bewusst, was die 5. Dimension auf Erden zu leben für ihn bedeuten würde – sowohl Schatten wie Licht! Dieses *Gehen* (Sterben) geschieht dann aber immer aus freiem Willen und wird immer durch das Höhere Selbst bestimmt: Denn erkennt die *Höhere Geist-Seele*, dass sie gegen den Verstand eines Menschen *nicht* ankommt, wird sie das Leben beenden und unter anderen, besseren Umständen und leichteren Vorgaben *neu* beginnen! Bedenkt bitte: *Das Äon der Transformation dauert noch lange an!*

Geliebte Sternenkinder, ich hoffe, ihr erkennt, wie wundervoll Zahlen und ihre Energie-Schwingungen eure Welt und den Kosmos erklären. So zeigen euch die *3 Zahlen* des Dimensions-Wechsels genau auf, was auf Erden geschieht oder geschehen kann.

Der 21. 12. 2012 war der *letzte Tag* des vergangenen Äons und der *erste* des universellen Transformations-Zyklus und *Eintritt* in die 5. Dimension (zur Erinnerung, 1 Äon beträgt ca. 26.000 Jahre und ergibt sich aus einer Umdrehung eures Sonnensystems um eure Zentralsonne Alkione im Sternbild der Plejaden). Dieser Tag trug die Energie 11 und deutet darauf hin, was von euch Menschen bis dahin erkannt werden wollte: *Spirituelle Macht,* die die höchste Macht ist, die ein Mensch auf Erden leben kann. Durch die Macht seiner Gedanken. Ihr wolltet also in den vergangenen Zeiten erkennen, dass eure universelle Schöpfer-Macht in den *Gedanken* beginnt, und allein dort! Viele von euch haben das auch erkannt und konnten es aktiv umsetzen. Wer das bis jetzt noch nicht ganz geschafft oder erkannt hat, soll bitte keine Sorge habe: Ihr alle dürft das jetzt noch üben.

Der 22. 12. 2012 war der *mittlere Tag* des Dimensions-Wechsels und gibt den *ersten* Hinweis auf die kommende Herausforderung für euch. Die Quersumme ergibt die 12 (sie kommt ja auch 2 x darin vor) und trägt den göttlichen Puls-Strahl *Heiler oder Opfer.* Wer oder was wollt ihr sein… es ist nun an euch zu wählen! Wer noch die Schuld bei anderen sieht oder *überhaupt* Schuld sieht oder zuweist, wird selbst Opfer sein: Bitte, denkt darüber nach, auch an das Gesetz der Resonanz und dass es einem Opfer nie gut geht!

Der 23. 12. 2012 war nun der *dritte* – die 3 steht hier auch für Gott-All-Eins-Sein – und *entscheidende Tag* des Dimensions-Wechsels und trägt die Energie der 13 (= Quersumme). Gemeinsam (mit der 12) manifestieren diese beiden Zahlen-Schwingungen den göttlichen Impuls, die Transformation in Bewegung zu setzen. Erzengel Michael und ich lenken die 2 göttlichen Puls-Strahlen der Opal-Kristall-Energie, die das höchste Potenzial an Wandlung und Erneuerung somit jetzt ermöglichen.

*Somit ist die 13, gestützt durch die – vorausgehende – 12, die die göttliche Ordnung präzisiert und untermauert, immer der Anfang und der Beginn einer neuen, ganzheitlichen Wirklichkeit. Einer neuen Göttlichen Schöpfung. Somit begann auch 2013 für euch alle eine neue Wirklichkeit auch wenn sie in ihrer Ganzheit noch nicht sichtbar ist: Und ihr allein, jeder von euch kann oder könnte Schöpfer dieser Neuen Welt sein und werden. Jeder von euch hat alle Möglichkeiten, sich selbst neu und seinen Weg meisterlich zu erschaffen und zu gehen. Bitte erinnert euch, geliebte Kinder des Lichtes, dass, sich selbst neu zu erschaffen, für euch immer an erster Stelle stehen soll. Dann erst kommt als nächster Schritt das Außen – eure Welt und Umwelt. Nur, und nur so funktioniert Transformieren, niemals umgekehrt. Wir sind dabei an eurer Seite, wenn ihr eure göttliche Mächtigkeit in die Tat umsetzt, unerschütterlich an euch glaubt und euch ermächtigt, wahre Schöpfer-Geist-Wesen zu sein, die ewig-seiend alles überwinden. Und die wissen, dass sie allzeit geliebt, geführt, getragen und geschützt sind von dem Einen-wahren-Gott-der-Liebe.*

*Wir lieben euch dafür.*

*Aannathas und Michael*

# Der Lebenscode

*Geliebte Kinder des Lichtes, die Fülle des Lebens, welche die Seele auf Erden sucht, findet sich in der Materialisierung der Schöpfergedanken. Sie gilt als Schöpfer-Tor der Bewusstwerdung, durch das auf Erden geschritten werden kann. Jeder frei erschaffene, lichtvolle Gedanke bedeutet einen Schritt mehr auf dem Wege der Transformation hin in die göttliche Vollkommenheit.*

Wie ich euch schon sagte, trägt zahlenphilosophisch gesehen *2012* die Zahlen-Energie 5 (= Quersumme) und steht somit für einen *Erinnerungs-Prozess* der Seelen auf Erden, der das Thema: *Mein Weg zu mir = mein Weg zu Gott* und umgekehrt: *Mein Weg zu Gott = mein Weg zu mir* als Primär-Aufgabe beinhaltet. Wir nennen es auch die *Lebens-Schule der Erkenntnis,* hinsichtlich *immer* irdisch gegebener Herausforderungen. Dies steht in enger Verknüpfung mit euren *Lebenscodes.*

Da die universelle Zahl 5 aus den Energien 3 + 2 zusammengesetzt ist, ist der wichtigste göttliche Aspekt hierbei die *Göttlichkeit in sich* (Zahl 3) über das *universelle Wissen des Geistes* (Zahl 2) zu eröffnen. *Dies ist erster und größter Wunsch jeder Seele, die auf Erden weilt.*

Dafür hat sich jedes Höhere Geist-Wesen, also jeder von euch, in seiner urspünglich-göttlichen Energie und Weisheit als ein göttliches Energie-System der 13/20 erschaffen.

Ihr selbst als *verkörperte Göttlichkeit* auf Erden stellt ja ein System der 13 dar, denn ihr verfügt über 13 Hauptgelenke. Die Energie der 20 als Ur-Baustein der göttlichen Licht-Struktur-Matrix, wie schon gesagt, vervollständigt eure Göttlichkeit und stellt sich energetisch so als euer Lebenscode dar.

Diese beiden Energien sind im Universum der Göttlichkeit die mächtigsten Zahlen und erheben euch so von *selbst* in die göttliche Macht und ihre universelle Weisheit: Nehmt das für euch an und lasst es als solches *gelten*. Bitte erinnert euch, niemand – außer euch selbst – *hindert* oder hinderte euch jemals daran, diese heilende Kraft für euch und die Welt zu nutzen.

So will ich, Erzengel Michael, König der Engel, Licht-Schwert-träger und an der linken Seite Gottes stehend, euch nun einiges dazu erläutern, was euch helfen kann, euch selbst, die Welt und Al-les-Was-Ist, das Universum, zu verstehen.

*Ihr seid energetisch gesehen nicht nur Zahl, Form, Ton oder Farbe, sondern vor allem Kristall. Allein in euren irdischen Gehirnen trägt jeder von euch eine hohe Konzentration von Millionen winzigster Magnetit-Kristalle, die ein sehr starkes Magnetfeld bilden und in euch wirken.* Das bedeutet, dass ihr z.B. mit dem Magnetfeld eurer Mutter Erde immer in *enger* Energie-Beziehung steht. Euer Mut-ter-Planet hat in den letzten Jahrzenten seine Frequenz-Schwin-gung zum Teil um das *Doppelte*, oft noch mehr *erhöht*, weil eben die Transformation anstand. Ihr seid mit eurem ganzen Körpersys-tem energetisch mit ihr verbunden, was bedeutet, dass ihr stets in der gleichen Frequenz wie sie *schwingt*. Die Erde erhöhte also ihre Schwingung und ihr Menschen solltet das eben auch getan haben oder *tun*. Wer das bis jetzt noch nicht vollzogen hat, dem geht es zu dieser Zeit der Wandlung und Transformation auf Erden nicht gerade gut. Bitte, wundert euch nicht, wenn ihr dies nun in eurem Umfeld immer wieder erlebt. Alles, was also mit eurer Erde ge-schieht, geschieht deshalb auch immer mit euch. Ihr wisst das aber!

*Auch eure 12 DNS-Stränge sind kristallin aufgebaut und werden jetzt von euch durch Gedanken und Umsetzung bedingungsloser Liebe in volle Funktion gebracht.*

Grundsätzlich erstrahlt euer *ganzheitliches universelles Sein* in weiß-goldenem Kristall, der getragen wird von dem Opal-Strahl, der alle Farb-Frequenzen in sich birgt. Dieser trägt alle Aspekte und

Impulse der Ur-Quelle, Gott, in sich, und somit wirken diese auch immer in euch.

*So seid ihr zu aller Zeit eigenständige göttliche Kristall-Einheiten, die das Universum, das Alles-Was-Ist, begründen und durch ihre Schöpfer-Gedanken am Leben erhalten und unentwegt erneuern.*

Wie ich euch schon sagte, geliebte Sternenkinder, wird sich bis ca. 2039 vieles auf der Welt, was sich noch im Ungleichgewicht befindet, in die Mitte, in den Ausgleich, begeben. Denn genau 2039 durchschreitet eure Mutter-Galaxie, die Milchstraße, den *Himmels-Äquator*, die Himmelsmitte, was für euch bedeutet, auch in eure Mitte zu kommen: Energetisch gesehen bewirkt das Ausgleich und Harmonie. Somit hat die *Reifezeit* für euch jetzt wahrhaft begonnen, und Reinigung wird noch *weiter* – von den noch Unbewussten unter euch auf Erden, die deshalb energetisch gesehen noch in der 3.Bewusstseins-Dimension schwingen – erbracht werden müssen.

Viele aber von euch arbeiten dabei jetzt *nur* noch an den Feinheiten der Bewusstwerdung, und doch könnte es sein, dass euch das noch anstrengt. Ich Bin dabei an eurer Seite, bitte ruft mich an, damit ich euch helfen kann.

*Das Wichtigste dabei ist für euch, Yin (weiblich) und Yang (männlich) ins Gleichgewicht zu bringen. Einher geht damit die Entfaltung des Neuen Bewusstseins.*

Bevor dies aber geschehen kann, ist das Loslassen von Altem und Karmischen (welches ihr auch Schicksal nennt) nötig. Bevor ihr aber etwas loslassen könnt – da ihr euch auf Erden in der Energie der *Dualität* befindet –, müsst ihr es erst einmal *annehmen* – annehmen in allumfassender und bedingungsloser Liebe. Nur so wirkt ihr wahrhaftig und es und ihr könnt heilen.

Geliebtes Kind des Lichtes, bitte beginne dabei mit *ehrlichem* Hinschauen: Erfühle in Ruhe und Gelassenheit die Situation und erinnere dich: *Es gibt vor Gott keine Schuld!*

Dann, bitte, erkenne ohne Angst und Wut, in Geduld und Herzensweisheit den *Sinn*: indem du voller Liebe und Verständnis – für dich und alle, die daran beteiligt sind oder waren – die Aufgaben und Lern(Erinnerungs)prozesse siehst als das, was sie immer nur sind und sein können: das kosmische, universelle *Spiel allen Seins,* das allein Bewusstsein erschafft. Bitte erinnere dich auch daran, was dir einst Erzengel Aannathas dazu sagte:

*Vor Gott sind jedwedes Bewusstsein und die daraus entstehenden Wirklichkeiten und Phänomene zum Sinne der höchsten Erkenntnis es wert, gelebt zu werden!*

Verstehe bitte und erinnere dich dabei an das karmische Gesetz und den Karma-Kreislauf von *Ursache und Wirkung,* denn es hilft dir zu verzeihen.

Nun, geliebtes Sternenkind, sei mutig, ehrlich und klar, lebe Absicht und Tat, lebe deine lichtvolle Schöpferkraft und nimm an: Nimm in tiefer Liebe und ebenso tiefem Verstehen alle Umstände und Auswirkungen an; seien sie für dich auch noch so traurig, schlimm oder unglücksvoll gewesen oder sind es noch.

Dann verinnerliche alles Geschehene und beginne es zu lieben, zu achten. Denn in deiner göttlichen Liebe und Weisheit deines Herzens kannst du verstehen: *Es diente mir!* Und allen Beteiligten und Allem-Was-Ist. *Jetzt handelst du meisterlich!*

Beginne dann mit all deiner göttlichen Macht der Liebe zu verzeihen... zu versöhnen: *allen und DIR.* Entscheide dich dann für den wichtigsten Schritt – indem du immer wieder bekundest und annimmst, dass es weder Schuld noch Urteil, sondern immer nur Schüler und Lehrer auf Erden gibt. *Nun bist du aus der Opferrolle ausgestiegen und hast verstanden.* Du hast verstanden, dass ein Meister des Lichtes und der Liebe niemals Opfer sein oder werden kann, denn er allein hat einst *diesen* Weg des Erwachens gewählt. Und bitte versteh, dass so unterschiedlich wie jedes Blatt eines Baumes, und diese sind unendlich viele, in seiner Form ist, ja, immer sein wird, genau so unterschiedlich auch die Wege des Erwachens sind, die ihr Menschen auf Erden geht oder noch gehen werdet.

*Geliebtes Kind des Lichtes, bitte erkenne jetzt... für immer... dass jeder Lehrende immer auch gleich Schüler und jeder Schüler immer auch gleich Lehrender auf Erden ist. Kannst du diese göttliche Wahrheit für jeden und alles in deinem Leben gelten lassen, dann bist du endlich wieder in deiner Meisterschaft angekommen. Ein großes Frohlocken herrscht dann hier in unseren Ebenen des Lichtes, denn ein Seelenstern hat sein machtvolles Licht wieder – für immer – in Liebe und Weisheit entzündet.*

Hast du diesen Prozess nun vollzogen, erst dann kannst du dieses Geschehen wirklich *loslassen*: Das erreichst du damit, dass du den Gedanken daran – immer wenn er sich dir wieder negativ zeigt – *nicht zu Ende denkst*, sondern sofort ins Positive lenkst bzw. neu erschaffst, so *wie* du es gerne hättest. Sicherlich wird diese Prozedur *einmal nicht genügen*, denn je nachdem wie lange diese schwierigen, angstvollen oder negativen Gedanken über ein Problem bei dir waren, umso länger dauert es, bis sie sich in deiner Aura aufgelöst haben. Du weißt ja, dass jeder Gedanke Energie ist, die so lange bei dir bleibt, bis du sie wieder durch eine andere Energie (Gedanke) ersetzt. Das solltest du nun so lange fortsetzen, bis dieser Gedanke sich *nicht* mehr zeigt; dann ist er aufgelöst und lebt *nicht* mehr in deiner Aura. Diesen Vorgang solltest du stets in allumfassender Liebe und großer Selbstliebe – für dich – tätigen. Geduld und Gelassenheit sind dabei deine besten Helfer. *Denn vor allem Geduld ist die wahre Kraft... heißt es hier in den himmlischen Ebenen des Lichtes!*

Geliebtes Sternenkind, steckst du vielleicht gerade noch in einer schwierigen Situation, die du noch ändern willst, gehe ähnlich damit um. Gerne helfen wir dir dabei, rufst du uns um Hilfe an. Du könntest dann die Angelegenheit in unsere Hände legen und dir vorstellen, dass sie sich in Licht und Liebe wandelt, dass alle Beteiligten damit glücklich sind, dass einfach alles rundum im Ausgleich, Gleichklang und Harmonie ist und in Freude schwingt. Behalte bitte diese Vorstellung immer bei, *tue dann aber im irdischen Leben, was möglich ist in dieser Sache,* und dann gehe in Geduld und Gelassenheit freudvoll (hinsichtlich des wundervollen Ergebnisses, das zu erwarten ist) deiner Wege. Immer wenn sich dir der Gedanke wieder zeigt, hebe ihn sofort ins Licht des Ausgleichs durch deine lichtvollen, wissenden Gedanken, und so können wir Engel *nun* tätig werden. Dein fester Glaube und deine wahre Hoffnung unterstützen uns dabei und du wirst ein bestes Ergebnis erhalten! Ebenso kannst du bei dem oben beschriebenen Prozess des *Loslassens* verfahren. Lege dazu immer und immer wieder dein Unterfangen in unsere Hände: Unendlich gerne sorgen wir dann für dich. Wenn es dir dabei manchmal nicht so gut geht, wenn sich die Angst und der Schmerz wieder zeigen, vertraue auf uns, es wird dir *unermessliche* Kräfte schenken und dein Weg wird leicht werden, auch wenn es sich – deiner Meinung nach – um ein großes Problem handelt.

*Dazu sage ich dir nur eines, beachte bitte, je größer sich ein Problem auf Erden für einen Menschen darstellt, umso größer ist auch die Erkenntnis, die er dafür wieder erhält. So kannst du immer davon ausgehen, je machtvoller eine Seele ist, umso anstrengender wird sie ihr Erdenleben gestalten, denn sie will einen großen Beitrag für das Erwachen der Menschheit tätigen. Denn alles, was auf Erden in Bedingungslosigkeit und alles verstehender Liebe erkannt und gelöst wird, speichern Sternenmeister des Lichtes in der göttlichen Bibliothek, die ihr auch Akasha-Chronik nennt: Und diese dient jedem von euch auf euren vielfältigen Wegen der Erkenntnis und des Erwachens in eure wahre Göttlichkeit, denn sie kann von den Seelen in undurchsichtigen, schwierigen Situationen abgerufen werden.*

Geliebte Kinder des Lichtes, wie ich euch schon sagte, fordert die 5. Bewusstseins-Dimension von euch allen ein lichtvolleres und freieres Bewusstsein im göttlichen Sinne. Euer *Lebenscode*, eure Lebenswahrheit ist die Tatsache, dass jeder von euch immer über einen jeweils 50prozentigen Anteil zweier göttlicher Wahrheiten verfügt: nämlich 50% Yin (weiblich) und 50% Yang (männlich). Diese beiden göttlichen Ur-Aspekte ins Gleichgewicht zu bringen, ist hierbei das *erste*, was eine Seele auf Erden anstrebt, um so ihr göttliches Bewusstsein wieder zu entfalten und ihre mannigfaltige Mächtigkeit zu leben und auszuüben.

Seit *Generationen* unterscheidet ihr wissentlich auf Erden diese zwei Bewusstseins-Arten: das Männliche und das Weibliche.

Das ur-männliche Bewusstsein lebt in dem Willen, das eigene Ideal, die eigene Wahrheit, die „Vision" zum Leben zu erwecken durch die *Tatkraft* und den klaren Intellekt, durch Mut, Streben, taktisches Navigieren, Individualität und die Überwindung von Hindernissen. Kraftvoll und kriegerisch wird das vermeintlich Weiblich-Schwächere geschützt. Lebens-Schatten und -Muster werden *nur* durch Betrachten mit dem *Verstand* – Logos – analysiert und durch *rationale* Argumente aufgelöst. Die männliche Spiritualität will Erkenntnisse umsetzen und Stagnation auflösen, durch kraftvolle Tat beenden. Wird dabei zu große Schnelligkeit, Ungeduld oder Heftigkeit gelebt, was dann die negative Seite aufzeigt, sind *erhoffte Ergebnisse nie zufriedenstellend*.

Das männliche Bewusstsein drückt sich also nach außen aus. *Es ist tätig-formend und betreibt somit aktive Bewusstsein-Revolution und Evolution.*

Das ur-weibliche Bewusstsein lebt in der freudvollen *Hingabe* an das Göttliche, das im *Muttersein* Leben schenkend, nährend und schützend agiert. Emotionen und Gefühle werden zugelassen und wahrgenommen. Weibliche Spiritualität löst Schatten und Muster durch *intuitives* Erspüren und indem sie gestattet, *das* zu fühlen, *was* sie fühlt. Ihr Selbstausdruck zeigt sich vollendet in Schönheit, *Geduld*, Güte, Barmherzigkeit, Trost, Verständnis, Herzensweisheit, weiser Voraussicht, Herzenswärme und in heilender und lösender Liebe. Sie ist immer geduldig, gütig und mitfühlend. Ihre in Fluss gebrachte Liebe löst so alle alten Wunden und blockierten Emotionen. Sie drückt sich durch das *Innere* aus. Sie ist empfangend, nährend-gebend und gebärend. Wirkt sie aber zu *altruistisch* – also ohne Selbstliebe und Selbstwert – und vergibt sich in *Wertlosigkeit*, wird die Yin-Energie negativ gelebt und *erzeugt so Trauer und eigenes Unglück*. Positiv angewendet, schafft die weibliche Spiritualität immer Raum für neue, tiefere Gefühle, Selbstwert und Intuition. Fähigkeiten wie Hellfühlen, Hellsehen, Hellhören sind stärker ausgeprägt und deshalb leichter zu entfalten. *Das Weibliche ist tätig-nährend und betreibt somit passive Bewusstseins-Revolution und Evolution.*

Geliebte Kinder des Lichtes, vereint nun der Mensch in Ausgleich, Gleichklang und Harmonie durch allumfassende Liebe diese beiden Formen des Bewusstseins *in sich,* so wird von einer *geistigen Wiedergeburt,* von einem *Erwachen ins Licht gesprochen.* Es ist der Beginn des Erleuchtens (des Herzens in die wahre Liebe) und bewirkt so immer den Aufstieg in die nächsthöhere Bewusstseins-Dimension.

*Das Neue Goldene Zeitalter fordert das jetzt von allen Menschen auf Erden ein.*

Wie euch auch Erzengel Aannathas bereits mitteilte, kann dies durch Zurücktreten in Ruhe und Geduld, gelebtes Verständnis und Hingabe, Toleranz, Freude und bedingungslose Liebe, sowie weise Annahme von allem Schicksal durch gelebte Absicht und lichtvolle Tat gelingen: *Der Meister-Weg kann zur Vollendung gebracht werden.*

Geliebte Kinder des Lichtes, auch die Weisheit eurer Ahnen, überliefert in alten Kulturen in der irdischen Weisheit *Schamanismus,* zeigt euch eine sinnvolle Lebensform als Gedanken-Basis innerhalb der Erden-Matrix auf: Ihr solltet darüber nachdenken, was das für euch bedeutet und wo da für euch Hilfe gegeben ist...

*Hierbei wird universelles Bewusstsein in drei Ordnungs-Stufen, Aspekten oder Räumen dargestellt.*

*Die Obere Welt ist die Göttlich-Geistige Ebene, mit der jeder von euch immer, zu jeder Zeit verbunden ist,* egal ob er das weiß, zulässt, glaubt oder nicht glaubt. Ohne Anbindung an diese ist kein irdisches Leben möglich. Denn das *Höhere Selbst,* die *Über-Seele* agiert von dort aus. Sie lenkt die Seele, die im Menschen auf Erden lebt. Bitte erinnert euch, die geistige Ebene allein *erschafft eure Zukunft.* Ideen und Inspirationen schwingen allein aus dieser Ebene in die Aura der Menschen, geführt durch ihre geistigen Helfer, die immer mit der *Über-Seele* interagieren. *Alle göttliche Hilfe geht immer von dort aus.*

*Die irdische Welt, eure Mutter Erde, stellt sich euch als die Mittlere Ebene dar.* Ihr alle seht, hört und fühlt hier, um zu erkennen, *nicht* nur mit den irdischen Werkzeugen Verstand und Körperlichkeit, sondern auch immer mit euren geistigen Fähigkeiten, der Macht der Gedanken und der *Intuition.* Diese Ebene verbindet euch mit der *Gegenwart.* Allein in der *festen,* irdischen Welt kann eine Seele Licht und Schatten unterscheiden und so wahrhaftig wahrnehmen. Bitte erkennt, den Erden-Weg zu wählen, bedeutet immer für jeden von euch Transformation und Wandlung durch *Handlung.*

*Die Unterwelt, die Untere Ebene, gemeint ist damit das innere geistige Bewusstsein von Mutter Erde,* denn sie ist wie ihr ein hohes Schöpfer-Geist-Wesen, beherbergt die Möglichkeit des Erkennens der eigenen Wurzeln. Sie verbindet euch mit der *Vergangenheit.* In eurem *Bauchgefühl* (wo eure Emotionen leben) erfahrt ihr euch und Alles-Was-Ist in universeller Klarheit und Reinheit, was euch euer Mutter-Planet Terra-Gaia durch ihre stetig ansteigende göttliche Energie ermöglicht. Sinnbildlich streckt ihr dazu eure Wurzeln hinunter in den *Bauch* von Mutter Erde, also die *Weisheit* der Erde, um selber weise zu werden.

Um nun diese *3 Ordnungen* leicht in euer Leben zu integrieren und dadurch perfekt an das *göttliche* Alles-Was-Ist *angebunden* zu sein, ist es wichtig zu *kommunizieren*: zu beten, also einfach mit euren Worten des Herzens zu sprechen, mit uns Engeln, Aufgestiegenen Meistern, Lichtwesen oder *Gott,* eurem Höheren Selbst und Mutter Erde. Eure *Innere Stimme,* die mit allen geistigen Ordnungen immer in Austausch steht, ist euch dabei eine große Hilfe, deshalb übt, wann *immer* ihr könnt, um sie besser zu hören. Stille, Geduld, Achtsamkeit und Meditation sind hierbei sehr hilfreich.

*Geliebte Sternenkinder, wer sich jetzt oftmals müde und ausgelaugt fühlt, sollte dieses Wurzel-Ritual mit Mutter Erde ab und zu vollziehen:*
*Bitte stellt euch dazu bewusst und möglichst barfuß auf die Erde (es funktioniert aber auch in Schuhen und an jedem Ort, wenn nicht anders möglich), am besten auf Rasen. Lasst nun goldene Wurzeln (bitte vorstellen mit geistigem Auge) aus euren Fußsohlen tief, tief hinunter in Mutter Erde wachsen, bis hinunter in ihr kristallines Herz, das ihr*

euch dabei vorstellen könnt. Nun sprecht mit eurer irdischen Mutter und dankt ihr für euren wundervollen Körper, ihre nährende Liebes- und Schutzenergie und bittet sie, euch ihre Kraft zu senden. Dankt und seht eine kurze oder auch längere Weile, wie die lichtvolle irdische Mutter-Kraft euch durchströmt und auffüllt, nach oben steigt und dort mit dem Licht-Strahl der Ur-Quelle, der immer an eurem Scheitel-Chakra eintritt, verschmilzt und eins wird: Die universellen, göttlichen Mächte durchwirken euch nun – von unten nach oben und oben nach unten – mit unendlicher Liebe und Schutz. So werdet ihr geerdet und das Leben wird stabiler, freudvoller und Fülle und Leichtigkeit werden euch tragen. Denn das ist der Wunsch eurer Erden-Mutter für jedes ihrer Kinder.

Das könnt ihr übrigens auch im Haus etc. vollziehen, falls ihr gerade nicht rausgehen könnt. Die Kraft eurer Phantasie wird euch dabei helfen – und sehr gerne auch ich.

Geliebte Kinder des Lichtes, so hört: Ihr bewegt euch immer in allen obengenannten drei Ebenen gleichzeitig, auch wenn das unbewusst geschieht. Denn der Mensch wird immer vom *Großen Ganzen*, dem großen, kosmischen Geist, **Gott**, Ur-Quelle aller Liebe und allen Lichtes, geführt zum Wohle aller und von allem. Allerdings, und das wisst ihr ja alle, ist innerhalb dieser in Liebe und Weisheit geführten Ordnung oder Matrix, die die spirituelle Basis des Universums ist, immer Raum und Zeit für den freien Willen der Menschen und die daraus entstehenden Wirklichkeiten. Seht euch nur um, aber bitte liebevoll-wissend...

Damit ihr nun noch ein *Handwerkszeug* habt, gebe ich euch gerne hier noch ein paar Anregungen, wie ihr euch selbst und alles, was ihr seid, freudvoll leben und in Leichtigkeit umsetzen könnt:

1. Als Erstes und Wichtigstes von allem: *Liebe dich über alle Maßen*, so wie du bist. Achte dich und deinen Körper. Sei stolz auf dich und ehre alle deine Leistungen, denn jede einzelne ist *kostbar* für das Göttlich-Ganze!

2. Wisse immer, zu aller Zeit, dass alle Kraft und göttliche Macht in dir ruht und dein göttliches Erbe ist. *Ermächtige dich selbst – denn Gott lebt in dir.*

3. Beobachte, wann immer du kannst, deine Gedanken, *diszipliniere* sie und lerne, sie stets *nur* licht- und liebevoll zu lenken.

4. Beobachte deine Erwartungen und schreite sanft ein bei einem *Zuviel.* Denn sonst kommst du in Druck, was nicht hilfreich ist. *Du hast Zeit…*

5. Beobachte dein Tun und die Geschwindigkeit dabei… werde *langsamer.*

6. Beobachte deine *Atmung,* besonders in schwierigen Situationen: Atme langsam und tief, denn der Atem ist göttlicher Äther, der *kräftigt* und *heilt.*

7. Schaffe täglich Zeiten der *Stille* und Raum, um deine Innere Stimme zu hören. Meditiere dazu, so oft du kannst, mindestens 10-20 Minuten.

8. Lass mehrmals täglich *Tagträume* zu – diese kleinen himmlischen Pausen helfen dir, die irdische (oftmals harte) Realität besser zu überstehen.

9. Baue *Vertrauen* in dir auf. Denke *immer* das Beste über dich.

10. *Glaube* immer unerschütterlich an dich – das ist die *erste* deiner Pflichten.

11. Erinnere dich täglich daran, dass du ein *Göttliches Kind* bist und dir deshalb alle göttlichen Privilegien zustehen und du sie für dich in Anspruch nehmen darfst und *sollst.*

12. Lass Altes los, indem du es in Liebe annimmst, da es dir ja dient: Es behindert dich nur, dein Programm spielt *Hier und Jetzt.*

13. *Entrümple…* deinen Kopf… deine Aura… dein Herz… deine Wohnung…

14. Schreibe eine Liste über *Ängste,* Schwierigkeiten, Befürchtungen usw. und *finde* Lösungen, diese zu heilen. *Rufe die Engel an…*

15. Schreibe auch eine Liste über deine *Wünsche* auf und erschaffe sie gedanklich, gemeinsam mit uns. Durch deinen Glauben, welcher dann den *Raum* dafür schafft und dein Tun aktiviert, können sie, in deinem karmischen Rahmen, wahr werden.

16. *Versöhne* dich stets mit *dir* und Allem-Was-Ist. So wird dein Weg Wunder…voll.

17. Danke täglich den *Elementen* für ihre Gaben… und du wirst versorgt sein.

18. Danke *Mutter Erde* täglich für deinen Körper, ihre Fürsorge und Liebe.

19. Danke den *Engeln* für ihre vielseitigen, jeweiligen Hilfen, die sie gerne geben. Empfange sie bereits in deiner Vorstellungskraft. So erschaffst du den Raum dafür.

20. Setze dich öfter in die *violette Flamme*, reinige und stärke dich so.

21. Wenn du duschst, bitte das *Element Wasser* um Reinigung deiner Aura. Danke.

22. Bete oft, mit deinen Worten aus deinem Herzen, und nütze die Hilfe der Engel. Werde still und geduldig. Glaube. So zeigt sich deine *Vision*.

23. Lass täglich *Strahlen der Liebe* aus deinem Herzen fließen für Alles-Was-Ist.

24. *Danke täglich* deinem Schöpfer für alles, Was-Du-Bist und was du erhältst.

25. Schwinge oft, besonders bei schwierigen Lebenslagen, auf *Wolke 7*. Dies ist ein wundervoller Ort, den du vielleicht schon in Realität besucht hast oder den du gern besuchen würdest… wie eine blaue Lagune im Sonnenlicht oder ähnliches: Und dies stelle dir dann bitte vor dem Geistigen Auge vor und begebe dich auf den Flügeln deines Geistes dorthin… *auf deine Wolke 7 und träume…*

26. Bedenke bitte immer, die *innere Ordnung* bedingt die äußere Ordnung und umgekehrt. Räume also auf…

27. Erschaffe dich täglich als *strahlende Lichtsäule*, die unendlich gespeist von oben aus der Ur-Quelle des Lichtes und verbunden mit dem kristallinen Herzen von Mutter Erde ewig Licht und Liebe ist und dieses hinaussendet in die Welt, um dich selbst und Alles-Was-Ist zu heilen.

28. Affirmiere täglich: ICH BIN glücklich, gesund, erfolgreich und frei. Ich *empfange in Leichtigkeit* alle himmlische Fülle. Ich danke aus tiefstem Herzen.

29. Liebe die Gegenwart, ganz gleich, *was* ist: Nur so wird die Zukunft für sich selbst sorgen – zu deinem Besten.

Geliebtes Kind des Lichtes, und zum Schluss meiner für dich hoffentlich hilfreichen Vorschläge bitte ich dich noch um etwas sehr Wichtiges:

*Bitte, sei Realist. Denn nur wer an Wunder glaubt, ist ein wahrer Realist. Und nur ein Realist wird eben Wunder erleben!*

*Denn das ist die einzige göttliche Wahrheit.* Je mehr du diese einzige universelle Wahrheit glaubst und zulässt, umso mehr geistigen Raum wirst du in deinem Leben durch diesen Glauben erschaffen, in dem du dann die sich materialisierenden Wunder sehen wirst. *Arbeite bitte dabei verständnisvoll-wissend mit der Zeit… sei bitte zeitlos…*

Und bitte erkenne mit mutvollem Herzen noch dieses: Du gehst so lange *Umwege* auf Erden, solange du deine Innere Stimme nicht *klar* und deutlich hörst und danach handelst.

*Geliebtes Kind des Lichtes, wenn du willst, sprich mehrmals täglich die magischen Worte der Heilung: GOTT ist in Mir! Und du wirst heil sein.*

*Und schließlich und endlich: Gib jede Verstandes-Kontrolle auf, geliebtes Sternenkind. Vertraue! Erinnere dich bitte: Du weißt doch in deinem Herzen, dass dein Höheres Selbst alles immer zum Besten für dich regeln wird, hast du genug Geduld, Liebe und Selbstvertrauen und agierst nicht, von irrationaler Angst und falschem (menschlichen) Ehrgeiz getrieben, hektisch und ungläubig und vor allem verstandesgelenkt. Du selbst hast doch einst deinen LebensPlan oder SeelenPlan entworfen. Glaubst du wirklich, dass du das so chaotisch und so wenig perfekt, so unklug, gar nicht weise oder nachlässig getan hast, dass es dir jetzt auf Erden schlecht geht? Erkenne, dass das allein deine – verstandesgelenkten – Unzulänglichkeiten, deine Unruhe, deine Ungeduld, Vorurteile und Urteil an sich und dein Unglaube bewirken. Denn immer bist allein du der Schöpfer aller deiner Wirklichkeiten gewesen und bist es noch… die dir allerdings immer andere aufzeigen! Erkenne bitte, dass alles, was in deinem und dem Leben anderer ist, im göttlichen Sinne, so wie es ist, gut ist: denn die Zeit ist deine treueste Verbündete auf Erden, sie drängt dich nie, ist immer an deiner Seite, lässt sich dehnen und bestimmen… von dir ohne Einwand – damit du dann so lange erschaffen kannst, bis es deinen ganz eigenen Vorstellungen entspricht. Die Ur-Quelle, Gott, Licht und Liebe, existiert ohne Zeit, wie du weißt. Deshalb brauchst du dich nicht zu eilen. Wofür und warum? Bitte denke darüber nach. Fließe lieber in Harmonie… wie sonst soll dein Leben harmonisch werden?*

*Denke darüber nach und verliere dich nicht in Ärger, Zorn und daraus folgender Trauer, weil du dein irdisches Sein und Tun als unvollständig siehst. Das gehört nicht zu dir, nicht zu euch, die ihr doch alle aus Liebe, Licht, Freude und himmlischer Herrlichkeit und Weisheit geboren seid. Göttlich. Mächtig. Ewig. Kristall-Kinder des Einen-Wahren-Gottes-Der-Liebe. So unendlich gebraucht. So unendlich geliebt.*

*Ich bitte euch so sehr… erinnert euch.*

Ich liebe euch unendlich.

*Michael*

# Der „Zu-Fall"

Geliebte Kinder des Lichtes, Ich, Erzengel Michael, freue mich, dass ich jetzt einen der *größten Irrtümer* auf Erden berichtigen und auflösen darf. Nämlich jene falsche Bezeichnung für *Zufall*, welche ihr täglich benutzt. Euch ist meist nicht klar, welch *genialer göttlicher Aspekt* er ist. Wie ja bereits das Wort beinhaltet, *fällt* hier einem Menschen, vielleicht dir, *etwas zu*. Also, etwas fällt dir zu. Da das Universum, also *Gott, keine Fehler macht*, frage ich dich: Woher, denkst du, kommt diese fälschliche Annahme, dass ausgerechnet du *zufällig* besonderes Glück und Freude erleben darfst oder aber (vielleicht) etwas unvorhersehbar Schwieriges, Ungewünschtes, Schlimmes, Entsetzliches oder gar Grauenhaftes erleben musst oder musstest?

Glaubst du wirklich, dass es eben nur ein unglücklicher Zufall, ja Pech oder Schicksal ist, wie ihr es nennt? Das wäre zu einfach. Nicht wahr? Gestehst du dir das jetzt vielleicht auch ein? Ganz abgesehen davon, dass du (vielleicht) oder auch andere *Gott unterstellen*, dass er ungerecht, gemein, ja, gar brutal ist, ohne jegliches Gefühl und Empfinden. (Denke an Kriegsgeschehen, Hungersnöte und Katastrophen jedweder Art auf Erden, von denen auch viele Kinder betroffen sind.)

*„Wo ist Gott hier?" Höre ich und der Himmel die Menschen verzweifelt schreien. Und so sage ich dir und euch allen: Gott ist immer in dir und an deiner Seite.*

Doch alles, was geschieht auf Erden, ist immer euer eigener Wunsch. Wir sprachen schon darüber. Dieses Thema wird in diesem Buch immer wieder zur Sprache kommen, denn es ist euer *Hauptanliegen,* auf Erden wie im Himmel. Denn auch dort arbeitet ihr *weiter* an eurer Entfaltung und Erleuchtung.

Ich sprach euch über *Karma* = Handlung, welches Ursache und Wirkung, eben dieser Handlungen, aller gelebten Leben aufzeigt. Und welches energetisch gesehen jeder Seelenstern in seinen Lichtkörpern, seiner Aura, immer wieder mitbringt: so lange bis alles Dunkle und Verderbte von ihm erkannt und durch eigenerbrachte Sühne und Richtigstellung ins Licht gehoben und so gelöst wird.

*Oftmals ist aber Karma bereits gelöst, doch ihr bleibt in euren alten Mustern stecken,* welche dieses Karma erzeugte, und so bleibt die dunkle Energie des Karmas noch *bei* euch – bis ihr eure Gedanken, durch Verbindung mit der Herzenergie, ins Licht und die Liebe erhebt. Wobei es unerlässlich für euch ist, euch selbst zu fühlen, in Stille, Meditation, Geduld und Selbstliebe. Um zu erkennen!!

Bitte versteht, um *Karma* zu erkennen, inkarnieren gemeinsam Seelensterne mit gleichem Anliegen (an Dunkelheit bzw. Ungleichgewicht – ich spreche hier nicht von Schuld, denn solche gibt es, wie ihr ja wisst, im göttlichen Verstehen nicht). Sie finden sich energetisch gesehen am *gleichen Ort und Umstand* ein, um zusammen dann ihre *Verfehlungen* durch *eigenerbrachte Sühne (= Ausgleich)* aus freiem Willen und liebevollem Herzen aufzulösen!

Da jeder von euch ein *Schöpfer,* ein *göttliches Individuum* ist, so trägt er *immer alle Kraft in sich,* seine eigene Dunkelheit zu erkennen und irgendwann zu löschen, zu erlösen. Doch dazu muss er, aus *eigenem* Wollen, erst bereit sein, muss erkennen, dass er kein Opfer ist – denn allein dadurch entfaltet er seine ganze Kraft. Dazu hat er alle Zeit des Universums, er selbst bestimmt, wann es soweit ist, denn niemand zwingt ihn je dazu!

Um also Dunkles, welches irgendwann von einem Menschen ohne Liebe und Verantwortung erschaffen wurde – *Zeit spielt dabei keine Rolle, es ist meist Leben übergreifend* – aufzulösen, zieht dieser Mensch, energetisch gesehen, in sein Leben ähnlich Dunkles, damit er erkennen und dann daran *lichtvoll* arbeiten kann. Dabei gibt es unzählige Möglichkeiten, etwas Dunkles wieder ins Licht zu bringen. Es hat immer mit erkennen, annehmen, zulassen, mit Hingabe, Geduld, Güte, Liebe und *Zurücktreten* zur eigenen geistigen Entwicklung und Vergebung (vor allem sich selber) zu tun. Wobei es *Versöhnung* sein sollte, welche *liebevoll* gegeben wird; denn wer *vergibt*, anstatt zu *versöhnen,* geht von Schuld aus, und wie du weißt, gibt es vor Gott keine Schuld.

Das sagte ich dir schon.

So wird also ein Mensch, der erkennen will, dass Krieg nichts anderes als weiteren Krieg mit all seinem Elend und Leid erzeugt und nach sich zieht, vor allem Krieg erleben. Er wird *freiwillig* in ein Land *inkarnieren,* in dem Krieg herrscht, oder eben Krieg wählen, indem er Soldat ist oder anderweitig Betroffener. Er wird sich so lange in dieser Energie des Krieges befinden, bis er erkannt hat, dass dieses Unterfangen letztendlich sinnlos, grausam und einzig zerstörend und *selbstzerstörend* ist.

Hat er das dann erkannt, indem er sich davon *distanziert*, weil er die Wahrheit erfühlt und gelten lässt, es somit in seinem ganzen Sein manifestiert und aktiv lebt, so wird er keinen Krieg mehr erleben: So beginnt dann langsam die Lösung und Heilung tritt ein, im Geiste wie in allen Lebensumständen. Immer ist das aber ein Prozess von *vielen Leben auf Erden.* Wenn du jetzt in dein Leben schaust, wo vielleicht noch eine unterdrückte Wut oder ein Gefühl der Ungerechtigkeit in dir verborgen ist, weißt du selbst am besten, wie lange es oft dauert, bis du das versöhnt und in dir gelöst hast.

Jetzt ist dies aber nur ein kleiner, verschwindender Aspekt an Lichtlosem und dauert oft Jahrzehnte an, bis es sich ins Licht erhoben hat. Stelle nun die Gräuel dagegen, welche zum Beispiel bei einem Verbrechen oder im Krieg, den du täglich in den Medien vor Augen hast, ablaufen und ausgeübt werden. Glaubst du wirklich, dass das alles schnell und einfach wieder bereinigt werden kann? Es braucht Zeit… aber jeder von euch hat diese im *Überfluss* und bestimmt diese dann auch immer für sich in freiem Willen! *Und eure Seele zählt weder Tage noch Jahre, noch Leben.*

Es ist aber nicht nur Krieg, in dem Menschen durch Unbewusstheit ins Unrecht treten. All die wirtschaftlichen Fehlentscheidungen und Verantwortungslosigkeiten in euren Ländern und viele andere Aspekte des Zusammenlebens liegen bei euch schief, sodass dadurch Millionen eurer Mit-Geschwister auf Erden größte Nöte erleiden. Hunger, Durst, Verwüstung und Verelendung der Länder hat dies meist zur Folge. Alles das will immer wieder ins Gleichgewicht gehoben und gebracht werden.

Das ist das, was du jeden Tag immer wieder erlebst, und sicher fragst du dich nicht nur einmal, wie das alles wieder ins Gleichgewicht kommen soll.

*Ich sage dir, geliebtes Kind Gottes, alles, was du in deinem wahren Herzen als nicht richtig empfindest, und das oftmals mit Recht, will gesühnt werden. Und es wird gesühnt. Denn geht eine Seele einst von Erden, ins Licht, so weiß sie sehr wohl – früher oder später –, was noch zu berichtigen ist. Und tut es dann, zu ihrer Zeit, mit mutvollem Herzen. Denn sie ist göttlich, und deshalb handelt sie letztendlich immer auch so!*

Fühle einmal da hinein, empfinde, spüre im Herzen, wie lange es wohl andauern könnte, bis eine Seele, die Lichtloses, Dunkles erschaffen hat, dieses annehmen und gelten lassen kann. Um dann wieder zu inkarnieren und in langen Prozessen des *Selbsterlebens* auf Erden zu verstehen, wie weh es (anderen) tat. Dann erst kann sie erlösen.

*Aber allein das ist der Weg, welchen wir als den Weg der göttlichen Weisheit bezeichnen:* die *ewige göttliche Waagschale*, in der immer nur Gleiches mit Gleichem (oder Energetisch-Ähnlichem) aufgewogen werden wird. Das ist reinste Weisheit und in Liebe schwingende Gerechtigkeit und Ausgleich. Und das ist auch dein Weg, den du gehen wirst, so wie alle Menschen auf Erden. *Das ist die Gerechtigkeit, die Gott euch allen zugesteht und schenkt.*

Wenn du das nun aufgenommen und angenommen hast als deine Wahrheit und die aller Menschen auf Erden, wirst du verstehen, warum es auf Erden keinen *Zufall* nach eurem Verständnis gibt. Es trifft niemals einen Menschen etwas in ungerechter Weise oder *zufällig*. Sei es nun Glück, welcher Art auch immer, oder ein Unglück, wie schwer und grausam es auch erscheint. Sondern es folgt einem *göttlichen Gesetz*, an welches jede Seele *immer gebunden* ist. So wird immer wieder freiwillig, aus wahrem Herzen, durch alle Seelensterne *Sühne erbracht*. All das schwingt immer in der göttlichen Waagschale des Ausgleiches, welcher, wie du ja nun weißt, erbracht werden will. *Ja, aus freiem Willen, auch wenn das natürlich dann, wenn es eintrifft, keiner wahrhaben will.*

Hier agiert dann allerdings der *Verstand*, welcher niemals Zugang zum *Seelenplan*, zum *Göttlichen Plan* einer Seele hat. Der Verstand hat immer nur die Aufgabe, oder besser gesagt, er hilft dir, auf Erden zu überleben, wie du ja weißt. Und das ist gut so. Doch agiert er ohne die heilvolle Energie des Herzens, so wird er jenen Menschen bald ins Abseits führen. Der Verstand funktioniert nur nach engen, egobezogenen Strukturen, die sich vor allem in emotionsloser *Kontrolle* zeigen, welche der Seele zutiefst fremd ist: denn sie kommt aus der Einheit der Liebe und fühlt nur so. *Allein in Verbindung mit dem Herzen werden die Verstandes-Absichten Gutes und Heilvolles erbringen. Im Sinne und zum Wohle aller und von allem.*

*Das, was du also Zufall nennst, ist göttliche Vorsehung und Weisung. Und sie hat zwei Aspekte:*

Der eine ist der (immer) eintretende Wunsch, *Sühne zu erbringen*, und zieht so – eben nicht zufällig, sondern bewusst – Dinge und Situationen ins Leben, welche das dann möglich machen. Das geschieht nur im Falle eines Ungleichgewichts, in dem sich eine Seele noch befindet. Das will ich jetzt einmal (Unglücks-) Zufall nennen, um eurer Weltanschauung gerecht zu werden. Sicherlich kannst du aber das (wahre) Glück darin sehen, denn es ist Sinn jeden Menschenlebens auf Erden, zu erkennen, zu erwachen und so zu heilen!

*Es existiert natürlich auch das Gegenteil, der Glücks-Zufall:* nämlich dass Freude und Glück in allen nur *erdenklichen Weisen zufällig* (unerwartet) zu dir kommen kann. Auch das ist *Ausgleich*, und dieser wird ebenso *sicher* eintreffen wie das Gegenteil.

Deshalb solltest du niemals Angst, Ärger, Trauer oder gar Wut empfinden, sollte dir etwas zustoßen, was du als ungerecht empfindest. Wäre es das *wirklich*, so wirst du alles und sogar mehr – weil du vertraut hast – von der *göttlichen Vorsehung zurück*erhalten. Geschieht dies nicht, könnte es sein, dass du lichtloses, liebloses Tun – *eine alte Schuld* – (so würdest du es vielleicht bezeichnen) *beglichen* hast; was deine Seele dann zutiefst beglückt.

*Danke also* trotzdem deinem Schicksal und dem Zufall, welches dieses bedingt, denn es hilft dir, dich zu heilen, und sei nicht gram. Nimm *jeden (schwierigen) Zufall* immer in tiefstem Vertrauen als deine ganz *eigene, alles auflösende Herausforderung an.* Gib es in Gottes Hand, während du *mutvoll daran arbeitest*, es zum Besten zu lösen, und alles wird gut. In deinem Herzen wirst du es fühlen. Bete, sprich mit mir… es wird dir helfen.


Das, was ich dir jetzt aufzeigte, ist irdisches Leben auf Erden und seine Vielfalt an Möglichkeiten, dessen Sinn zu ergründen durch *Zu-Fall*, Absicht und Schöpfertum. Wie du daraus erkennen kannst, ist jeder Seelenstern immer bereit, durch frei erbrachte Sühne – welche die göttliche Vorsehung in Verbindung mit deinem Göttlichen Plan durch den Zufall *ermöglicht* – Ungeklärtes aufzulösen.

*Und das ist es, was du täglich um dich herum erlebst. Denke einmal darüber nach, ohne zu urteilen, ganz neutral und in Geduld und Güte, unter den Aspekten, welche ich dir aufgezeigt habe. Du wirst ein neues, klares, wahreres Weltbild erhalten. Du erkennst endlich, dass weder du noch irgendjemand Opfer ist oder war – denn immer birgt alles Sinn in sich. Ich wünsche mir für dich, dass du nun verstehst. Vielleicht gelingt es dir, die wundervolle Energie des Zufalls in allumfassender Liebe zu entfalten und anzunehmen. Das wäre dein größtes Geschenk, welches* du für dich auf Erden ausgepackt hättest, um dich daran zu erfreuen, denn dein Leben wird fortan ein anderes sein. Ein leichteres, besonneneres, friedvolleres, freudvolleres, glückvolleres; vor allem aber ein angstfreieres. Ich freue mich dann mit dir, denn mein Wunsch für dich ging in Erfüllung.

Und eines will ich dir, will ich euch noch sagen. Der Zufall ist mein, und aller Engel, wichtigstes Requisit in unseren Händen, um euch Gottes Geschenke zu übermitteln.
  Wir lieben euch.

Michael und Aannathas

# Erbsünde – Göttliches Edikt oder menschliche Machtbekundung?

**S**icherlich, so hoffe ich jedenfalls, hast du dir darüber ab und zu Gedanken gemacht. Gedanken darüber, ob Gott jedem von euch eine Erbschuld von Geburt an zuspricht. Gedanken, welche dir wohl kaum Klarheit verschaffen konnten. Denn es ist schwer, Informationen zu ignorieren, welche sich sofort bemerkbar machen, weil sie dir dein Verstand automatisch einspielt, sobald du dieses Thema berührst. Und so ergeht es nicht nur dir auf Erden, sondern auch allen deinen Schwestern und Brüdern.

Es ist eine *Ur-Angst* über eine *Ur-Schuld*, welche euch allen buchstäblich in allen Gliedern, Zellen, steckt. Sie wurde am Anbeginn aller Zeit und allen Seins von euch selber erzeugt, aus dem (vermeintlichen) *Wissen um die Trennung von Gott.*

Jeder Seelenstern verfügt zu jeder Zeit, wie du weißt, über den freien Willen. Und er trennte sich einst von Gott und seiner lichtvollen All-Einheit, freien, wissenden Willens, aber nur *augenscheinlich*. In Wahrheit ist diese Trennung niemals möglich, und sie fand auch *nie statt*. Doch als sich Seelensterne aufmachten, das Ganze zu repräsentieren, es durch *ewige Bewegung* zu leben, um wahrhaft zu verstehen, es so immer wieder zu manifestieren, dadurch zu ehren, zu achten und zu lieben, gaben sie wohl all ihre *Herzenskraft*. Niemals aber trennten sie sich von Gott, seiner *All-Einheit*. Und doch wurde durch das bewusste Annehmen der eigenen Schöpferkraft eine Angst erschaffen, denn es galt ja zu *bestehen*.

*Es galt, sich würdig zu zeigen, mutvoll und wahrhaftig. Es galt, alle Kräfte zu entfalten, alle Weisheit zu erfühlen, allem und jedem immer in bedingungsloser Liebe und allumfassender Güte zu begegnen. Es galt, gegebenenfalls geduldig-wissend zurückzutreten, um zu erkennen. Es galt, Angst, Ohnmacht und Elend zu verstehen, Verantwortung zu tragen und Mitgefühl zu üben. Es galt, ohne Wut und Neid urteilsfrei zu wirken und immer zu versöhnen. Es galt, Zeit und Raum zu überwinden, ohne jemals zu zweifeln. Es galt, ein klares, erschaffendes Individuum zu sein, im Lichte Gottes. Und es galt, in Herzenswahrheit anzunehmen und sich darüber bewusst zu werden, allzeit verbunden zu sein mit „Allem-Was-Ist". In Liebe zu dienen, sich selbst und somit Gott.*

*Es galt … Göttlichkeit zu leben, und das bedeutete, Schöpfer zu sein, ohne Angst, ohne Grenzen und Endlichkeit.*

Geliebte Kinder des Lichtes, all diese *wundervollen* göttlichen Möglichkeiten des Erwachens liegen in und bei dir; und du weißt, dass du sie schon viele Male gelebt hast; und du weißt, tief in dir, dass du sie leben kannst, wann immer du willst.

Sicherlich kannst du auch *verstehen*, dass du, wie alle, die diesen Weg immer wieder *freiwillig* gehen, um sich selbst zu erkennen und zu erinnern, das Göttlich-Ganze zu bestätigen, zu lieben und zu achten, Angst vor der großen Verantwortung dieser sich wiederholenden Reise des Erwachens verspüren.

*Angst, nicht gut genug, nicht schnell genug, nicht weise genug, nicht würdig genug, nicht stark genug... und manch anderes "nicht zu sein oder gewesen zu sein"!*

So ist dies eine Ur-Angst, die eben *alle Seelensterne* in sich tragen, in *Allem-Was-Sie-Sind.* Und nur wenige von ihnen überwanden sie bald, weil ihr Glaube *stärker* war als ihre Zweifel. Es sind jene Meister auf Erden, die ihr alle kennt, wie Jesus, Buddha und andere gütige, licht- und liebevolle Religionsstifter, all die wundervollen Philosophen und Dichter, die vielen Weisen Frauen und Weisen Männer, die auf Erden immer wieder inkarnierten, um den anderen zu helfen, alle Zweifel und Angst zu überwinden!

Wie du weißt, seid ihr alle zu jeder Zeit über das *Morphogenetische Feld*, einen Licht-Energie-Informationsgürtel (Aura), der die Erde umgibt, verbunden: sodass jede Seele, da ihr ja zu jeder Zeit *eins seid*, immer über alles, was auf Erden geschieht, informiert ist oder sich informieren *kann*. Das passiert allerdings nicht über euren Verstand, sondern über euer Höheres Selbst und wird deshalb von ihm gelenkt und so von euch *nicht* bewusst oder kaum wahrgenommen. So werden alle Seelen unentwegt mit Informationen, *vor allem solchen in besonderem Maße, welche sich stark verdichtet haben*, durchwirkt.

Sie machen sich dann folglich sehr deutlich und kraftvoll in euch, eurem Innersten, bemerkbar. Alle Menschen auf Erden bekommen also die Informationen *aller Entwicklung*en auf Erden und sind direkt damit, zu jedem Zeitpunkt, verbunden.

Diese Informationen sind lichtvoll wie lichtlos. Es ist hier an euch Menschen, zu sondieren und nur die lichtvollen und ihre *Kraft-Potenziale* für euch zu nutzen; durch den Geist, welcher dann Absicht bedingt. Aber nicht alle nutzen sie. Wie sie sie nutzen, bleibt ihrem *freien Willen* und ihrer Verantwortung überlassen.

Wenn du nun in deine Welt schaust, kannst du sehr gut erkennen, bist du klar und ehrlich, wie die Mehrheit der Menschheit diese Informationen nutzt und nutzte; vor allem aber welche. Und du wirst zugeben müssen, dass sie eher eigennützig denn gemeinnützig verwendet wurden. Aber bitte lass dabei gelten, dass der Beweggrund letzten Endes immer die Angst war und… ist.


So geschah es auch vor langer Zeit, als die Menschen sich aufmachten, Richtlinien zu finden, um dem Göttlich-Ganzen (was sie immer in sich fühlten) gerecht zu werden. Um jenem gerecht zu werden, welches als innigster Wunsch, Wahrheit und Sehnsucht in ihren Herzen, in ihrem *Ganzheitlichem Sein* manifestiert ist und Erfüllung verlangte. Doch gab es da inzwischen auch andere Anforderungen, welche dem irdischen Begehren und den Machtansprüchen des immer *egoistischen Verstandes* Rechnung tragen mussten: denn die

Seelensterne hatten auf ihren weiten Wegen des Erfahrens ihrer eigenen Kräfte *vieles vergessen*, vieles eingetauscht für neue Werte.

Diese neuen Werte hatten sie geblendet, versprachen nicht nur schillerndes Hab und Gut, sondern auch (vermeintlich) Sicherheit, unendlichen Prunk und Macht über andere. Und fast alle Seelen erlagen diesen fragwürdigen und sinnlosen Werten. Illusion und Täuschung überzog die Erde wie ein dunkler, alles erstickender Schleier. Gier, Neid, Hass, irrationale Angst, infolgedessen großes Leid und Verwirrung, machten sich breit auf Erden und überlagerten all das schöne, wundervolle und heilende göttliche Licht und alle seine ewigen Wunder.

In dieser Zeit der großen Dunkelheit, welche jetzt dem Ende zugeht, wo nur Egoismus, Intoleranz, Dumpfheit und der Wahn von Schuld auf Erden regierte, waren Menschen blind vor Angst und Unmut, und Unwissenheit überdeckte alle Weisheit des Herzens. In dieser Energie der Schatten erschufen die Menschen vor allem weitere *Schatten*. Nie hatten sie – die Masse Mensch als solche – sich Zeit, Raum und Selbstliebe zugestanden, in Stille und Vertrauen in sich hineinzuhören.

*So geschah unweigerlich, was unabwendbar war.* Aus dieser licht- und lieblosen Energie der Angst und Schuld entstand genau eben *Selbiges,* da Gleiches aus Gleichem ersteht, wenn Licht und Liebe fehlt. Aus Angst wird Angst geboren. So gaben Kirchenväter, auch weltliche Herrscher, folgend den vorherrschenden dunklen Energien auf Erden, den Menschen neue *Richtlinien*. Richtlinien, die von Schatten eben dieser Angst und somit mit Zwang durchzogen waren.

*Diese sprachen und proklamierten aber nur das, was auch die Mehrheit der Menschen zu dieser Zeit dachte! Sie seien nicht gut genug, nicht weise genug, nicht würdig genug. Wie konnte da ein Gott Gnade walten lassen und nur Gutes von ihnen denken, Gutes und Fülle geben, sie lieben und schützen?*

*Wie konnten sie, unwichtig, dumm und klein, ein reiner, strahlender göttlicher Funke, ein über alle Maßen geliebtes Kind Gottes sein? Doch nie und nimmer!*

Und so wurde eine neue Botschaft verbreitet. Die Botschaft, die *Metapher von Adam und Eva:* Hört, Gott hat euch alle verstoßen aus dem Paradies und euch mit Schuld und Urteil überzogen. Schuldig seid ihr, von Anbeginn der Zeit, verdorben, böse und anmaßend, sodass ihr *von Geburt an dem Teufel verschrieben seid,* tut ihr nicht *Buße.* So zieht euch zeitlebens das Büßerhemd an, denn ihr seid schlecht, unwürdig und unrein. Elend, Schmerz, Hass, Neid, Krankheit und Krieg sei euch allen allein auf Erden verheißen, und in bitterem Schweiß sollt ihr Brot und Leben erringen, denn ihr habt Gott versucht. Nur wer sühnt, indem er sich *unseren* (jenen von irdischen Machthabern erlassenen) Gesetzen unterwirft, wird in den Himmel eingehen! Und so unterwarfen sich die Menschen in ihrer großen Angst und Unwissenheit diesen menschlich-erbrachten Gesetzen in der Hoffnung, Gott zu gefallen, und erkannten ihre eigene Göttlichkeit nicht; denn sie konnten sich nicht erinnern...

*Gelähmt vor Angst über die vermeintliche Trennung von Gott und über das Vergessen ihrer göttlichen Herkunft nahm die Masse Mensch dies als göttliche Wahrheit an. Versuchte durch oftmals grausame Opfer-Rituale Gott zu besänftigen; weil sie die Liebe verloren hatten...*

Letztendlich aber waren dies alles Gedanken und Taten der *Suche* nach Gott, welche die Menschen in ihrer Ohnmacht und dem unverständlichen Schmerz des Verlorenseins *nur noch denken* und *tun konnten.* Und diese lichtlosen Gedanken und Taten *verdichteten* sich eben im Morphogenetischen Feld als Schatten und wurden alsdann von Menschen auf Erden, die dunkel und lichtlos ihren Weg beschritten, genutzt: um sich selbst eigennützige Vorteile (aus Angst und Mangel, nichts zu haben) zu verschaffen; *letztendlich* aber die Konsequenz des angstvollen Gedankenguts der Masse Mensch (und sich selbst) spiegelten ... und ihr so wiederum auch dienten: durch den großen Schmerz, der nicht gestillt werden kann – weil Unbewusstheit den Großteil der Menschen noch immer beherrscht – und so diese Schatten genährt werden und bis heute am Leben erhalten!

*Bedenkt bitte hierbei, es diente und dient trotzdem allen Menschen, je-*
*nen, die es durch ihre Angst-Gedanken verdichteten und Schatten er-*
*schufen oder erschaffen; und jenen, die diese Verdichtungen auf der*
*Erde manifestierten; damit sie alsdann durch ein Leben und die Mani-*
*festation von Licht und Liebe wieder gelöst werden konnten, um eine*
*Essenz zu erbringen, welche Heilung und Selbsterkenntnis erst möglich*
*machte... und macht! Sucht also keine Schuld; bei keinem, weil es diese*
*nicht gibt vor Gott.*

Geliebte Kinder Gottes, so manifestierten sich also diese lichtlosen
Gedanken in neuen Richtlinien und wurden zur *neuen Wirklichkeit*
*auf Erden!* Denn eine Seele nahm diese Energie auf, sprach sie aus,
gewann dadurch zwar an Macht und Ansehen, folgte gleichzeitig
aber auch dem Ruf der Verwirrten. Vergesst bitte nie, dass *immer*
*alles* dem Ganzen dient. Ich möchte nur, dass ihr versteht!

*Denn die suchenden, verwirrten Seelen fanden sich in ihren tiefsten*
*Ängsten ja bestätigt:* Ja, es konnte ja nur so sein. *Gott hatte sie verlas-*
*sen,* verflucht, Urteil über sie gesprochen, hatte sich abgewendet von
ihnen; würde sie einst fürchterlich bestrafen für all die Frevel auf Erden. Wie wertlos wir doch alle sind! Und wer wertet uns jetzt wieder auf? Oh, welch ein Jammertal tat sich da auf vor ihnen. Und sie
griffen nach jedem Strohhalm, der sich ihnen im *Außen* bot; vergaßen darüber die größte Kraft, welche doch allezeit in ihnen liegt
und darauf wartet, genützt zu werden! Ihre Macht der Gedanken,
ihre ureigenste Schöpferkraft, welche Klarheit und Weisheit erbringen kann, wann immer sie gebraucht wird.

*So war also diese neue Schatten-Wirklichkeit genau die Bestätigung, die*
*sie jetzt brauchten. Und ich sage dir, die Menschen brauchten sie wirk-*
*lich in diesem Augenblick, es war ihre einzige Rettung: denn bevor ein*
*Mensch nicht alles durchlebt hat, um am vermeintlichen Ende ange-*
*kommen zu sein, kann er das Neue nicht erkennen.*
Dieses Neue, Wahre, welches euch der Wahre Gott, welcher immer nur ein Gott der Liebe und Versöhnung ist, *versprochen* hat, es

immer in Händen hält für jeden, ganz gleich welcher Nation oder welchem Glauben dieser Seelenstern angehört (nach seinem freien Willen)!

Und so griffen sie wie Ertrinkende nach diesen Strohhalmen, als welche sie diese erlassenen Gesetze der Obrigkeiten, diese *menschlichen, verstandesaufbereiteten „Worte Gottes"*, nunmehr ansahen. Nahmen sie ohne großes Murren, aber auch ohne eigene Bewusstheit hin und an.

Bis auf *wenige Ausnahmen,* welche im tiefsten Glauben und Erkennen der eigenen Wahrheit bereit waren, ihr Kostbarstes auf Erden dafür zu geben, ihr Leben – denn sie wussten zu jeder Zeit, dass es weit Kostbareres gab – *die Wahrheit Gottes, der immer nur ein Gott der Liebe, des Lichtes, der Versöhnung und der Ewigkeit sein konnte!*

Es war also in dieser dunklen Zeit – und anderen längst vergangenen Zeiten auf Erden – ein wichtiger Erinnerungsprozess aller Menschen geschehen. Nun aber ist durch die auf Erden manifestierten *Opal-Kristall-Strahlen* eine Zeit der Wandlung angebrochen, denn Wahrheit, Wahrhaftigkeit und Gerechtigkeit schwingt nun *unabdingbar* in der Aura von Terra-Gaia, der Erde. Dieser alles aufzeigende Opal-Kristall-Strahl wirkt wie ein *Spiegel*, wie wir euch schon sagten, und wird in dieser Zeit weiterhin mit *höchster* Konzentration aus der göttlichen All-Macht, der Ur-Quelle allen Lichtes, bewusst zur Hilfe der Menschen in das *Morphogenetische Feld* eingespeist. Diese Zeit ist euch allen als die *Meisterzeit* prophezeit, die euch ermöglicht, all diese alten, überholten, mit dunkler Macht durchwirkten und längst *nicht* mehr haltbaren Gesetze manch eurer Obrigkeiten mit eurer Liebe und Achtsamkeit zu durchbrechen.

So ist es an euch, was ihr von dem noch glauben wollt, was man euch nun schon Jahrhunderte aufzwingt. *Einst war es sicherlich auch euer Wille, es so zu erfahren.*

Doch allmählich wendete sich das Blatt, und es verselbstständigte sich. Einige von euch begannen zu *ahnen*, dass da etwas nicht stimmte, dass da etwas fehlte… die allumfassende Liebe. Ihr erkanntet, saht euch aber gleichzeitig dieser beherrschenden Macht und der brutalen Gier, sowie deren Verstrickungen ausgeliefert und fühltet euch machtlos.

Jetzt seid ihr liebevoll *aufgefordert*, durch die fortwährend eingespeiste hohe Energie der Liebe und das sich dadurch entfaltende, erwachende Bewusstsein, dies zu ändern. Und niemand anderes als ihr selbst könnt dies tun. *Ihr seid Schöpfer.* So löst auf, was ihr einst erschaffen habt, weil ihr versteht, dass ihr es „so" nicht mehr braucht.

*Ändert hierfür eure Gedanken und euer Tun in allumfassender Liebe, haltet dann diese Licht-Energie und nehmt so jenen Ausübenden, nach und nach, die Macht über euch! Ich sagte euch ja schon, alles beginnt immer in der kleinsten Zelle, und das seid nun einmal „ihr". Jeder einzelne Mensch, und jeder muss daran mitarbeiten, soll sich etwas ändern. Doch habt Geduld, was lange dunkel war, braucht Zeit zu erhellen. Seid ihr aber in Liebe, wird die Liebe euch schützen. Bitte glaubt daran, dass es „sein" kann… damit es sein kann!*


Das *Erste* allerdings, was zu tun ist, wäre, jegliche Schuldzuweisung zu *unterlassen*. Denn sonst verbindet ihr euch ja damit (ich sprach schon vorher darüber). Sendet Licht und Liebe in diese wahrlich dunklen Umstände, angstbesetzten Verbote und unwahren Gebote, damit sie durch Licht geheilt werden. Handelt dazu nach euren eigenen in bedingungsloser Liebe schwingenden Gesetzen.

*Und… lasst den für euch fatalen und unwahren Gedanken einer Erbsünde und Ur-Schuld los.*

*Erkennt ihn als eine Metapher eurer eigenen Ängste an.* Versteht, dass er euch *einst* diente, zu erkennen, zu erinnern, dass er aber jetzt *ausgedient* hat. Denn jetzt habt ihr ja verstanden. Jeder von euch *musste* durch diese dunkle, furchtbare Zeit gehen, um das Licht, somit die einzige Wahrheit, wieder zu sehen. *Leuchtet dir das ein?* Ich wünsche es mir für dich, denn sonst ist Heilung für dich nur schwer möglich. Du allein bestimmst, was du glauben oder annehmen willst. Ich kann nur versuchen, es dir aus der *geistigen Sicht* zu erklären. Doch dann ist es an dir, dich zu öffnen, wieder zu erkennen und dich zu erinnern.

Denn alles, was ich dir und deinen Seelengeschwistern hier und heute erläutere, ist die *einzige Göttliche Wahrheit*. An dir ist es, wird es immer sein, wie du damit umgehst. Was du als deine Wahrheit anerkennen *willst*.

Hast du deine Wahrheit für dich gefunden, so sollte als Nächstes die licht- und liebevolle Tat folgen, um sie umzusetzen. Was könnte das bei dir sein? Ergründe es und setze es um. So dienst du dir und dem Ganzen!

*Denke dabei bitte immer wieder an eines: Vor Gott gibt es keine Schuld, kein Urteil, noch Falsches, denn alles verfolgt ein Ziel und findet so seinen universellen Sinn... woraus wahres Sein geboren wird.*

*So, nun ist es an dir, deine Wahrheit zu erkennen. Denn alles, was ist auf Erden und im Himmel, hat Sinn und Recht zu sein, denn es dient dem Ganzen. Gott ist Liebe. Gott ist neutral. Denke darüber nach. Aber mit deinem Herzen, denn dein Verstand wird dir bei dieser Arbeit immer ein unbefriedigender Berater sein. Und vergesse nie, dass allein Licht, Liebe, Mitgefühl, Güte, Toleranz und Achtung vor allem und jedem letztendlich alles zum Besten bringen wird. Niemals anderes! Sei immer für die gute Sache. Denn: Bekämpfst du etwas, wird der Kampf letztendlich dich besiegen.*

*Geliebtes Kind des Lichtes, auf diesem Weg deiner Entscheidung, Erbsünde und Ur-Schuld entweder als unabwendbar von Gott gegebene Bürde weiterhin in Angst und Dumpfheit zu tragen oder sie als erwachter Teil Gottes durch lichte Bewusstheit und liebevolles Lenken deiner Schöpfer-Gedanken-Kraft aufzulösen, Bin Ich in Liebe an deiner Seite! Sei frei. Mache dich frei und erkenne, dass du dein einziger Gefängniswärter bist und jemals warst!*

*Wir sind mit dir.*

*Michael und Aannathas*

122

# „Angst" – die größte Selbsttäuschung auf Erden

**B**itte hört, geliebte Gotteskinder, eine der größten Illusionen auf Erden ist ein Produkt eures Verstandes, und allein seines: die Angst. Gerne will ich euch helfen, sie für euch in Liebe für immer aufzulösen. Die, seit es Menschen gibt, sie fast *ausschließlich* lenkt und ihnen ihren Stempel aufdrückt, wie der Herr seinem Sklaven. Sie bricht hervor aus Ohnmacht und Mutlosigkeit, welche dann *Kontrolle jedweder Art* einfordert. Die Kraftlosigkeit geht an ihrer Seite, sowie der Schatten der Wertlosigkeit. So ging alle göttliche Freude und Fülle den Menschen auf ihren Erden-Wegen verloren: durch fort-währende *Überbewertung* ihres starren, unbewussten Verstandes, der göttliche Vorsehung, göttliche, allgegenwärtige Liebe, Schutz und immerwährende Verbindung zu Gott nicht kennt; deshalb auch nicht zulässt.

*So fand und findet sich noch heute ein Großteil der Menschheit auf Erden elend und verloren durch irrationale Angst.*

All das wurde geboren aus Unwissenheit und Taubheit der Menschen und weitergegeben, weil sie nicht mehr fühlten, dass sie allzeit eins sind in Gott und einen allumfassenden, weisen Geist ihr eigen nennen durften, welcher ihnen zu jeder Zeit dienstbar ist.

*Zu Anbeginn aller Zeit,* als die Seelensterne sich aufmachten, sich selbst und so Gott zu repräsentieren in seiner ganzen Herrlichkeit, Weisheit und Liebe, verkörperten sie sich als ein autarkes Individuum, wie du ja weißt. Doch waren sie niemals von Gott getrennt! Aber bei den vielen Möglichkeiten ihrer Schöpfermacht, welche meist, da Verantwortung *verloren*ging, Verwirrung und Unsicherheit brachten, vergaßen sie, dass sie immer eins sein würden mit Gott, der Ur-Quelle allen Lichtes und aller Liebe. Sie wähnten sich, wie du weißt, getrennt, allein und größte Angst, Trauer und Elend darüber bemächtigte sich ihres Seins, *sodass es fortan in jeder ihrer Zellen gespeichert wurde und noch ist.* Im tiefsten Inneren tragen so alle Menschen ein Gefühl der Angst und Verlassenheit in sich, woraus immer wieder die *Wucherungen* alles Dunklen erwachsen.

Geliebtes Kind des Lichtes, hast du darüber schon einmal nachgedacht? Warum, glaubst du, geschieht soviel Unerfreuliches, Ungeheuerliches, mitunter Schreckliches und Fatales auf Erden? Vielleicht auch in deinem Leben. Wenn du zurückschaust in deine Vergangenheit, erinnerst du dich an Situationen, in denen du sozusagen gelähmt warst vor Angst? Wo die blanke Panik dich zu einem Wurm werden ließ, der *unfähig* war, sich zu bewegen. Sicherlich kennst du solche Umstände. Sie sind allen Menschen auf Erden mehr als bekannt. Ich sage, sie sind *vorwiegend* ihre Lebensessenz. Und das ist sehr traurig, denn es müsste nicht sein. Zumindest nicht in dem Ausmaß!

*Denn: Immer und immer wieder sandte die Ur-Quelle allen Lichtes und aller Liebe, Gott, euch Hilfe auf die Erde, in Form eines sehr erleuchteten Seelensternes. So wie Jesus. Er inkarnierte einst, um seinen Geschwistern auf Erden Licht ins Dunkel ihres Bewusstseins zu bringen.*

Und nicht *nur* Jesus brachte die Weisheit Gottes erneut auf die Erde, so viele waren vor ihm. So unendlich viele folgten. Und wo viele von ihnen ihr grausames Ende fanden, brauche ich dir nicht mehr zu sagen. Und wieder war es die Angst und ihre Ableger, die Dumpfheit, die Gier, beherrschende Macht und Unbewusstheit, welche Menschen zu solchem Tun verführten.

*So wie ein offener, urteilsfreier, reiner Geist wahre Bewusstheit entfaltet, so ist die Angst die Ausgeburt der Unwissenheit, der Gleichgültigkeit und der Mutlosigkeit.*

Und alle diese traurigen, lichtlosen Aspekte wurden stets nur geboren aus den angstvollen Gedanken über die Trennung von Gott und wurden zur *Essenz des „Niederen Egos"*, welches den Verstand spiegelt, der sich stets in engen, ein- und begrenzenden Strukturen bewegt – denn seine Fähigkeiten sind *allein* auf irdisches Geschehen *begrenzt*.

Er hat keine Verbindung zur unendlichen, Raum und Zeit überwindenden Weisheit des Herzens, außer du stellst sie her!

Willst du *alle deine Ängste überwinden*, so wird dir das vor allem gelingen, lernst du dein Herz zu hören, in Meditation und Stille, und lässt es sprechen. Hier wohnt dein *Höheres Ich*, dein Höheres Ego, welches *Göttliche Essenz* ist, und diese ist grenzenlos wie der Himmel. Hier ruht alle Wahrheit und Weisheit. Deine eigene und die göttliche. Wobei beide eins sind, du sie aber nur je nach Wissen, Vertrauen und Glauben abrufen kannst.

*Dir steht immer alles zur Verfügung, aber du selbst wirst ermessen, wann und wieviel du davon für dich nützen willst. Erinnere dich dabei auch, was ich dir schon sagte: dass es die Liebe ist, die alles erkennt, löst und heilt. So beginne dich zu lieben, wie du bist, das ist ein wichtiger Teil bei deiner Arbeit, deine Ängste zu überwinden!*

Beachte bitte, geliebtes Kind des Lichtes, Angst hat aber, da sie wie alles auf Erden in Dualität schwingt, zwei Seiten, und so auch den Aspekt des *Schutzes*. Lernst du dein Bauchgefühl zu spüren, vermittelt es dir bei manchem Unterfangen ein *ungutes* Gefühl, das dich *warnen* will. Hier heißt es *Vorsicht* walten zu lassen, denn deine Seele, die stets mehr weiß und sieht als du, will dich hier schützen. Lernst du dein Bauchgefühl nicht wahrzunehmen, geht dir also in deinem Alltag eine äußerst wichtige Hilfe verloren: *Und manche Wege musst du nochmals gehen, so lange, bis du wahrnimmst und hörst!*

Erkenne des Weiteren und lasse zu, dass dein Verstand *ausschließlich* das Handwerkszeug auf Erden ist, um deine *materielle Welt* zu erfassen und sie zu deinem Wohle anzuwenden: Und er ist (zuweilen) wirklich *intelligent.* So sammelt und speichert dein Verstand seit Beginn dieses Lebens alle Eindrücke, Verhaltensweisen und angelerntes Wissen. Dieses kann er dann, je nach *Bedarf,* koordinieren, abrufen und einspielen, damit du dann dein Leben auf Erden gut, mit bestmöglichem Ergebnis, bewerkstelligen kannst.

*Nun geschehen aber in deinem Lebensablauf auch Dinge, über die dein Verstand keine Informationen abgespeichert hat. Er gerät in Panik, denn seine nächste Folgerung lautet: „keine Info – kein Überleben!"*

Hast du dich nun *nicht* schon seit Langem, oder wenigstens überhaupt irgendwann einmal, mit deiner allumfassenden *Seelenweisheit* vertraut gemacht, gerätst du nun in eine *Sackgasse.* Diese Sackgasse hat keinen Ausweg. Du sitzt fest, und vor dir baut sich eine riesige, scheinbar unüberwindbare Mauer auf. Kannst du nun nicht sofort auf deine *alte, in dir ruhende Weisheit* (Herz) zurückgreifen, sitzt du in der Dunkelheit der Angst fest. *Es gibt kein Entrinnen!*

Zumindest sieht es erst einmal so aus. *Leider ist es meist für viele auch so.* Denn hat die Angst erst einmal *Besitz* von einem Menschen ergriffen, ist dieser meist gelähmt und ohnmächtig, dann mutlos und schwach, gegen alles und jeden! Und das Verhängnis nimmt seinen Lauf. Der Mensch fühlt sich gefangen, wie in einem Spinnennetz, an dem er an allen Ecken und Enden anhaftet und nicht mehr loskommt. *Das Ende ist bekannt.*

*Dir aber sage ich, dass es für dich nie ein solches Netz der Verhängnisse geben wird, wenn du bereit bist, deinen Höheren Geist und dein Herz zu öffnen.*

*Tue es jetzt gleich,* falls du es noch nicht getan hast. Und es ist nicht schwer. Aber es ist ein Tun, welches dich *begleiten* soll, solange du auf Erden weilst, und darüber hinaus. Bei allem, was ich dir jetzt und des Weiteren noch sagen werde: Fühle bitte bewusst hinein, aber niemals mit dem Verstand, sondern ausschließlich mit deinem Herzen.

*Es allein kennt die Wahrheit.*

Dein Verstand hat *nie* die Möglichkeit, die Ganzheit deines Seins zu *erfassen*, noch sie zu *überblicken*. Er überblickt immer nur die kurze Zeitspanne eines, deines jetzigen Lebens: *kann nur mit diesen darin gesammelten Informationen dienen.* So kann er in bestimmten Situationen deines Lebens auch *nicht weise reagieren.* Er verfügt eben lediglich über Pragmatik und bestenfalls *irdische* Intelligenz, *niemals* aber über göttliche Genialität, welche immer aus der kosmischen, universellen All-Weisheit schöpfen kann. Denn in ihr ist dein *Göttlicher Plan* abgespeichert, der alles in sich birgt und bewahrt, was du jemals warst, bist und gelebt hast in allen deinen verschiedenen Inkarnationen.

So erklärt sich auch, warum ein Elternpaar zusammen zwanzig Kinder haben kann, und doch sind diese in letzter Konsequenz immer *unterschiedlich.* Sie haben andere Vorlieben, Ängste, Talente und Vorstellungen für ihr Leben. Denke darüber nach. Mach es dir aber nicht zu einfach.

Bitte, wenn du es willst, lockere deine Grenzen, sonst gibt es keine Klarheit für dich und du fällst in jene *Grube der Selbsttäuschung*, in die vor dir immer wieder die *Masse der Menschheit hineingefallen ist* und meist noch heute dort *festsitzt.* Ja, sie sitzen noch immer in der Grube, die sie sich selbst gegraben haben – sie verlassen sich *nur* auf ihren logischen Verstand. *Leider.* Denn sie bringen sich so um das Wichtigste, die Ernte der wahren, göttlichen Erkenntnis… und weshalb sie ausschließlich auf Erden sind!

*Sie alle haben mein größtes Mitgefühl, denn ich fühle mit ihnen, und genau deshalb bin ich heute so präsent.*

Es ist mein Auftrag, dir und allen anderen den Spiegel der göttlichen Wahrheit vor Augen zu halten, damit ihr alle diese größte Illusion und Selbsttäuschung auf Erden endlich aus eigener Kraft auflösen könnt: *die Angst.* Welche ihr erschaffen habt und durch eure Gedanken am Leben *erhaltet!*

*Seid ihr bereit, euch zu erinnern und zu wissen, mit all eurer Kraft und all eurem Mut, dass keiner von euch jemals von Gott getrennt und somit ohne seine Liebe, Sicherheit und seinen Schutz ist, so habt ihr alles gewonnen auf Erden und im Himmel, was ihr ausgezogen seid zu gewinnen. Euer Leben hat dann allen Sinn erfüllt! Ihr habt euch erinnert und alle Angst losgelassen. Und wir Engel jubilieren über jeden von euch, denn größte Freude herrscht dann hier im Himmel!*

*Denn so ist euch allen dadurch die Möglichkeit in Vollkommenheit eröffnet, zu eurer ganzen lichtvollen Macht der Liebe zu gelangen!*

Versteh, geliebtes Kind des Lichtes, Wissen ist Macht, wenn du das *innere* Wissen für dich nützt. Denn was ist Angst anderes, als das wahre Auge (Seelenauge), das Herz und alle geistigen Sinne (Bauchgefühl) zu schließen bzw. zu überhören oder ignorieren, weil es doch so viel einfacher ist (denkt jedenfalls dein Verstand!).

Doch ihr wisst, dass es nicht so ist. Es ist genau das Gegenteil, denn das dicke Ende naht, wie ihr sagen würdet. Wer heute noch weiter an seiner Grube gräbt, kommt da so schnell nicht mehr raus. Jedenfalls nicht so, wie er es gerne hätte. *Ich kann euch nur Hilfe zur Selbsthilfe anbieten.* Tun müsst ihr es schon selbst, denn ihr seid autarke Schöpferwesen. Die Eigenverantwortlichkeit, der ihr euch *freiwillig verschrieben* habt, fordert das von euch ein. Und es würde und wird euch jetzt und in Zukunft alle Freude, Fülle und Frieden schenken, die ihr euch wünscht.

*Es ist eine Zeit der Reife und Ernte auf Erden angebrochen*, wie ihr ja wisst, und die Ernte soll Licht und Liebe, also göttliche Fülle sein, nicht dunkle, verantwortungslose Macht und Gier nach sinnlosen Dingen und Werten. Das ist die große Botschaft, die ich euch bringe, Gottes Wunsch befolgend.

Tretet endlich aus – aus dem misslichen Verhältnis von Herr und Sklave. Wacht endlich auf. Lasst alle Angst hinter euch, weil ihr wisst, dass nichts zu euch kommt, was euch nicht dient, um zu verstehen. *Seid nicht länger Sklaven eurer Verstandes-Gedanken,* die euch Wertlosigkeit, Handlungsunfähigkeit und fortwährende Unsicherheit spiegeln. Möget ihr auch (vielleicht) Jahrhunderte, Jahrtausende von euren Oberhäuptern oftmals nichts anderes gesagt und vermittelt bekommen haben, lasst es mutvoll hinter euch – *und schiebt ihnen „niemals" Schuld zu, denn sie dienten euch auf jeden Fall, wie auch immer.*

*Fasst aber neue Gedanken, befreit von Angst, Schuld, Schwäche, mit neuen, freudvollen Aspekten eurer Fähigkeiten. Jeder von euch ist ein Teil Gottes. Er Ist Gott. Das ist keine Anmaßung noch Blasphemie, wie man es stets behauptet hat. Das Universum, das Multiversum ist immer ein göttliches Hologramm. Und ihr wisst, dass das bedeutet, dass im kleinsten Teil vom Ganzen immer die vollständige Information (Weisheit, Macht, Kraft usw.) dieses Ganzen ist, lebt und wirkt. Bist du also ein Teil Gottes, was du unweigerlich bist, so bist du gleichzeitig auch ganz Gott. Leuchtet dir das ein? Wisse, dass du Gottes Liebe und Freude mehrst, wenn du dieses zulässt. Er liebt dich über alle Maßen… denn ohne dich wäre er immer nur unvollständig! Bitte glaube.*

Hört und fühlt dazu in eigenverordneter Stille und Kontemplation (= anschauen) euren Höheren Geist und euer Herz, sie allein kennen die Wahrheit, sodass kein Platz für die Angst bleibt.

*Habt den Mut, völlig neuem Gedankengut Platz zu schaffen, denn nur so werdet ihr euer Leben, dann euer näheres Umfeld, alsdann euer Land und dann die Welt von Angst und (angeblicher) Schuld befreien.*

Nur so werdet ihr alles ändern – hin zu Licht, Liebe, Mitgefühl und göttlicher Fülle für jeden. *Niemals aber durch Kampf, Urteil und Schuldzuweisung:* denn dies würde vor allem *euch* zu Fall bringen und niemals etwas ändern. Weil ihr wisst, tief in euren Herzen, dass Gleiches immer Gleiches anzieht und nur die Liebe heilt.


Nun, liebe Schwester, lieber Bruder im Licht, befreie dich von deiner Angst, indem du bereit bist und annehmen kannst, *dass allein du es tun kannst.* Und es beginnt in deinen Gedanken, die in dem dir selbst geschenktem Raum und Zeit Eigenliebe dafür denken.

Sollte dein Verstand dir wieder einmal Altes und Angstvolles *einspielen,* so *unterbreche diesen Gedankengang sofort.* Vor allem aber, wenn du in einer schwierigen Situation bist, denn du weißt ja nun – hast du Buch 1 gelesen –, wie schnell du allem einen Energie-Körper geben und somit einen Dämon erschaffen könntest. Ersetze sodann diese Gedanken mit Freudvollem, damit sich dieses dann in deinem Leben zeigen kann.

*„Es ist ein Spiel mit Energie." Erinnere dich. Gleiches zieht Gleiches an und Energie folgt der Aufmerksamkeit. Du kannst also Energie, kraft deiner Gedanken, sowohl in die Dunkelheit wie auch in das Licht investieren. Es ist ein gleicher Vorgang, allerdings lenkst du allein, „wohinein" du investieren möchtest. Dementsprechend wirst du erschaffen, erfahren, entfalten, erleben, ernten. Wähle also gut!*
Probiere es einmal aus: Denke für eine *gleiche* Situation unterschiedlich, fasse einmal dunkle, angstvolle Gedanken, dann leichte, freudvolle Gedanken. *Dann fühle jeweils kurze Zeit hinein.* Was empfindest du jeweils?

Spürst du die starren Grenzen, unüberwindlichen Mauern und die unerbittliche Angst, die dich fast erdrückt und dir alle Luft zum Atmen nimmt, und spürst du schon die Ohnmacht, die dich lähmen wird?

Fühlst du dagegen Harmonie, Zuversicht, Mut, Freude, Frieden, Schutz, Sicherheit, Lösung bei lichtvollen Gedanken – *das ist die göttliche Kraft, sie liegt in dir. Nütze sie!*

„Wie einfach", denkst du nun. *Ja, es ist sehr einfach. Doch du musst es tun.* Du solltest immer nur positiv denken, wie schwierig es auch gerade sein mag. Nur so kannst du alle deine Projekte auf Erden lenken und irgendwann lösen. Tue es immer und immer wieder, denn nur so wirst du die dunklen, angstvollen Gedanken nicht mehr *nähren,* und sie werden sich auflösen. *Nun bist du auf dem Weg des Lichtes.*

Geliebtes Kind Gottes, in dieser Zeit der Meisterschaft auf Erden will die Menschheit ihr *kollektives (Massen-) Bewusstsein* läutern, ja *verändern.* Das kollektive Bewusstsein wird zurzeit auf Erden noch viel von der Energie der Angst, welche jedweden Mangel erzeugt, gesteuert. Sie auszulöschen, bedeutet, sich die Angst *anzusehen.*

Genau das geschieht in dieser Zeit bei euch. Und es wird noch zunehmen, bis ihr begreift, dass, je mehr Angst ihr habt und daran glaubt, desto mehr wird sie euch im Würgegriff haben. Habt Mut, befreit euch…

*Erinnere dich, ich sagte dir mehrmals, dass du und alle deine Geschwister auf Erden Schöpfer sind und dass all eure Kräfte nur über die Gedanken in Aktion treten können. Hier beginnt jeder Schöpfungsprozess.*

Willst du also aus einer schwierigen und fatalen Situation austreten, willst du sie auflösen und dann segensreich neu erschaffen, muss das immer zuerst in deinem Kopf geschehen. Beabsichtige also, etwas zu ändern.

Dazu musst du jetzt erst einmal die Grenzen und Mauern der Angst überwinden. Diese sind immer willkürlich, je nachdem wie dein Verstand Erlerntes (diesen Lebens) einsetzt und dir *spiegelt*. Es sind deshalb *irrationale Ängste,* weil dein Verstand nicht immer zu allem eine passende Lektion zur Verfügung hat, *welche die Lösung parat hat.* (Denn er verfügt ja zu keiner Zeit über die universelle Weisheit.)

So entsteht also *Panik*, denn du siehst keinen Ausweg, und überwältigende Angst könnte dich nun sprichwörtlich gefangennehmen. Ich sagte es dir schon. Die weiteren Folgen kennst du. Sieh dich nur um. Ihr habt eure Welt durch irrationale Angst in ein Chaos geführt und führt sie, ohne zu „fühlen", noch weiter dorthin.

Viele von euch ringen nur noch um Sicherheit, Ansehen, Macht, Geld, und manche einfach ums Überleben. Aber das ist nicht der Sinn eures Lebens und eures Seins.

Der wahre Sinn ist, euch zu ergründen, eure lichtvolle Macht zu lenken zum Besten von *Allem-Was-Ist* – was dich einschließt. Aber auch die Geschenke zu sehen, welche Gott für euch zu jeder Zeit in Händen hält, und dafür zu danken.

*Bedenkt dabei bitte, geliebte Kinder des Lichtes, dass die größte Angst, welche unbewusst verborgen in jeder eurer Zellen sitzt, die Ur-Angst über die göttliche Trennung ist und große Unsicherheit unter euch erzeugt hat. Und dies ist die größte Illusion, der ihr auf Erden unterliegt.*

Sie blieb eurem *Bewusstsein verhaftet*, als ihr eure Schöpfermächte am Anbeginn der Zeit erprobtet und oftmals ohne Liebe einsetztet; Angst, Verzweiflung und Dunkelheit überkamen euch und *verschleierten* eure Göttlichkeit.

*In diesem dumpfen, dunklen Sein, welches darauf folgte, saht ihr euch getrennt von Gott und seiner Liebe.* Doch dieses Gefühl, dieses Wissen entsprang nicht euren Herzen und dessen untrüglicher Weisheit, sondern euren *kurzsichtigen* Verstandes-Gedanken und verdunkelte eure Wege weiter. Macht euch deshalb nachhaltig bewusst, dass *niemals* eine Trennung vom Göttlich-Ganzen stattgefunden hat noch jemals stattfinden kann oder wird – und die vermeintliche Un-Sicherheit irrational ist; eine Anhäufung von irdischer Materie somit unsinnig ist.

Unabdingbar, ganz gleich, ob ihr Menschen das glaubt oder nicht glaubt, ist *Alles-Was-Ist immer mit und in Gott verbunden*, sodass ein stetiger Lichtfluss und Energieaustausch stattfindet, welcher alles am Leben erhält, lenkt und gegenseitig bedingt. Nichts kann alleine *sein*, ohne universelle Einheit, ohne den kosmischen Funken und die Liebe Gottes, die letztendlich dem, der vertraut, – *immer* – alle Fülle schenkt.

Aber bitte versteht, es bedarf der Besinnlichkeit, Stille und Geduld und größten Vertrauens, wie ich euch schon sagte, dies zu erkennen und zu verstehen. Versteht vor allem, dass alles, was ihr nicht bereit sein, mit *offenem Sinn* und ebensolchem *Herzen* zu ergründen, *ein Vakuum verursacht.*

Dieses Vakuum aber ist ein leerer Raum, der euch Angst macht. *Formlosigkeit wirkt auf euch immer bedrohlich*, denn euer Verstand findet keinen Punkt, keinen Anker, an dem er sich festmachen kann, um sich zu orientieren und dann zu koordinieren, um zu einem praktischen Ergebnis zu kommen; denn das ist seine einzige Aufgabe. *Der Verstand ist ausgerichtet auf die Festigkeit (Dichte) der irdischen Materie, die ja dann einen festen Punkt möglich macht.* Sie ist für den Verstand der *zentrale Ausgangspunkt*, von dem aus *er agiert*. Ist dieser Ausgangs-Punkt nicht gegeben, was ja im Vakuum unausweichlich passiert, breitet sich *Verwirrung* aus, denn es gibt *angeblich* keinen Halt. Der Verstand rutscht in die Ausweglosigkeit, Bewusst-Losigkeit, Panik und *Angst übernimmt die Führung.*

*Der Mensch sitzt fest, findet keine Lösung.*

*Aber bitte höre, geliebtes Kind des Lichtes, es ist leicht, sich aus dieser Dunkelheit zu befreien.* Allerdings erfordert es deine Absicht zu ändern, dann Ausdauer, Geduld, Hingabe, Mut, Glaube und Vertrauen, um es umzusetzen. Wie ich dir schon sagte, müssen die dunklen Gedanken der Angst *fortwährend* durch positive Gedanken ersetzt werden, um *Neuem* Platz zu schaffen.

*Das ist ein Prozess, der bereits auf Erden begonnen hat. Deshalb ist es gerade in dieser Zeit für jeden von euch ein Leichtes, sich in diese Energie mit einzubringen.*

*Arbeitet daran, unentwegt, wann immer es euch bewusst wird. Und macht euch klar, dass immer nur Angst macht, was ihr nicht kennt, nicht bereit seid zu ergründen. Denn was ihr nicht ergründet, werdet ihr nicht kennenlernen, und was ihr nicht kennt, werdet ihr fürchten. Doch was ihr fürchtet, werdet ihr aus Angst zerstören. Was ihr aber zerstört, wird euch, im Gesetz des Göttlichen Ausgleichs, alsbald zerstören.*

Im tiefsten Inneren wisst ihr das alle. Es bereitet euch ein Unbehagen, Unwohlsein: Angst, welche mit Worten nicht zu benennen ist, und doch ist sie da. So ist die Zeit nun für euch alle unausweichlich gekommen, zu *ergründen*.

*Die Göttliche Wirklichkeit zu ergründen,* denn sie wird euch allen als Einziges das geben, nach dem ihr alle so schmerzhaft strebt und euch sehnt: immerwährende Sicherheit, Erfolg, Geborgenheit und Schutz, vor allem aber Frieden, Freude und Liebe.

Nimm folgende Leitsätze, so du willst, mit in dein Leben, denke sie, wann immer es dir bewusst wird. Sprich sie aus, wann immer du kannst:

*„Ich Bin das Licht Gottes, geliebt, geführt und geschützt. Ich Bin glücklich, gesund und erfolgreich. Gott-Vater-Mutter, ich danke aus tiefstem Herzen dafür. "*

*„Ich Bin eins in Liebe mit Allem-Was-Ist! Ich empfange jeden Tag die Göttliche Fülle und danke aus tiefstem Herzen dafür. "*

*„Ich Bin" bereits verbunden in Liebe mit allen meinen Lebens-Projekten (ein lichtvolleres Wort für Probleme) und deren wunderbaren Lösungen und danke …*

*Geliebtes Kind Gottes, sei also mutig, unerschrocken, voller Hingabe und Liebe für dich und besiege die Angst, bevor sie dich besiegt. Durch deine lichtvolle Absicht und deine liebevolle Tat. Wisse immer, mit aller Macht deines wahren Herzens, dass die lichtvolle Zeit des großen Friedens und der Fülle auf Erden bereits begonnen hat …*

*Ich Bin dabei an deiner Seite mit meiner lichtvollen Macht. Glaube daran.*

*Ich liebe dich.*

*Michael*

# Karma – Wandlung durch Handlung

Geliebtes Kind Gottes, wie du weißt, manifestierst du dein Leben in jeder Sekunde deines Seins durch die Kraft deiner Gedanken und wirst so zum Schöpfer. In alter Tradition wird dies *Karma* genannt!

Sicherlich hast du schon vieles über *Karma* gehört oder gelesen. Und das ist nicht verwunderlich, denn es gehört zu dir wie der Körper, in dem du gerade inkarniert bist. Karma ist ein Wort aus dem Sanskrit (den indischen Weisheitsbüchern, den sogenannten *Veden*) und bedeutet nichts anderes als *Handlung*. Nun, das Wort Karma ist von euch Menschen weise gewählt, sieht man sich seine Bedeutung an.

Karma bedeutet *Ursache und Wirkung aller gelebten Leben,* und so ist Karma auch der Überbegriff oder Sammelbegriff für *alle* Handlungen im Leben eines Menschen, sowie dessen Heilung durch steten Ausgleich und Versöhnung.

*Karma beinhaltet also Wandlung durch Handlung und unterliegt weder Raum noch Zeit. Es ist ein göttliches Gesetz, welches in letzter Konsequenz ewigen Gleichklang erschafft und somit die göttliche Liebe im Fluss hält und so Gott in seiner einzigen Wahrhaftigkeit repräsentiert. Dieses göttliche Gesetz fließt stetig im Ausgleich und Wandel durch die heilende Bewegung von Geben und Nehmen von energetischen Wirklichkeiten und geistigen Schöpfungen.*

Du weißt, dass alles Energie ist, oder auch Materie, was dich umgibt, allerdings in verschiedener Licht-Dichte. Wobei ihr auf Erden fälschlicherweise Materie als nur irdisch anseht; denn auch Über- oder Außerirdisches ist Materie, der Unterschied liegt allein in ihrer

Dichte (Zusammensetzung der Atome und Moleküle = Licht = aber auch Information).

Während sich die *irdische Materie* in ihrem Licht-Aufbau *grobstofflich* bedingt (so dicht, dass sie sich für euch als greifbar und sichtbar zeigt), so ist die *feinstoffliche Materie* das Gegenteil, nämlich in ihrem Licht-Aufbau so *feinstofflich-durchsichtig*, also fein und transzendent, dass sie mit irdischen Augen nicht wahrgenommen werden kann – was euch größte Schwierigkeiten macht, denn ihr wollt *sehen*, um zu glauben!

Da ich dir die Zusammenhänge von Aktion und Reaktion aller Handlungen auf Erden näherbringen möchte, ist es äußerst *wichtig* für dich, anzunehmen und gelten zu lassen, dass alles, was jemals gedacht, gesprochen, getan oder auch nur berührt wurde, einen *energetischen Fingerabdruck* hinterlässt!

Dieser Fingerabdruck ist *Energie, Information,* welcher eine bestimmte Botschaft in sich trägt: Sie kann lichtvoll (Liebe), aber auch lichtlos (ohne Liebe) sein und ist als Energie (immer) unzerstörbar, kann bestenfalls *verwandelt* werden.

Das bedeutet, dass nichts im Universum und dem (nächstgrößeren) Multiversum jemals verloren geht: Also, alles ist immer vorhanden, abgespeichert in der Akasha-Chronik und dem Höheren Selbst eurer Erde, welche, wie du weißt, ein Geist-Wesen ist wie du auch.

*Die Akasha-Chronik ist der multidimensionale, universelle göttliche Informations-(Energie)-Speicher allen Bewusstseins aller Universen und dient zu jeder Zeit „Alles-Was-Ist" mit den Erfahrungswerten allen Seins.*

Da die Ur-Quelle, Gott, reinstes Licht und Liebe ist, beginnt *immer* wieder ein gleicher Vorgang: die unendliche, kosmische Bewegung, in der aller *Schatten in Licht gewandelt* wird. Denn Leben und Sein ist der ewige Kreislauf von lebendigem Licht, welches Schatten wirft, um zu sein, zu erkennen und alle göttliche Schöpfungs-Macht zu verwirklichen – wobei durch Wandlung stetig multidimensionales Bewusstsein erschaffen und manifestiert wird. Nur so ist universelles

Leben möglich und wird in *göttlicher Balance* gehalten, welche sich die Ur-Quelle-Gott-Vater-Mutter-Kosmischer Geist selbst in Eigenliebe zugesteht, und somit ihren Kindern, den Menschen.

*Geliebtes Kind des Lichtes, das ist die Ur-Essenz der Göttlichen Weisheit und des Göttlichen Seins und ist auch in jeder deiner Zellen verankert: denn du bist, wie du weißt, allein göttlichen Ursprungs.*

Das bedeutet für dich, dass dein Seelenstern, dein *Höheres Selbst,* immer, zu jeder Zeit, sehr wohl zwischen Licht und Schatten *unterscheiden kann,* im Lebensablauf mit schlafwandlerischer Sicherheit immer gut und böse unterscheidet, dabei liebevoll die größere Ordnung und deren karmische Abläufe immer beachtet und danach handelt, aber gleichzeitig auch deinen *freien Willen respektiert (der allerdings meist noch durch den immer begrenzten Verstand gelenkt wird).*

Das ist ein geniales, universelles Unterfangen, was deine Auffassungsgabe jetzt und hier vielleicht überfordert.

*Kurz und einfacher noch einmal: Dein Höheres Selbst würde immer göttlich-weise handeln. Du als Mensch hast aber den freien Willen, alles, was dir in den Sinn kommt, zu tun, du hast aber dann auch die Verantwortung dafür zu tragen. Und dies immer Leben überlagernd.*

Jedwede Tat *verjährt* nicht vor Gott. Sie bedeutet aber nicht gleich Schuld, denn Gott ist ohne Urteil, sondern bleibt grundsätzlich *energetisch erhalten* – da Energie das unzerstörbare, *jedoch wandelbare,* universelle Grundelement ist. Erkennt dann irgendwann der Mensch, dass etwas ohne Liebe ist, wird er es *freiwillig* wieder wandeln in den lichtvollen Zustand der Liebe; falls das eben erforderlich ist.

Da deine wahre Essenz göttlich ist und du deine *energetischen Fingerabdrücke* in deinem Lichtfeld, deiner Aura, also in deiner wahren Bewusstheit immer präsent mit dir trägst, entscheidest du für dich, *wann* du bereit bist, eine Sache wieder in Ordnung zu bringen, falls sie das nicht ist.

Du wirst also in eigener Entscheidung deines Höheren Bewusstseins (*nicht deines – vergänglichen – Verstandes*) in ein Leben inkarnieren, das du dir so eingerichtet hast, dass du genau *jene Sache wieder vom Schatten ins Licht bringen kannst.* Wandlung durch Handlung! Das ist die *eigenerbrachte Sühne,* welche jede Seele aus ihrem ganz *ureigensten Bedürfnis,* aus tiefstem Herzen und tiefster Sehnsucht nach Liebe, Licht und Vollkommenheit in Bewegung setzt.

Dies zu tun, um Ausgleich zu erlangen, wird einem Seelenstern vor allem dann bewusst, wenn er zwischen seinen Inkarnationen in den himmlischen Ebenen der Liebe weilt.

Kein strafender Gott – den es ja, wie ihr wisst, nicht gibt – noch Ich sind hierbei beteiligt, sondern die Seelen allein, welche in ihrer *wiedererwachenden Weisheit* in Gleichklang mit *Allem-Was-Ist* kommen wollen. *Ich führte und führe euch, ich trat mit meinem Schwert der Liebe für und vor euch, um euch Menschen in Liebe, auf Gottes Wunsch, auf all euren Wegen der Abgründe, Irrungen und Verfehlungen zu schützen und zu unterstützen. Das ist mein göttlicher Auftrag!*

Doch jeder von euch *bestimmt,* wann die Zeit der Wandlung gekommen ist, denn ihr seid göttliche Schöpferwesen, welche immer alles für sich selbst bestimmen und bestimmt haben. *Niemals* gab oder gibt es ein *Muss,* alles entspringt der eigenen Intuition, Empfinden und Absicht.

Des Weiteren sind in eurem Zellbewusstsein immer (auch wenn sie eventuell nicht oder noch nicht von euch angewendet werden) alle ethischen Pflichten, Verantwortung, Liebe und Mitgefühl verankert, denn sie sind Essenz der göttlichen Wahrheit, sie sind göttlich und universell. Ihr müsst also keine Angst haben, irgendwann etwas zu versäumen, nicht zu wissen oder falsch zu machen. Sondern ganz im *Gegenteil,* ihr dürft euch voller Vertrauen und Leichtigkeit täglich in euer Leben einbringen und achtsam und geduldig alles ansehen, was euch begegnet. *Denn eure karmischen Projekte werden sich zeigen, immer und immer wieder,* bis ihr den Mut und die Kraft nützt, welche ihr dafür vorgesehen und natürlich auch mitgebracht habt, um eine Sache, einen Umstand in Schieflage anzugehen und zu lösen.

*Du musst dich dann nur entscheiden, es zu tun!*

Habe also niemals Angst, du könntest überfordert werden von den Herausforderungen deines Lebens, denn du selbst hast sie doch, am Anbeginn der Zeit, für dich gewählt, für *dich bestimmt. Und niemals wird etwas, was du für dich bestimmt hast, an dir vorübergehen.* Du wirst es also nie verpassen – aber du kannst es natürlich jederzeit verweigern und ignorieren. Allerdings wird es dir dabei nicht gut gehen: denn dein Lebenssinn, deine Vision, die sich dahinter verbirgt und immer damit verbunden ist, wird ja dann nicht in Erfüllung gehen; deine tiefste Sehnsucht *nie* gestillt!

*Freiräume sind allerdings dabei gegeben, und Lebenspläne können geändert werden, hier auf Erden,* es obliegt allein dir, dies zu tun, ja, Neues einzubringen. Oftmals sind gewisse Voraussetzungen (Lebensumstände) von euch oder von dir selbst *bereits* eingebracht, die du nicht verändern kannst, weil du vielleicht (in einem anderen Leben) schon einmal gescheitert bist und du es in diesem Leben unbedingt schaffen, ja, vollbringen willst. *Aber wieder ist es allein dein Wunsch!*

Wisse, geliebtes Kind Gottes, *es gibt keinen Fremdeinfluss,* bei all deinen Herausforderungen, auch wenn es augenscheinlich so aussieht! Wenn du das jedoch glaubst, tappst du in die *Opferfalle,* über die ich dir anschließend etwas sagen werde. Beachte bitte, *alle,* die an deinen Projekten mit beteiligt sind oder waren, hatten oder haben einen Plan mit dir, und dieser ist immer genial. Weil du genial bist – und die anderen auch! Bitte, erinnere dich, du spielst das *göttliche Spiel des Lebens.* Beobachte es deshalb vor allem mit deinem Herzen... *nie* mit dem Verstand!

*Denn ihr seid alle göttlich und genial, weil allein Göttliches genial ist!*

Dein Verstand kann wohl intelligent und brillant sein, aber niemals *genial,* solange er nicht im *Einklang mit der Weisheit deines Herzens agiert.* Bitte bedenke das immer. Kannst du das für dich gelten lassen? Dann ist deine Heilung, die völlige Entfaltung allen Lichtes, welches du bist, zum Greifen nah!

*Genial zu sein, bedeutet, ein göttlicher Kanal zu sein, allumfassend-liebend in seiner Weisheit, der rein, wahrhaftig, klar und ohne Vor-urteile ist; der sein niederes Ego, welches allein im Irdischen all seine Erfüllung sieht, überwunden hat, denn nur dann kann er dem Gan-zen in Vollkommenheit dienen; kann in Liebe und Hingabe den Menschen ein Lehrer sein, der göttliches Bewusstsein in noch nicht be-kannter Weise auf die Erde bringt und sie dort manifestiert, weil er diese göttliche Energie mit seiner ganzen Kraft der lichtvoll-weisen Tat auf Erden hält. Er zeigt die Wege reinster Transformation des göttlichen All-Eins-Seins nur in Liebe auf, indem er sein ganzes Le-ben danach ausrichtet, im Willen Gottes der All-Liebe. Zum Wohle von Allem-Was-Ist.*

Wisse, geliebtes Kind des Lichtes, wie du dein Karma löst, in wel-chem Zeitrahmen und in welcher Form, bleibt dir immer selbst *überlassen*. Sicherlich wird dein Lösungsangebot in *ähnlicher Energie* schwingen wie einst deine Schöpfung. Doch gibt es Ausnahmen, weil Ausnahmen die Regel bestätigen. Diese Ausnahmen schwingen aber auch in der göttlichen Energie der allumfassenden Liebe und dem Licht der Vollkommenheit, sodass *außergewöhnlichste Formen* der Sühne und Versöhnung möglich sind!

*Das Schicksals-Rad der göttlichen Vorsehung*, getragen durch die göttliche Liebe, wird dir und auch allen anderen immer wieder un-geahnte Hilfen und Möglichkeiten schenken, *Karma* in unter-schiedlichster Form und Weise (in deinem freien Willen) zu sühnen und so aufzulösen, sollte das dein Wunsch... und nötig sein.

*So könnte zum Beispiel ein Leben der Bescheidenheit, tiefster Hin-gabe und Barmherzigkeit für deine Schwestern und Brüder auf Erden eine göttlich-gefällige Form der Sühne sein.*

Bedenke bitte immer, Gottes Wege sind so facettenreich, unzäh-lig und wundervoll, dass sie deine Vorstellungskräfte bei Weitem übersteigen. So vertraue aus tiefstem Herzen und mit all deinem Mut und all deiner Kraft darauf, dass Heilung immer geschehen wird und kann.

Lass Geduld, Glaube und Vertrauen an deiner Seite sein, wenn sich dir jetzt in dieser *heftigen* Zeit der großen Wandlung auf Erden dein Karma *zwingend* zeigt: weil du es so für dich bestimmt hast, damit Ich, Erzengel Michael, Träger des Lichtschwertes Gottes, und König der Engel, Erzengel Aannathas, dein Schutzengel und die ganze geistige Welt dir alle Hilfen senden, weil du darum gebeten und gedankt hast.

*Beginne vertrauensvoll zu empfangen und zu glauben. So wird dir himmlische Fülle und Freude zuteil.*

*Geliebte Kinder des Lichtes, es ist eine besondere Zeit auf Erden ange-brochen, wie ihr wisst, denn das Frequenz-stärkste Licht, der zweiteilige Opal-Kristall-Strahl, der den göttlichen Impuls des Christus-Bewusst-seins und somit Heilung trägt,* wird jetzt *vermehrt* in das Morphoge-netische (Aura) Feld der Erde eingespeist: Ihr, dir ihr von diesem In-formations-Feld stetig genährt werdet und die ihr jetzt inkarniert seid, habt deshalb *an euch* den großen, geistigen Anspruch, *restliches Karma aufzulösen.*

So stehen viele von euch vor größten *Herausforderungen,* welche euch vielleicht Angst, Verzweiflung und Verwirrung bescheren. Doch lasst euch davon nicht entmutigen, denn es ist das, was ihr für euch bestimmt habt, und es dient euch in jedem Falle: Macht euch das mit *Liebe,* aber auch mit *Ausdauer* bewusst und fühlt in eure Herzen hinein, wo alles gespeichert ist. Glaubt mit aller Kraft und allem Mut daran, dass es euch dient… damit es euch dienen kann!

Geliebtes Kind des Lichtes, in dieser liebevollen Energie deines Herzens, des Dankes und Vertrauens kannst du darauf hoffen, dass es *leichter zu lösen* ist, als du es dir jemals vorgestellt hast. Größte Freude, Erwachen und das Entfalten aller deiner meisterlichen Kräf-te sind dann dein Dank und deine Ernte. Die Abspaltung von See-lenteilen, verursacht durch dunkles Karma, wird revidiert und sie können wieder *integriert* werden. Du brauchst nur allumfassende Liebe zu leben… zu sein.

*Wisse… dies übernimmt deine Seele dann selbst, ohne dein weiteres Zutun. So wird deine Lichtschwingung erhöht, was ein Erleuchten in Liebe von innen nach außen bei dir bewirkt. Du selbst wirst schwer Worte dafür finden, was Wundervolles, Göttliches mit dir passiert. Du wirst Erleichterung, Harmonie, ein nie gekanntes Gefühl der Sicherheit und der Freude in dir fühlen. Denn du bist Gott so nah wie lange nicht mehr. Du bist auf dem Weg des Erleuchtens.*

*"Engel werden dich dabei tragen und du wirst die Himmel in dir finden."*

So bitte ich dich, lass also alle Angst los, hörst du von Karma oder denkst du darüber nach. Denn du, ja, ihr, wisst für euch sehr gut, wann die Zeit gereift ist, etwas wieder ins Licht zu bringen. Ihr habt in der Weisheit eures Höchsten Bewusstseins deshalb alle Kraft und Hilfen mit auf die Erde genommen, um aufzulösen, was euch noch bedrängt, und das wiederzugewinnen, wonach sich eure Seele so sehr sehnt: Ausgleich, Gleichklang, Harmonie, Glückseligkeit und jedwede Fülle, Freude und Friede mit Allem-Was-Ist! Und Ich Bin dabei an eurer Seite, denn wir alle dienen gemeinsam dem Wohle des Ganzen: Gott-Vater-Mutter-Kosmischem Geist und Allem-Was-Ist.


*Geliebtes Kind des Lichtes, verstehe bitte, dass Leben ein ewiges Loslassen ist, denn nur mit leeren Händen kannst du nach Neuem greifen, und das bedeutet, göttliches Bewusstsein zu kreieren! Denke mit deinem Herzen darüber nach, meditiere darüber und lass die Essenz davon freudvoll in dein Leben schwingen.*

*Bedenke bitte weiterhin: Sinn allen Lebens ist, Gott zu repräsentieren in seiner ganzen Liebe, Weisheit und Vollkommenheit und… göttliches Sein bedingungslos zu verstehen. Bemühe dich, dein Herz angstfrei zu öffnen, nütze deine Selbstliebe dafür und lass deine Weisheit wieder fließen, weil du vertraust. Vertraue Mir.*

*Ich Bin bei dir, wann immer du es willst.*

*Michael*

# Erwache: Tritt aus der Opfer-Rolle heraus

Geliebtes Kind Gottes, da ich dir ja auch schon von der Angst sprach, frage ich dich nun etwas, was dich vielleicht verwundern wird, aber es ist eng damit verbunden. *Ich frage dich, siehst du dich in deinem Leben als unglückliches Opfer?*

Es scheint zwar, in euren Augen, zweierlei Opfer auf Erden zu geben: jenes *unglückliche Opfer*, welches *vermeintlich* unwissend in eine Opferrolle gedrängt oder gezwungen wird, und das vermeintlich *freiwillige Opfer*, welches aus freiem Willen einen Opfergang geht, wie Jesus oder Mutter Theresa.

*Ich sagte bewusst* vermeintlich, *denn in letzter Konsequenz sind beide Opfer freiwillig erbracht und gewünscht von der Seele.*

*Freiwillige Opfer* werden ganz bewusst von einem Seelenstern in einem Leben auf Erden erbracht, um dem Wohle des Ganzen zu dienen – somit auch dem eigenen Wohl (vielleicht zur Sühne), weil sich immer beides gegenseitig bedingt.

Angeblich *unfreiwillige, erbrachte Opfer*, die sich in *Unglück* und tragischem Schicksal zeigen und von euch Menschen als aufgezwungen empfunden werden, sind immer die *energetischen Wirklichkeiten*, welche die Seele als Aufgabe in ihrem Seelenplan *mitbringt* und so nach und nach in ihr Leben zieht, um dadurch zu *erwachen.*

*Bitte bedenke das immer.* Das heißt also, dass jede Seele auf Erden ihren ganz *eigenen Lebensplan* mitbringt. Dieser entwickelte sich aus ihren *vielen* gelebten Leben und deren Erkenntnissen oder Unbewusstheit: Er trägt u.a. Anforderungen, Herausforderungen, Vorstellungen, Muster, Strukturen, Absichten, Ängste, Unerlöstes, Befürchtungen,

Unzulänglichkeiten oder Klarheit, Vertrauen, Kräfte, besondere Fähigkeiten und Weisheiten in sich – immer aber auch den Wunsch nach Klärung, Reinigung und Erlösung von *Dunklem*, noch Unbewusstem hin ins Licht und in die göttliche Einheit der alles heilenden Liebe.

Wenn du nun wahrnimmst (Umfeld), was eine Seele alles angesammelt haben kann in ihren unzähligen Leben, kannst du sicherlich verstehen, dass vielleicht vieles davon noch nicht im Licht der Liebe schwingt und deshalb nach Erlösung schreit. Da jede Seele immer ein göttliches, autarkes Schöpferwesen ist, so will sie natürlich jedes Leben nützen, möglichst viel Unerlöstes ins Licht zu heben.

*Sie hat sich dazu genau das richtige Leben mit den richtigen, entsprechenden Lebensumständen gewählt, um nun genau das zu tun.* Allein der Verstand wird schwierige oder fatale Umstände anzweifeln und als Unglück oder Pech verwerfen.

*Hier bietet sich nun für euch Menschen die Opferrolle als irdisches (Verstandes) Konstrukt als Lebensform an! Diese bietet die einfache Möglichkeit, bei Schwierigkeiten, Widrigkeiten oder Schicksals-schlägen andere schuldig zu sprechen; Schuld von sich zu weisen, um sich selbst dadurch besser zu fühlen.*

*Geliebtes Kind Gottes*, glaube mir, dass dies eine *fatale Illusion* ist, welche dich sogleich, solltest du in die Opferrolle schlüpfen, in großes Elend, Trauer, Ohnmacht, Angst und Ausweglosigkeit stürzen kann. In ein Vakuum, aus dem es oft schwer ist, wieder auszutreten. Denn es *lähmt* dich, und eine gelassene Sichtweise, daraus folgend die mutvolle Absicht zur heilvollen Tat, fallen dir schwerer, als wenn du voller Geduld und Liebe annimmst, was dir im Leben begegnet: *denn immer nur begegnet dir im Leben, was zu dir gehört und dir deshalb dient! Bitte vertraue Mir, wenn Ich dir das sage!*

Bitte verstehe, Lösung und letztendlich Heilung wird dir in allen deinen Begebenheiten, deinen Schicksalsschlägen auf Erden, vor allem Ruhe, Geduld, Einsicht, Mut, Vertrauen und Zuversicht bringen. *Und Vertrauen in Gott, und somit in dich selbst, welches sich bedingt, denn du weißt doch, Gott lebt immer in dir.*

144

Dann erkenne bitte, dass jede Herausforderung für dich die *große Chance des Erwachens* in sich trägt: durch Erinnerung, danach Wachstum und Entfaltung, dich weiterzuentwickeln zu deiner wahren Meisterschaft. *Erkenne, dass du, jeder von euch, diese Herausforderungen braucht, um seine Schöpferkräfte nicht nur zu wecken, sondern sie zu stärken und zu höchsten Höhen zu bringen.*

Verstehe also, dass ein Leben *ohne* Einsicht in Stille und Zurücknahme – deines kleinen, niederen Egos – und *ohne* die daraus folgende, lichtvolle Absicht und Tat durch dein Höheres Ich ein Leben ohne *sinnvolle Schöpfung* und die daraus folgende *wahre Erkenntnis* für dich sein würde und immer sein wird.

Aber du bist unabdingbar ein göttliches Schöpferwesen auf der Suche nach deiner, somit nach der einzigen göttlichen Wahrheit: So bedeutet für dich *nur* stetige, lichtvolle Schöpfung ein *erfülltes Leben*, Erfolg und somit Freude und Lebenssinn, der befriedigt und erhebt.

Ich meine hier durchaus auch die Taten, welche deinen irdischen Tages-Ablauf bestimmen, denn sie sind unbedingt eine Notwendigkeit. Damit jede Tat aber das Ganze achtet und Gott ehrt, sollte sie stets in der Energie des Herzens freudvoll abgewogen, verstanden und verrichtet werden. Hier liegt der *kleine* Unterschied zwischen leben und *sinnvoll leben*.

Doch nur die wenigsten Taten auf Erden wurden von euch mit dem Herzen abgewogen. Das ändert sich jedoch zusehends, denn in letzter Zeit ist euer Bewusstsein auf Erden sehr *gestiegen*. Und doch erschrecken euch täglich Nachrichten über entsetzliche Taten, die euch ratlos, traurig oder vielleicht wutvoll machen; sicherlich aber ohnmächtig. Doch ich sage euch: Urteilt nicht, denn jede Tat verfolgt in letzter Konsequenz einen Sinn, auch wenn ihr ihn nicht gleich *erkennen* könnt. Dazu ist euer Verstand *nicht* imstande und oft auch nicht der Teil eures Geistes, der euch in diesem Moment auf Erden zur Verfügung steht. Nur das Herz versteht im tiefsten Inneren die karmischen Zusammenhänge, Verhältnisse oder erstarrte Muster, welche da angeschaut und gelöst werden wollen. Versucht deshalb immer gelassen zu sein!

*Deshalb urteilt nie und enthaltet euch jeglicher Schuldzuweisungen. Bedenkt bitte des Weiteren, dass euch jedes Urteil immer karmisch mit dem von euch Verurteilten verbindet.*

Handelt stattdessen als das, was ihr seid: Kinder des Lichtes und der Liebe, wissend um ihre Einheit mit allem in Gott; die immer versöhnen, weil sie *verstehen* wollen!

Denn jede Tat hat immer eine *Ursache*, die tief verborgen im Sein (altgelebter Leben) eines Menschen liegen kann und aus der heraus er handelt, oft für ihn selbst unverständlich: Hier führt die Seele den (noch unbewussten) Menschen in ein *karmisches Geschehen*, damit er es sich ansehen, durchleben, verstehen und dann durch Transformation heilen kann.

*Er fühlt sich dann meist unbewusst getrieben.* Diese *Ursache* kann ein alter Schmerz aus vergangenem oder diesem Leben über eine vermeintliche Ungerechtigkeit sein. Es kann aus dem Gefühl einer Benachteiligung herrühren oder fehlendem Selbstwert. Es kann auch aus noch tiefer Bewusstlosigkeit gegenüber dem Göttlich-Ganzen entspringen. Es sind also noch ungelöste Emotionen, die nach Vergeltung schreien, weil sie noch nicht in Liebe erkannt sind.

Es kann aber auch Wut, Gier, Neid oder unbewusste Willkür sein; und das ist die Folge des niederen Egos, welches nie gelernt hat, sich zu *beherrschen* und licht- und liebevoll, zum Wohle aller, zu handeln.

Bitte versteht, lehnt der Mensch Schicksal und Karma ab, weil er sich als *Opfer* sieht und nicht bereit ist, voller Verstehen anzunehmen und mit Mut und Tatkraft achtsam etwas zu klären und zu ändern, wenn es in sein Leben kommt, zeigt sich dieses so lange… und immer wieder, bis es angenommen und gelöst wird. Das geht immer vom *Höheren Selbst (Überseele)* einer Seele aus. Die *Zeit* der Lösung bestimmt dabei immer der Mensch selbst, in freiem Willen.

*Geliebtes Kind des Lichtes, so erfolgt also in deinem Leben stets Schicksal durch Karma,* welches ja allein Bewegung und dadurch letztendlich universelles Sein hervorbringt. Und du bist meist bereit, diese

karmischen Bewegungen im Leben einer, *deiner, Wertung* zu unter-
ziehen. Das ist völlig normal, denn es gibt dir in gewisser Weise
auch eine Art von Sicherheit. Es zeigt dir auf, wo du selber stehst,
welche Entwicklung du gerade erreicht hast; was du in der Lage
bist, zu leisten. Du bewertest allerdings mit „gut" oder „schlecht".
Nun, Gott bewertet aber nicht wie du. Denn er kennt nur ein positives, lichtvolles *Ja.* Ja zu allem Leben, Wirken und Sein. Ein negatives *Nein* oder „schlecht" existiert nicht! Bedenke, was das bedeutet!

Es wirft (vielleicht), bist du ehrlich, deine ganze Lebensanschau-
ung und Vorstellung über den Haufen. Alles, was du als schlecht
und verwerflich erkennst, soll plötzlich gut sein? Nun, das habe ich
*nicht* gesagt, ich sagte nur, dass Gott nur ein Ja kennt, das heißt aber
gleichzeitig, dass „Alles-Was-Ist", einfach nur „ist", ohne Wertung.
*Neutral!* Gott ist immer neutral. *Neutral und in Liebe. In allem.*

Ihr Menschen aber habt es euch zur Gewohnheit gemacht, alles
und jeden immer zu bewerten. Das hat euch viel Trauer und
Schmerz eingebracht und wird es auch weiterhin bringen, denn jede
Wertung fällt – durch das Gesetz der Resonanz – automatisch auf
den Wertenden zurück. Es sammelt sich in der Aura und *wirkt* entsprechend der Energie der Wertung. Bitte denke darüber nach. Sei
dabei klug für dich!

Und bitte… erinnere dich, was das für dich bedeutet. Was du
denkst, sendest du nicht nur aus, sondern es bleibt vor allem in deinem Lichtfeld verhaftet. Somit wertest du also vor allem (wieder
nur) dich selbst. Und nun frage ich dich: Willst du das wirklich?
Versuche deshalb stets, auch *neutral* zu sein, mache dir bewusst, dass
Güte ein wichtiger Aspekt der Liebe ist, fällt es dir auch manchmal
schwer. Doch nur so folgst du dem richtigen Weg. Dem, der dich
dahin bringt, wohin du wahrhaft *willst.*

Hast du dich schon einmal beobachtet, wie oft du am Tag die Worte: *Ach, daran bin ich doch nicht schuld,* oder *das hat doch der oder je-
ner verursacht,* sagst. Oder: *Was machen die da oben (zum Beispiel:
Regierung) schon wieder für einen Mist, und ich muss es ausbaden!*

Und doch sage ich dir, dass alles, was dir begegnet, *mit dir zu tun hat*, denn sonst würde es sich *nicht* in deinem Leben *zeigen*. Es will dich nämlich auf etwas hinweisen. Und es ist ganz einfach der ewige karmische Ablauf, der allein so alles immer wieder in die Waage bringt. *Dabei folgt es dem universellen Gesetz: Energie folgt der Aufmerksamkeit.*

Überlege, was das für dich bedeutet. Es bedeutet, du lenkst (oder lenktest) deine Energie in einer bestimmten Bewertungs-Form auf eine bestimmte Sache und sie kommt *irgendwann* zu dir *zurück*. Das *irgendwann* wird sich je nach Energiestärke deinerseits, welche du dafür aufbringst, entwickeln und dann zeigen. Wichtig dabei ist auch, welche Vorstellung du in diese Energie integrierst, denn *sie lebt nun in dieser Sache.* Eine negative, also angstbesetzte, unwissende oder eine positive, also glückvolle Vorstellung.

*Nun ist es unerheblich, ob du Aufmerksamkeit jetzt in diesem Moment oder vor langer, langer Zeit auf etwas gerichtet hast. So erschufst du seit Anbeginn dein Leben und alle Umstände in ihm.*

Alle anderen Menschen auf Erden – mit welchen du ja immer eins bist – erschaffen ebenfalls wie du. Und vielleicht denkst du jetzt, dass es dann kein Wunder ist, wenn auf Erden alles so chaotisch ist. Dazu sage ich dir, alles, was Menschen erschaffen, fließt, gelenkt durch die *Göttliche Vorsehung* und deren allumfassende Weisheit, immer wie ein geniales Zahnrad ineinander, um letztendlich ein vollkommenes Ganzes zu ergeben. *Karma entsteht… Karma löst sich, Bewusstsein erschaffend. Und wie ich dir schon sagte, ist jedes Bewusstsein wert, gelebt zu werden.*

*Das Göttlich-Ganze entzieht sich deiner Vorstellungskraft hier auf Erden. Darum bitte ich dich, einfach zu glauben. Denn Gottes Wege sind wohl oft verschlungen und undurchsichtig… in letzter Konsequenz (die Seele weiß das!) aber immer sinnvoll, weise und heilend!*

Mach dir immer wieder klar, dass du ein *geistiges Wesen* bist, für das letztendlich weder Raum noch Zeit existiert. Du befindest dich zwar jetzt gerade auf der Erde, somit in Raum und Zeit, und bist somit ihren Gesetzmäßigkeiten unterworfen. Deine Seele, deine Lichtkörper aber, welche reinstes Licht, Energie und somit Information sind, sind zwar immer den universellen Gesetzen, aber niemals Raum und Zeit unterworfen. *Im Gegenteil, sie erschaffen diese!* Das ist einzig ausschlaggebend für dein Leben auf Erden.

*Es sagt dir, du bist Schöpfer: Ermächtige dich in Liebe und nutze die Zeit.*

*Willst du dies sinnvoll tun, trete grundsätzlich aus der Rolle des Opfers heraus!* Und das bewerkstelligst du, indem du alles, was sich dir zeigt, erst einmal in Ruhe anschaust. Du erschaffst ja ununterbrochen durch deine Gedanken. Achte einmal darauf, was du so täglich für Gedanken hegst, und mach dir klar, dass sie die *Grundlage* für alles sind, was in deinem Leben ist und *passiert*. Ruhe und Geduld sind immer die besten Ratgeber. Und sicherlich benötigen du und alle anderen Menschen auf Erden erst einmal einen Ratgeber bei all dem, was ihnen im Leben – vielleicht – begegnet. Ich sage bewusst begegnet, nicht *aufgezwungen* wird. Denn so empfindet ihr es meist. Doch das ist es ganz und gar nicht.

*Es ist immer Karma. Wir sprachen vorher schon davon. Ursache und Wirkung aller gelebten Leben.*

*So kommt immer nur zu jedem Menschen das, was er sich heute oder einst verdient hat, aber auch für sich bestimmt hat: Herausforderungen, in der Impuls-Energie des Kräftesammelns, Überwindens, Entfaltens.*

*Übel und Schmerz, in der Impuls-Energie der freiwilligen Sühne oder des Erkennens.*

*Glückvolles und Fülle, in der Impuls-Energie des wissenden Schöpfers oder des Ausgleichs.*

Wer das jetzt nicht als Wahrheit annehmen kann, tappt automatisch in die *Opfer-Falle*. Steckt er da erst einmal drin, hat er zu tun, wieder heil herauszukommen.

Geliebtes Kind des Lichtes, denke bitte darüber nach. *Nichts und niemand* macht irgendeinen Menschen zu einem Opfer, der büßen, Schmerzen erleiden oder Unvorstellbares aushalten muss. (Auch wenn es meist so aussieht.) Es dient allein dem und den Menschen, es dient seiner und ihrer Bewusstwerdung und Heilung. Zugleich aber auch der Heilung des Ganzen, denn er ist immer ein Teil davon. Verstehe, dass es, ohne den Weg der Erkenntnis zu gehen, kein Werden auf Erden wie im Himmel gibt.

*Kannst du das nun als deine Wahrheit erkennen, bist du erwacht, denn du hast Eigenverantwortung übernommen.*

Wie du weißt, bewegst du dich als Seelenstern immer in der Energie der Liebe, denn du bist Liebe. Du wirst immer Liebe sein, auch wenn du sie bei manchen deiner Gedanken, Absichten oder Taten ausblendest: Dies ist immer nur ein vorübergehendes Tun, welches kurzzeitig die Liebe vergessen hat. Viele Anlässe, wie Wut, Hass, Angst, Schmerz, Trauer, Gleichgültigkeit und vieles mehr, können dies bewirken.

*Irgendwann aber erinnert sich jeder Seelenstern wieder!*

Ausschlaggebend ist eben meist eine tiefe Erschütterung, ein Schicksalsschlag, eine Krise – welche aber immer *neue Bewusstwerdung* in sich als *Chance* birgt. Glückvolle Erkenntnis, dadurch *fortschreitende* Transzendenz sind dabei Lohn und Ernte.

So empfinde ich es immer als sehr traurig, wenn ihr Menschen in die Opferrolle fallt und nicht erkennt, welch große Chance sich euch da auftun würde. Denn nimmst du aus der Krise die Chance *heraus*, so wird sie *meist* zur Gefahr. Doch ihr habt nun mal den freien Willen von Gott erhalten, und so bestimmt ein jeder von euch, wie er mit seinem Karma, seinem Schicksal umgeht. *Voller Mut, Einsicht, Wissen und Tatkraft oder Wut, Trauer, Lethargie und letztendlich… Aufgabe!*

Deshalb, geliebtes Kind Gottes, sagte ich dir anfangs, wenn sich etwas in deinem Leben zeigt, was du *eigentlich* gar nicht auf deinem (Verstandes!) Plan hattest, gehe zuerst einmal in die *Ruhe* und Geduld und fühle hinein. Gehe in die Stille, in deine Stille, denn dort liegt alle deine Kraft. Hole dir dann dazu Hilfe aus der Welt der *Engel*, welche du in deinem Herzen trägst. Renne nicht gleich los und alles über den Haufen. Oder schreie nicht gleich los und alles nieder. Gerate nie in Panik oder verliere all deinen Mut. Überlege lieber, was es für dich bedeutet; warum es sich in dieser Form zeigt und was es dir sagen will. *Und rede sodann mit deinem Schutzengel oder mit mir, wir werden dir gute Ratgeber sein.*

Nimmst du alsdann das, was sich da gerade zeigt, als deine ganz eigene Herausforderung, nicht als Strafe an, begrüßt sie sozusagen voller Mut, Gelassenheit und Vertrauen bewusst in deinem Leben, hast du schon einen *kleinen Sieg errungen.*

Du hast dich auf keinen Fall zum *Opfer* erkoren. Sondern du bist in die Rolle eines *Kriegers des Lichtes* (sehr wohl des Lichtes und der Liebe!) geschlüpft und kannst nun mit der größten Kraft, der Liebe, diese Sache nach und nach durch weise Tat lösen. Lehnst du aber voller Zorn, Wut und Ärger ab, was zu dir kommt, weil es doch *nie* im Leben zu dir gehören kann, hast du dich zum Opfer gemacht. (Beachte dabei bitte, viele ungelöste karmische Aspekte zeigen sich, auf deinen Wunsch hin, erst in späteren, z. B. *jetzigen* Leben; vergiss nie, du warst und bist Schöpfer, immer!)

*Bist du Opfer, wird der Weg für dich schwer werden. Denn du hast die göttliche Kraft der Liebe und des Lichtes ausgeschlagen. Du kannst nicht über sie verfügen, kannst sie, die größte aller Kräfte, nicht nützen, weil du nicht an sie glaubst.*

*Ein friedvoller Krieger des Lichtes indes weiß zu jeder Zeit, dass alles, was bei ihm ist, seine ganz eigenen Herausforderungen sind. Herausforderungen und Krisen, die ihm die einmalige Chance bieten, seine großen universellen Kräfte, die verborgen in ihm schlummern, zu aktivieren. Sie wiederzufinden, sie zu erkennen, sie zu nützen.*

Würde er sich keine Herausforderungen erschaffen haben, würden ihn alsbald die Bequemlichkeit und die Dogmen auf Erden verschlingen, was ja meist zutrifft. Dieser Mensch ginge unter in irdischem

Begehren und Gier, und *unstillbares* Verlangen würde ihn dumpf und unsensibel machen; er vergäße, warum er auf Erden ist. Und er fiele bald unabänderlich in die Rolle eines völlig *Bewusstlosen: Er würde Opfer, gefangen in Selbstmitleid und Verzweiflung der Sinnlosigkeit, denn* er fände letztendlich keinen Sinn mehr im Leben, alles bliebe fahl, leer und umsonst. Nichts und niemand könnte ihm mehr helfen, denn er hätte keine Chance zu verstehen.

*Doch sorge dich nicht, geliebtes Sternenkind, in so einer Situation kommt immer Hilfe durch den Schutzengel, den ganz persönlichen Hüter jeden Seelensterns.*

Wird dieser himmlische Aufruf also lange Zeit ignoriert und verdrängt (denn er kommt immer zu jedem), kann ihn dann oftmals nur noch eine *Krankheit* – die eben dann entstehen kann oder entsteht, weil die Seele nicht gehört oder ihr kein Raum gegeben wird und der Körper immer das Instrument der Seele ist – oder ein *erschütterndes Geschehen* wachrütteln.

Viele von euch stecken zu dieser Zeit genau in einer solchen Situation fest. Die Seele aber ist *nie* untätig und ruft immer durch irgendwelche Zeichen den Menschen auf, die dann durch die Schutzengel und geistigen Führer übermittelt werden. Der Mensch hat jetzt die Möglichkeit, zu erkennen, anzunehmen und zu handeln, um sein eigener Heiler, oder zu ignorieren und Opfer, zu werden.

Mobilisiert er jetzt all seinen Mut und Glauben, um etwas ins Positive zu *verändern*, so hat er den Sinn des Lebens verstanden! Welcher immer allein durch die lichtvolle, liebevolle Tat bestätigt wird. Zu handeln ist die einzige Möglichkeit, das Leben im Fluss zu halten. Wobei lichtvolles Handeln immer Harmonie und Glück erzeugt. *Die Seele weiß das, aber der Mensch muss das akzeptieren, indem er die starren Strukturen des Verstandes überwindet, sonst gibt es kein Erwachen, keine Entfaltung und keine Heilung.*

Aus diesem Grund wählt und wählte jede Seele, am Anbeginn aller Zeit, aus freiem Willen ihre ganz eigenen Herausforderungen, die dann in der Lösungsenergie die *Lebens-Vision kreieren*. Denn sie weiß untrüglich tief in sich, dass sie nur so ihre eigene Kreativität und Schöpferkraft wiederfinden und ihre Macht des Lichtes wieder führen lernen kann:

*Um so Gott zu ehren und zu repräsentieren durch gelebte Selbstliebe, die sich selbst Frei-Raum und Spiel-Zeit zugesteht. So kann sich Selbstausdruck in eigener Kreativität bestätigen. Das bedingt Erwachen ins Wahre Ich und somit Heilung.*

Der Mensch aber, der die Welt immer nur aus den Augen von ewiger Ungerechtigkeit und unglücklichen Zufällen sehen *kann* oder *will*, macht sich selbst zum *Opfer*. Stürzt sich in Elend und Leid. Nimmt sich auch jede Chance zu Wachstum, lehnt Eigenverantwortlichkeit ab und bleibt so *Masse Mensch*, die ewig vor sich hindümpelt und hintrauert. Ohne Bewusstsein, in Dunkelheit und Unglück: was bewusstlos, ungerecht, hart, herzlos, trauernd, depressiv, perspektivlos, manchmal hyperaktiv und oft auch krank macht.

Ein *achtsamer Täter* (denn Taten werden vollbracht in aller Zeit), der sich seiner göttlichen Schöpferkräfte bewusst geworden ist und der alles in Wahrheit und Liebe tätigt, im Sinne des eigenen Wohles und zum Wohle des Ganzen oder zumindest diese Absicht vorweisen kann, tritt ins Licht. Dieses erhebt ihn, führt ihn in Harmonie, Gleichklang, Friede und Ausgleich, woraus Gesundheit, Mut und Lebensfreude, letztendlich allumfassendes Glück entspringen.

*Die Tat, die in Unbewusstheit und aus Hass, Gier, von niederem Ego besetzter Macht, oder Unverständnis heraus getan wird, macht letztendlich den Täter zum wahren Opfer, denn sein Leid und seine Verzweiflung werden groß sein…*

Allerdings ist jede Tat auch immer ein Akt der Weiterentwicklung einer Seele auf Erden, *ganz egal*, in welcher Energie diese Tat nun gerade schwingt. Auch vermeintliche Verbrechen, so wie du es vielleicht werten würdest, können sehr wohl dem Ausgleich der göttlichen Waage dienen! *Erinnere dich. Gott ist ohne Urteil, ohne Schuldzuweisung. Und jede Seele sühnt wissend im Herzen immer freiwillig…*

*oft spät und zeitversetzt, sodass du oder andere den Sinn einer Tat nie gleich erkennen oder verstehen können.*

*So solltest du handeln wie Gott… der immer in dir lebt. Sei urteilsfrei.*

Geliebtes Kind des Lichtes, auch und gerade die herkömmlichen Verrichtungen (Taten) des Alltags tragen dazu bei und dienen der *göttlichen Waage*. Denn z.B. bedingt eine innere Ordnung, gelebt im Herzen, die äußere Ordnung, wie Wohnung, Job, Zusammenleben, usw. Es ist ein Ablauf, der ineinander greift und keinesfalls getrennt gesehen werden sollte und kann.

Versuche deshalb eine liebevolle Ordnung in alle Bereiche deines Lebens zu bringen, was dann Harmonie und Glück schenkt.

*Bitte erinnere dich dabei immer, dass dein Geist dir stets die Kraft gibt,* die Vorstellungen und Gedanken deines Verstandes mit den Weisungen deines Herzens zu verbinden, um sie dann heilbringend umzusetzen. So kannst du ein Leben in göttlicher Ordnung alsdann in irdischer Ordnung führen.

Eines allein funktioniert nicht wirklich, nicht wahrhaft, es wäre immer unvollständig und vermittelte dir stets ein Gefühl von Unwohlsein und Unvollkommenheit. Deshalb sei klug und achte darauf in deinem Leben!

*Wenn du jetzt bereit bist für deine eigene Wahrheit*, wird es dir möglich sein, deine Innere Stimme, deine Seele immer besser zu hören. Du wirst fühlen und annehmen, dass du einen eigenen Seelenplan mitgebracht hast, den deine Seele erfüllen will, und dass das der *einzige Sinn ihres… und deines Daseins* ist.

Es könnte aber auch sein, dass du alles vergessen hast. Und wenn dich nun deine Seele – durch Erschütterungen irgendwelcher Art – daran erinnert, fühlst du dich als *Opfer*. Wie denkst du denn, kann deine Seele mit dir sprechen? Nun, sie spricht in Bildern zu dir. Im Traum oder in Bildern von Gegebenheiten, irdischen Wirklichkeiten,

154

welche sich im Leben zeigen. Deshalb bist du auf Erden, welche dir *sichtbare Bilder* ermöglicht und so vermittelt.

Alles, was dich umgibt, zeigt sich dir doch in einem *Bild*. Vielleicht zeigt dir dein Partner ein Bild, welches du schon lange nicht mehr sehen willst? Vielleicht kannst du die Arbeit nicht mehr aushalten, weil sie dich unglücklich macht? Wie gehen andere mit dir um?

Hier liegt die Aufgabe verborgen, welche du (vielleicht) mitgebracht hast. Verstehst du, wie deine Seele dich erreicht, nur erreichen kann? Dein *Höheres Ich* mit dir redet. Ganz einfach, sie spricht immer auch über den Körper mit dir. Dann wirst du mit Sicherheit (vielleicht) Nieren- oder Herzprobleme bekommen, denn sie haben *diese Aufgabe* für dich übernommen. Damit du verstehst – denn jedes deiner Organe hat ein eigenes Gehirn, das dir helfen will. Niere steht z.B. für Partnerschaftsprobleme, Herz für alle Herzensangelegenheiten usw.

*Unwohlsein, Trauer, Depression und Schmerz zeigten immer, dass etwas und auch was geändert werden sollte, sonst hört er nicht auf zu agieren! Zu diesem Thema wird dir Erzengel Raphael im nächsten Buch mehr erzählen, falls es dich interessiert.*

So kannst du nach und nach bewusster werden. Verstehst du nun, wie das geschieht oder geschehen sollte? Dein Körper ist das Klavier, auf dem die Seele spielt. *Misstöne, Missverhältnisse tun nicht nur deinen Ohren weh!*

Allerdings kann z.B. Krankheit auch einfach durch *falsch-gelenkte Aufmerksamkeit* entstehen, die dadurch angstgetränkt ist. So können z.B. Töchter, deren Mütter an Frauenleiden oder anderen Störungen erkrankt waren, genau das Gleiche bekommen. Ebenso Söhne und Väter, aber auch untereinander.

Da immer alle Seelen in *Seelengemeinschaften* verbunden sind, welche *gleiche* oder ähnliche Aufgaben oder Erkenntnisprozesse für diese Gemeinschaft verfolgen sowie gleichzeitig auch für das Göttlich-Ganze, so kann ein Erinnerungs(Erkenntnis)prozess z.B. einer

Mutter oder eines Vaters, der nicht in einem irdischen Leben von ihnen bewältigt worden und so bei ihrem Tod noch ungelöst ist, an die Tochter-Seele oder Sohn-Seele durch die Mutter oder den Vater *energetisch weitergegeben werden.* Löste diese *Nichtbewältigung* des Lernprozesses durch Angst und Ohnmacht eine Krankheit bei ihr oder ihm aus, so können z.B. die Mutter oder der Vater durch ihre Gene dem Kind, also Tochter oder Sohn, diese Krankheit vererben – was dann immer ein eindeutiger Hinweis auf den Erinnerungs-Prozess ist, den diese Seelengemeinschaft erreichen will.

*Diese Krankheit löst sich dann in Folge-Inkarnationen einer Seele der Seelengemeinschaft durch liebevolle Annahme und mutvolle Lösung des Erinnerungsprozesses auf.*

Verstehst du nun, warum auch immer wieder Kinder auf die Welt kommen, die, wie ihr es nennt, eine *Erb-Krankheit* mitbringen! Das alles hat einen höheren Sinn und ist kein *Irrtum* oder eine *Strafe* noch ein *Versehen Gottes;* auch nicht des Erbgutes oder einfach der Zellen, die *verrückt* spielen oder *zufällig* durcheinandergeraten sind?! Du weißt ja, dass es keinen zufälligen Zufall gibt, bitte bedenke das, und dass jede Zelle immer der *Göttlichen Matrix*, Ordnung, folgt und dem Göttlich-Ganzen dient, wie jede Seele. Immer folgt alles einem oder dem Göttlichen Plan und der Göttlichen Ordnung, und dieser ist Weisheit, Gerechtigkeit, erbracht durch ewigen Ausgleich, voller bedingungsloser Liebe und Versöhnung.

*Erkenne,* dass es die Seelen selber sind, welche sich entfalten und erwachen wollen. Manchmal ist dies eben schmerzhaft, wie eine Geburt – *denn es ist eine Geburt ins Licht.*

Bitte beachte, dass es außer *Eigen-Karma* auch *Familien-Karma* gibt. Denn jede *Seelen-Familie* will gemeinsam ein bestimmtes *Bewusstsein erreichen.* Löst es die Mutter nicht, gibt sie es an die Tochter weiter, in der Hoffnung, dass diese es dann lösen wird. Väter tun Gleiches, wenn nötig! Auch siehst oder hörst du vielleicht von Babys oder Kindern, welche sehr schwer erkrankt sind, vielleicht schon krank auf die Erde kamen oder schwerste Schicksale erleiden. All dieses dient diesen Kindern, ihrer Seele und all denen, die mit ihnen sind. Hierbei darf immer viel wieder gefunden, wieder erinnert, entfaltet und geheilt werden, oder es sind auch manchmal freiwillige Opfergänge von verkörperten hohen Licht-Wesenheiten zum Wohle von Allem-Was-Ist.

Wisse bitte, es ist auf Erden auch *Firmen-Karma, Dorf- oder Stadt-Karma, Land-Karma* und *Kontinent-Karma* vorhanden.

*Vertraue also darauf, dass du immer am richtigen Ort inkarniert bist oder gerade lebst und dass immer nur da ist, was den Menschen dienlich ist und dem Ganzen… Gott!*

Geliebtes Kind des Lichtes, siehst du oder hörst du von dunklen Taten irgendwo auf Erden, dienen sie, wie ich dir schon sagte, unter Umständen, Karma zu lösen. Da du dies aber nicht erkennen kannst, gib und sende dort *Mitgefühl, Licht und Liebe* hin und helfe so, es zu heilen und zu versöhnen. Gott ist ohne Urteil, so sei auch du es, denn du weißt nicht, was sich da gerade abspielt: *was gelöst und freiwillig gesühnt werden will.* Oder welches große Lichtwesen hier einen Opfergang für Gott, Alles-Was-Ist, geht.

*Verstehe bitte, letztendlich birgt jede Tat immer wieder Bewusstsein in sich, was der Heilung des Ganzen dient, mag es auch ewig dauern. Die Zeit darfst du dabei nicht anschauen. Denn im Universum steht sie still…*

*Erfülle lieber all jene Aufgaben voller Hingabe und Liebe, welche du dir aus wissendem Herzen einst erschaffen hast, und erkenne, dass alles einen höheren Sinn verfolgt.*

*Sei niemals Opfer, wie schwer das Schicksal auch sein mag, welches gerade bei dir ist. Sei stets heilbringender Täter, ein Krieger des Lichtes und wandle dein Leben mit Mut und Kraft durch deine freiwillige Absicht, in Liebe zu ändern. So gehst du den Weg des Meisters. Nehme stets dein Karma, dein Schicksal, voller Gottvertrauen, Glaube und Hingabe an. So wirst du es mit Gottes und der Engel Hilfe lösen und wirst zum Heiler. Zu deinem und zum Heiler deiner Welt!*

*Du hast also immer die Wahl – Opfer oder Heiler zu sein. Wähle gut!*

*Ich weiß, dass du dich für das Richtige entscheidest... nämlich dein Heiler zu sein.*

*So wird dein Weg freudvoll, glücklich, erleuchtet und friedvoll sein.*

*Dein weiser Wille und deine lichtvolle Tat werden dir helfen – und Ich!*

*Denn Ich liebe Dich!*

*Aannathas*

# Willst du siegen, senke dein Schwert

W ie ich dir schon sagte, geliebtes Kind des Lichtes, ist deine Ur-Kraft die Kraft des heilbringenden Täters, eines Kriegers des Lichtes. Du, und alle anderen auch, haben in ihrem *Ewigen Sein,* um das Licht wiederzuerkennen, auch die *Dunkelheit berührt.* Deshalb weilst du in einem menschlichen Körper, denn er ermöglichte dir zu verstehen! Es war und ist also an dir, nun daraus deine Essenz, deine Göttliche Weisheit zu ziehen.

Dieses gelingt oder gelang vielen von euch noch nicht ganz. Ich will dir und euch dabei helfen! Das wichtigste Anliegen von euch ist Streben, nach was auch immer. Gott hingegen ist ohne Streben. ER IST. Das zu *unterscheiden,* ist für euch nicht einfach. Euer Geist hier auf Erden ist dafür nicht geschaffen, und so will ich versuchen, euch zu erklären, was damit gemeint ist.

*In eurem tiefsten Empfinden und Wissen ist jeder von euch ein Sieger, denn jeder Krieger des Lichtes, und das ist ein jeder von euch, hat immer den Auftrag zu siegen: für das Ganze,* **Gott**. *Für seine Liebe, seine Vollkommenheit, seine Weisheit. Letztendlich für euch selbst.*

So ist all euer Denken und Tun grundsätzlich darauf ausgerichtet, Sieger zu werden. Durch Sieg dem Streben zu Erfolg zu verhelfen. Damit ihr aber erkennt, dass Streben in eurer Art, wie ihr es meist auf Erden praktiziert, nicht erforderlich ist, um wahre Vollkommenheit, Glück und Frieden zu erreichen, müsst ihr *erst einmal* streben, denn nur Dualität zeigt auf.

*Ihr berührt also den Schatten, um das Licht zu erkennen.* Dabei lernt ihr zu unterscheiden zwischen irdischen Gütern und himmlischen

Gütern, welche beide Früchte eures Erfolges sind, und sie können ohne oder mit Liebe erschaffen worden sein.

Während die irdischen Güter euch dabei *unterstützen* sollten, und sollen, den Weg des wahren Sieges in behütender und nährender Form zu gestalten und zu erleben, war und ist es der Wunsch der Seele *hierbei*, die himmlischen Güter wiederzuerkennen. So war und ist es in göttlicher Konsequenz gedacht.

*Der freie Wille aller Seelensterne* gab und gibt einen unendlichen Rahmen für dieses Tun, und wie du selber siehst, wurde und wird dieser reichlich genutzt. Er wurde so reichlich und ausladend genutzt, dass darüber *vergessen* wurde, welche Güter den *wahren Sieg* bedeuten.

In tiefstem Herzen weißt du, so wie alle anderen Seelensterne auch, welche Güter wiedererkannt werden wollten und noch erkannt werden wollen. Es sind die *himmlischen Güter*, wie Weisheit, Sinn, allumfassende und bedingungslose Liebe, Mitgefühl, Vollkommenheit, ja, die ganze göttliche Essenz des Alles-Was-Ist.

Aber über den *verlockenden Dingen alles Irdischen* geriet es in Vergessenheit und die Menschen kämpften bald mit Einsatz ihres Lebens nur noch um die irdischen Dinge.

Sie kämpften sinnbildlich mit vielen *verschiedenen Schwertern*. Es waren Schwerter, welche aus Gier, Macht, Neid, Hass, aus Herrschsucht, aber auch aus Angst, Unwissenheit, Unzulänglichkeit und Ohnmacht geschmiedet waren. Sie kämpften in ihrer Vergessenheit mehr und mehr blind, rücksichtslos und ohne Mitgefühl, oftmals nur noch um des Kampfes willen, ohne sich selbst zu fühlen.

*Siegen bedeutete so nicht mehr wie vorgegeben, die Heilige Mitte des Lichtes zu erkennen, sondern um jeden Preis dem eigenen, egoistischen Streben nachzugeben.*

Die Menschheit verlor sich darin, und Dunkelheit überzog sie. Unendliche Kriege und Machtkämpfe folgten und sind noch heute entbrannt. Bei all diesen Kriegen – deshalb dauern sie an – will von euch erkannt werden, dass niemals Frieden mit dem einen, alles vernichtenden Schwert des Hasses, der Rache und der Macht über etwas erreicht oder gar erzwungen werden kann. Ihr alle wisst das inzwischen mehr als je zuvor!

*So hat auf Erden nun die Neue Zeit, das Goldene Zeitalter, begonnen und mit ihm ein neues, erwachtes Bewusstsein, das sich langsam mehr und mehr manifestieren wird.*

Viele von euch haben erkannt, dass allein Liebe, Verständnis, Achtsamkeit und Toleranz endlich Frieden bringen werden. Langsam beginnt sich diese wundervolle Energie auf Erden auszubreiten, auch wenn es noch dauern wird, bis alle Kriege beendet sein werden.

Doch werden nur noch jene unter euch darin verstrickt sein, welche die Schwingung des Krieges in ihrer Aura, ihrem Energiefeld, tragen. Das sind jene Menschen, welche noch in der Energie der Vergeltung, der Rache und des Hasses denken oder auch gedanklich noch nicht zulassen und erkennen können, dass allein allumfassende Liebe, Rücksicht und Toleranz jeden Konflikt lösen können.

Oftmals schwingen bei in Kriegen eingebundenen Seelen aber auch noch karmische Verstrickungen und starre Muster mit, welche diese so lange mit Krieg und Unruhen verschiedener Art verbinden, bis diese durch Erleben und Verstehen gelöst werden können. Denn solange diese Schwingung *Krieg* nicht durch Liebe aufgearbeitet und somit gelöst ist, schwingt sie in der Aura des Menschen und *zieht* eben Krieg, Elend und Verzweiflung an. Alle anderen werden wohl von Krieg hören, aber nicht direkt betroffen sein.

Diese bitte ich hier zu beten: Licht, Liebe, Mitgefühl und Friede gedanklich dorthin zu senden, damit auch jene allmählich in diese Schwingung eingebunden und friedvoll werden können.

*Erinnert euch bitte daran, dass Beten Licht bedeutet;* Licht und Liebe, und als Erstes dabei *für euch selbst* ein sicheres Schutzschild darstellt (Gesetz der Resonanz!), im Rahmen eures göttlichen Planes, und des Weiteren dann für jene, für welche die Gebete gedacht sind. Das ist das *wichtigste Handwerkszeug*, welches euch immer gegeben ist auf Erden.

*Nutzt es deshalb, so oft ihr könnt. Denn ihr tretet damit sofort in das göttliche Kraftfeld der Liebe ein, welches, wie ihr ja wisst (aus Buch1), das Mächtigste und Kraftvollste in allen Universen ist, welches es je gab und je geben wird.*

Geliebtes Kind des Lichtes, wenn ich dir sage, *senke* dein Schwert, so meine ich vor allem, gib *jeglichen Kampf* auf! Nicht nur den Kampf gegen deinen Nächsten, worüber ich gerade sprach. *Sondern vor allem gegen dich selbst.* Gib den Kampf gegen deine *eigenen Drachen* auf, welche immer in deinem Verstand darauf lauern, dich zu überlisten, zu martern, irrezuführen, zu belügen, zu verunsichern.

Da sind (vielleicht) unendliche Gedanken über fehlenden Selbstwert und eigene Größe, über Wertlosigkeit und vermeintliche ungenügende Schul- oder Berufsausbildung, fehlenden Reichtum oder Schönheit, kulturelle Defizite und… und… und.

Denn so wurde und wird von euch auf Erden noch immer ein machtvoller, reißender *Energie-Strom* von kollektiver Trauer, Angst und Mangel erzeugt, von welchem ihr alle mehr oder weniger mitgerissen werdet. So sehe ich zuhauf mühe-, angst- und sorgenvolle Gedanken bei euch, die ihr nicht zu haben bräuchtet: würdet ihr die Weisheit eurer Herzen gelten lassen, welche davon zeugt, dass ein jeder von euch ein perfektes, *vollkommenes* Kind des Lichtes, der Weisheit, der kosmischen Schönheit, ein geliebtes, geschütztes, allzeit versorgtes Kind Gottes ist.

Dieses *Mangelbewusstsein* spielt sich, wie du sehr wohl weißt, zwar unentwegt, aber immer *erst* in deinem, in eurem Kopf ab. Diese euch treibenden Gedanken, die vielleicht manch sinnlosen, irdischen Reichtum als Erstrebenswertestes vorgaukeln, oder, deiner und eurer Meinung nach, vielleicht sich selbst in einem ungenügenden Licht gegenüber der Umwelt zeigen oder ähnlich negative Gedanken, lassen euch nie zur Ruhe kommen. Denn ihr alle seid in jedem Moment eingebunden in dieses Denken, denn es nährt auch unentwegt das *kollektive Bewusstsein* aller Menschen, da ihr zu aller Zeit eins seid, und wirkt somit immer auf euren Gemütszustand und euer Befinden ein.

Viele von euch haben sich diesen irdischen Illusionen vollends verschrieben, ja, sind darin fast aussichtslos seit langer, langer Zeit *verstrickt.* So bist du indirekt, auch alle deine geistigen Geschwister, davon betroffen, und es ist an dir, an euch, durch Sondieren der Gedanken, auszuwählen, *was wirklich wichtig ist... und was du wirklich willst.*

Dieses *kollektive Bewusstsein des Mangels*, das mitunter auch dich leitet und das fast ausschließlich Lebens-Regeln allein nach irdischen Maßstäben aufgestellt hat und das zum großen Teil vor allem nach irdischem Gut und Macht strebt, weil es dort Sicherheit wähnt, umgibt dich täglich und betrifft alle Bereiche deines Lebens auf Erden. Es färbt und *beeinflusst* so sicherlich auch oft dein Bewusstsein und deine Gedanken: Diese könnten oder sind dann machtvoll und zeigen sich (vielleicht) unerbittlich. Allerdings nur, solange du ihnen nicht Einhalt gebietest. Weil du es tief in deinem Herzen sehr viel besser weißt. *Vor allem weil du weißt, dass die einzige Sicherheit, die es gibt auf Erden, immer nur durch den Glauben an dich und somit an Gott und seine All-Liebe gestillt werden kann. Jede andere irdische Sicherheit ist immer ein Trugschluss.*

Hast du erst einmal durch Meditation, Stille, Geduld und stetiges Aussenden von Liebe gelernt, auf deine *Innere Stimme* zu hören, Herz und Verstand zu verbinden, kannst du dich den täglichen Manipulationen deiner Umwelt und deines Umfeldes ganz einfach und leicht *entziehen.* So werden deine neuen, erfrischenden Gedanken, in Liebe und Achtsamkeit von dir erschaffen, dir eine neue, glücklichere und friedvollere Welt erstehen lassen – denn du vertraust auf Gottes ewig sorgende, segnende und schützende Hände...

*Und weil du dich erinnerst, weshalb du eigentlich hier bist. Weil du gelten lässt, dass du einen eigenen Plan mit hierher gebracht hast. Weil* du in dir spürst, dass du dein eigener Schöpfer bist, ja immer warst. *Weil du weißt, dass du ein Krieger des Lichtes bist, welcher immer über göttliche Weisheit und Kräfte verfügt. Weil deine Waffe auf deinen Wegen des Friedens immer ein Schwert aus Licht und Liebe ist, war und sein wird. Weil du dem vertraust, was dich mit Licht durchdringt, denn du arbeitest ja mit dem Kraftfeld Liebe, welches dafür ein Garant ist. Weil du die Täuschung durch irdische Illusionen erkennst. Weil du unumstößlich weißt, dass du ein Kind Gottes bist. Weil Engel an deiner Seite gehen… Weil ICH bei dir BIN.*

Die Folge ist ein tägliches Leben im tragenden und ewig befruchtenden Fluss des göttlichen Gleichklangs und der Schönheit der göttlichen Harmonie: Du wirst heilbringender Sieger sein, ein Krieger des Lichtes, welcher den göttlichen Schutz des Kraftfelds für sich und Alles-Was-Ist zu jeder Zeit nutzen kann. Denn durch und in diesem Kraftfeld der Liebe kannst du sofort jeglichen Kampf *aufgeben*, denn du bist nachhaltig beschützt, wie du weißt. Sollte es auch manchmal andauern, bis sich dein Recht zeigt… es *wird* sich zeigen! Das göttliche Gesetz der Resonanz sorgt für dich in genialer Weise und du kannst Angst und Mangel loslassen. Vertraust du darauf, weil du Gott vertraust, so kommt dein eigener Seelenplan voll zur Entfaltung.

Dein Leben beginnt nun mehr und mehr in Harmonie und Ausgleich zu fließen. Freude, Fülle, Friede, Glück und universelle Sicherheit bestimmen es ausschließlich. Du hast das Ziel erreicht, ein bewusster Krieger des Lichtes zu sein.

*Geliebtes Kind des Lichtes, erkenne nun, dass auch du seit Anbeginn der Zeit ein göttliches Schwert des Lichtes und der Liebe in deinen Händen hältst, so wie Ich, welches du aber nur heilbringend gebrauchen kannst, wenn du dir dessen bewusst wirst.*

*Bist du dir bewusst geworden, dass dieses Schwert deine Liebe ist, die du in deinem Herzen trägst, so werde eins mit deinem Schwert, mit deiner Liebe. Verschmelze… weil du erkannt hast, dass der Kampf gegen die Dunkelheit immer nur das Überwinden des unbewussten, niederen Selbst ist und immer war.*

*Hast du die Dunkelheit überwunden, führt dich der Weg unabänderlich ins Licht.*

*Hast du das in deinem Herzen manifestiert, wird dich dein Licht-Schwert, welches allein deine Liebe ist, schützen.*

*Denn du bist dir bewusst geworden, dass du **niemals** wieder eine Waffe brauchst, denn du trägst deine stärkste Waffe in deinem Herzen:*

### *das Licht-Schwert der Liebe.*

*Geliebtes Kind Gottes, erinnere dich auf allen deinen irdischen Wegen daran, denn du trägst auch das Wohl und das Heil der Welt in deinem Herzen.*

*So liebe dich und sende Liebe aus, um ein wahrer Sieger zu werden und zu sein... für dich und Alles-Was-Ist.*

*Ich Bin an deiner Seite, wenn du willst, um dich dabei zu stärken, weil Ich dich unendlich liebe und ehre.*

*Michael, Licht-Schwertträger*

# Das Maß aller Dinge: „Mitgefühl"

Geliebtes Kind des Lichtes, wenn ich dir jetzt sage, dass Mitgefühl, ein Aspekt der Liebe, dein wichtigster Helfer auf deinem Weg in dieser Welt ist, so bitte ich dich, darüber nachzudenken und zu fühlen. Um zu verstehen, solltest du aber am Anfang aller Dinge beginnen, sie vielmehr in deine Überlegungen mit einbeziehen, denn sonst wirst du kein befriedigendes Ergebnis erhalten.

*Am Anbeginn allen Seins steht Gott, gleichbedeutend mit Licht. Und die Ur-Essenz des Lichtes ist Liebe.* Denn ohne die göttliche Liebe kann nichts wahrhaft sein, gedeihen oder leben. Die Ur-Quelle allen Lebens ist somit Gott, ist unendliches Licht, ist Information und allumfassende Liebe, welche so zu aller Zeit wahres Leben, *Sein* hervorbringt.

Sieh dich einfach nur um, und du verstehst, was ich meine. Du siehst aber auch, wenn du in deine Welt schaust, viel Leid und Schmerz. Unglück würdest du es wohl auch nennen. Und doch weißt du nun, dass alles einen bestimmten Sinn verfolgt – der aber den meisten Menschen immer verschlossen bleibt, weil sie sich ja als *Opfer* wähnen.

Nun ist es an dir, deinen Mitmenschen auf Erden zu helfen. Das geschieht immer dann, wenn du bereit bist, in schwierigen Situationen und Unglück mit den Menschen zu *fühlen*. Dabei ist das Wichtigste, wie du weißt, nicht zu urteilen, sondern einfach nur mit offenem Herzen anzunehmen. Und es ist nicht wichtig, alles zu verstehen, warum gerade dieses oder jenes geschehen ist. Wie du weißt, liegen karmische Verstrickungen und Verbindungen oftmals Generationen zurück.

Sie werden von Generation zu Generation weitergegeben, werden sie nicht auf Erden gelöst. Du siehst also, es ist für dich und deinen Verstand nicht möglich, das ganze Geschehen, welches da vielleicht gerade abgelaufen ist, zu verstehen. Greife deshalb auf die Weisheit deines Herzens zurück. Diese besagt, dass alles eins ist und alles sein *darf*, denn es dient immer dem Ganzen!

So ist es also an dir, diese universelle Wahrheit anzunehmen und danach zu handeln. Du musst also nicht unbedingt ergründen, *warum* etwas geschehen ist, sondern sende aus deinem liebevollen Herzen voller Kraft und Hingabe *Mitgefühl* in eine Situation oder einem Menschen. Somit handelst du im *Sinne Gottes*, bist in gleichem Moment Heiler – weil du voller *Mitgefühl* verstehst – und speist in diesem Moment auch diese *reinste* Energie des Lichtes und der Liebe in das Morphogenetische Feld ein, aber auch in deine eigene Aura; handelst so umsichtig, weise und gütig.

Das *Morphogenetische Feld*, welches von euch auch Biosphäre genannt wird, ist, wie du weißt, ein *Licht-Informationsfeld,* welches die Erde umspannt. Es dient nicht nur als alles versorgende Atmosphäre und energetischer Ausgleich und Schutz für alles Leben auf Erden, sondern dient auch als Licht-Speicher im geistigen Sinne.

So ist es möglich, dass jeder Gedanke, jedes Wort, jedes Tun, da sie ja Energie sind, dort eingespeichert wird und wurde, also auch niemals verlorengeht.

So ist, seit es Leben auf Erden gibt, hier alles an Informationen vorhanden, sodass eine fortwährende Entwicklung, Evolution, für alles Lebendige möglich ist. Vielleicht kannst du nun besser verstehen, warum Zellen, welche in ihrem Grundaufbau alle gleich sind, beim Wachsen aber ganz unterschiedliche Formen oder Funktionen bei z. B. ein und derselben Pflanze übernehmen, ohne von außen gelenkt zu werden.

Auch bei euch Menschen ist es so. Euer Leben beginnt mit unzähligen Samen-Zellen, wovon *eine* sich behauptet und auch das Geschlecht bestimmt. Diese eine Zelle beginnt sich nun zu teilen und teilen und teilen. Wobei anfangs *alle* sich bildenden Zellen *völlig identisch* sind. Bis sich dann plötzlich, für euren Verstand unergründlich, vormals gleiche Zellen zu völlig *verschiedenen* Organen oder eben allem, was einen Menschen ausmacht, ausbilden!

Woher nehmen also diese Zellen (Gene) den Impuls, sich zu Nieren, Magen, Darm, Leber oder Armen, Beinen und Augen usw. zu entwickeln? Nun, ihr wisst es… aus dem Morphogenetischen Feld von Mutter Erde; Forscher und Biologen haben das auch bereits bestätigt. Hier seht ihr, wie Wunder…voll Mutter Erde und geistige *Gen*…ialität zusammenarbeiten!

Des Weiteren haben eure Wissenschaftler – endlich – herausgefunden, dass sich im Körper eines *ungeborenen* Babys das Herz zu *allererst* ausbildet… und *dann erst das Gehirn!* Wusstest du das? Somit ist eure seit Jahrtausenden geltende These, dass das Gehirn das Wachstum des ungeborenen Kindes überwacht und bestimmt – und alles andere auch –, absolut hinfällig. *Nun, es ist das Herz, dann erst wächst das Gehirn! Was sagt dir das?* Bitte denke darüber nach!

Das ist für euch, für dich ein *Wunder?* Mit Recht. Und doch entspricht es einfach nur der göttlichen Genialität. Sie schöpft unentwegt aus der kosmischen Weisheit. Dein Verstand wird das nie verstehen, und nun weißt du auch warum.

*Weil Weisheit und Wahrheit des Lebens immer nur im Herzen zu finden ist.*

Ermöglicht dieses ja auch erst das Leben, das Sein. Ich weiß, dass du das verstehen und gelten lassen kannst. Hier beginnt somit der wahre Glaube, weil du Gott und seiner All-Weisheit vertraust!

Verstehe des Weiteren, dass weder du noch ein anderer Mensch auf Erden je urteilen muss, denn jene Seele, die vielleicht in deinen Augen gerade einen Fehltritt begeht, weiß das im tiefsten Inneren. Wenn ihre Zeit gekommen ist, wird sie es *freiwillig sühnen.* Denn auch sie ist ein Teil der göttlichen Wahrheit und Weisheit und wird in letzter Konsequenz in dieser alles wieder *bereinigen.*

So ist es also weder an dir noch an anderen, zu verurteilen und zu richten. Versuche das bitte zu verstehen und gelten zu lassen, denn es wird vor allem dir dein Leben leichter machen. Wenn du davon ausgehst, dass du mit jedem Menschen in dieser Welt verbunden bist, er also deine Schwester oder Bruder ist, ja, sie ein Teil von dir selber sind, verurteilst du dich ja immer auch gleich *selber*. Und, wie du weißt, *verbindest* du dich dann mit dem Karma dieses (oder dieser) Menschen, was dir deinen Weg erschwert, den du gewählt hast.

Ich nehme deine oder eure Einwände sehr wohl wahr, wie denn dann mit all den Verbrechen auf Erden verfahren werden soll. Nun, in eurer irdischen Weisheit habt ihr ja eine Gerichtsbarkeit auf Erden erschaffen, und das ist auch im weitesten Sinne richtig. In letzter Konsequenz werden sich alle gesprochenen Urteile in der göttlichen Waage wiederfinden, um ausgeglichen zu werden; denn letztendlich liegt doch alles in Gottes Hand!


Geliebtes Kind des Lichtes, sicherlich hast du mit dir und deinem Leben genug zu tun, denn hier sind ja auch deine Erkenntnis-Aufgaben präsent, welche du für *dich erfahren* willst. Jeder deiner Schwestern oder Brüder, deiner Seelengeschwister auf Erden, hat aber ihre/seine ganz eigenen Lernaufgaben, oder besser gesagt, *Erinnerungs-Aspekte* mitgebracht. Ich sage bewusst Erinnerung, denn es gibt nichts zu lernen, da alles Wissen, ja, alle Weisheit stets in euch liegt, um wiederentdeckt zu werden. Lass es also auch deine Seelengeschwister selbst erfahren: Belege sie deshalb, ganz gleich, was sie tun, niemals mit deinem Urteil oder deiner Bewertung, was sie schwächt, sondern stärke sie, indem du ihnen aus vollem Herzen dein Verständnis und dein Mitgefühl sendest! Wie weit weg sie auch sein mögen, dein Geist hat *Flügel*, wie du weißt.

Bitte verstehe, dass sie es selber erfahren wollen, an Leib und Seele, und dass es ihnen *nicht* hilft, wenn du es für sie erfährst. Denn wenn ein Mensch vielleicht ein Buch gelesen hat, wie man einen großen Lastzug fährt, wird er es deswegen noch nicht können. Er wird es probieren, ja, *üben* müssen, bis er es wirklich kann. Und Seelensterne haben vieles vergessen und verdrängt und gehen irdische

Wege, um wieder zu finden, zu erkennen und zu entfalten. Und jeder muss es für sich *selbst* tun. Kein Mensch auf Erden kann einem anderen etwas abnehmen, was zu ihm gehört.

*Es ist doch sein freier (Seelen-) Wunsch, es zu erfahren.*

Du siehst oder erfährst über die Medien oft unendlich viel Leid und Unglück und fühlst vielleicht Ohnmacht oder Wut über dieses Geschehen. Verstehe nun, dass es immer einen höheren Sinn verfolgt. Es soll dir nicht egal oder gleichgültig sein, sondern es soll dich tief in deinem Herzen berühren, denn es hat auch mit dir – durch das All-Eins-Sein – zu tun. Verbindest du dich jedoch in Mitleid mit einem deiner Mitmenschen, so leidest du mit ihm mit, was ihm allerdings in keiner Weise hilft. *Es verstärkt vielmehr sein Leid.* Du siehst also, dass du ihm damit nicht hilfst, sondern ihn schwächst. Willst du ihm wirklich helfen, sende ihm *Mitgefühl,* das allein wird ihn stärken. Und das Ganze.

*Handelst du so, handelst du wahrhaftig, liebevoll und segensreich. Denn du bist bereit, mit dem oder den Menschen zu fühlen, also auch ihre Beweggründe anzuerkennen, ohne sie zu kennen oder kennen zu müssen, ohne zu verurteilen. Du reichst – geistig gesehen – die Hand voller Versöhnung und Verständnis, weil du anerkennst, dass in diesem Geschehen ein Erinnerungsprozess in Aktion tritt. Denn tief in deinem Herzen weißt du, dass auch dieser Mensch oder diese Menschen zu jeder Zeit in Gottes Liebe eingebunden sind, auch wenn es im Augenblick nicht so aussieht.*

*So achte also darauf, jeden Menschen seinen eigenen Weg gehen zu lassen, ohne zu werten.* Das erleichtert alles auf Erden. Das magst du jetzt vielleicht sonderbar finden, aber es ist die *einzige* Wahrheit, die ich dir geben kann. Niemals bist du von irgendetwas auf Erden getrennt. Zwar hat jeder Mensch auf Erden andere Aufgaben mitgebracht, die er für sich lösen will, doch gleichzeitig lebt er diese Erfahrungen auch für das Ganze. *Für Alles-Was-Ist.*

Deshalb profitierst auch du davon, denn deine Seele holt sich *ununterbrochen* Informationen aus dem Morphogenetischen Feld, die deine Mit-Geschwister durch ihr Er...leben gewonnen und dann eingespeist haben; und welches sodann Leben auf Erden verbindet und auch lenkt.

*Es ist der Geist von Mutter Erde*, und sie ist bestrebt, alle ihre Kinder in Weisheit und Liebe zu hüten. Aber da auch du ein Schöpfer bist, hast auch du *Pflichten*. Das ist dein innerster Wunsch. Und die höchste Pflicht, die du dir auferlegt hast, ist *Mitgefühl*, der wichtigste Aspekt der allumfassenden Liebe.

Geliebtes Kind Gottes, verstehe den Sinn von *all-um-fassend*. Alles einbeziehend. So erinnere dich daran, wenn du wieder einmal dabei bist, ganz schnell zu *denken*, dann zu urteilen und zu werten. Wahrhaftiger und mitfühlender ist es, immer in ausgleichender Liebe zu schwingen, also in Ruhe, Toleranz und Geduld erst einmal zu *fühlen* und dementsprechend zu handeln.

Wie ich dir schon sagte, geht kein Gedanke, kein Wort, keine Tat verloren in der Weite des Kosmos. Sondern wird gespeichert und dient dem Ganzen. Willst du also Frieden, Liebe, Gerechtigkeit, Fülle, Toleranz, Achtsamkeit und Freiheit auf Erden für jeden und alles erreichen, so solltest du *allein* in diesen heilvollen, freudvollen Energien fühlen, dann erst denken und dann handeln.

*An erster Stelle aber für dich selbst. Denn Selbstliebe ist dein erster Anspruch an dich.*

Denn erst muss der *kleinste menschlich-verkörperte göttliche Funken auf Erden* – und das bist du... jeder von euch – *gesunden*, bevor das Ganze gesunden kann. Du weißt, was ich meine. Bevor du dir *selber* all das nicht zugestehen und geben kannst, vor allem Mitgefühl, Achtsamkeit, und frei von jeglicher Bewertung und Wertung für dich selbst wirst, kannst du dieses kostbare Bewusstsein *nicht* wahrhaft in deiner Aura manifestieren und du kannst es so auch nicht aus dir heraus strahlen – in die *Welt* hinaus. So allein gelingt Heilung, die getan werden soll auf Erden.

*Bitte erinnere dich immer wieder: Du bist eine multidimensionale, verkörperte Bewusstseins-Zelle der universellen Einheit, und bist du erwacht, ein Lehrer der Neuen Zeit. Jeder deiner Gedanken kreiert stets einen Schöpfungs-Impuls. Fühle deine Mächtigkeit... und deine Verantwortung!*

Deshalb... wisse, geliebtes Kind des Lichtes, Mitgefühl ist Essenz der Liebe und die Grundlage jeglichen liebevollen *Miteinanders*. Doch bevor du mit dir selber nicht im Klaren bist und achtsam mit dir umgehst, du Mitgefühl mit dir selber hast, kann sich die Liebe *in dir nicht vermehren und somit die größte (Lebens-) Kraft, die dir zueigen ist.*

Erfolgszwang, Stress oder Lebensgier, aber auch Unbewusstheit und ein Sich-nicht-Fühlen veranlassen die Menschen meist, lieblos und achtlos mit sich selbst umzugehen, sich zu hetzen und stetig zu bewerten. *Wodurch sie genau diesem – selbst erzeugten – negativen Umfeld nicht entkommen.*

Sie bleiben verhaftet am Mangel jeglicher Art, und daraus entsteht unweigerlich Kummer, Unglück und Angst. Allein Mitgefühl und Selbstliebe befreit daraus. So bitte ich dich, in Zukunft darauf zu achten, *wie du mit dir selber umgehst.* Versuche gerade in schwierigen Situationen Geduld, Freude, Mut und Frieden in dir zu erschaffen, welche *Aspekte des wahren Mitgefühls* für dich sind, damit du dich selber aus Angst, Unglück und Schmerz erlösen kannst.

*Bist du also bereit, deine lichtvollen Kräfte zu mobilisieren in Mitgefühl, Achtung und Selbstliebe für dich selbst, weil du an dich selbst glaubst, glaubst du somit auch wahrhaft an Gott und seine All-Macht. Denn du bist eins mit ihm.*

*Gott aber hat immer eine Lösung für dich parat. Du gehst so deinen Weg siegreich und achtvoll weiter. Du denkst und lebst jetzt Mitgefühl für dich, und es trägt und hütet dich in Liebe und Harmonie. Und du strahlst jetzt dieses Mitgefühl aus dir heraus in dein Umfeld. Das ist göttliches Werden auf Erden, wie es vorgesehen ist.*

*Und je mehr du diese wundervollen Aspekte des Wahren Seins denkst und lebst, desto mehr werden sie sich wiederfinden im Geist der Erde, werden nach und nach alle Menschen davon berührt und letztendlich davon profitieren.*

*Geliebtes Kind des Lichtes, so vervollständigst du deine wahre Meister-schaft – denn meisterlich bist du seit deiner göttlichen Geburt. Bitte, er-innere dich, alles beginnt immer erst in der kleinsten Zelle zu leben. Also in deinem oder irgendeines anderen Menschen Denken und Füh-len, welches in der Energie des Herzens geschehen sollte. Mitgefühl ist der himmlische Schlüssel dazu! Habe Geduld mit dir. Liebe dich.*

*Ich Bin mit meiner Liebe und Kraft an deiner Seite.*

*Michael*

# „Wunder" und das „Devische Siegel"

Geliebtes Kind Gottes, wenn wir dir jetzt von Wundern sprechen, so ist es *nötig*, damit du uns verstehst, dass du deinen *starren Verstand* ausschaltest und beiseitelässt und stattdessen mit deinem Höheren Geist und deinem Herzen und dessen Weisheit und Liebe arbeitest.

*Wunder sind nämlich nichts Widersprüchliches oder Unmögliches, wie du es (wahrscheinlich) gelernt hast, sondern die ganz normale Konsequenz der Anwendung eines göttlichen Gesetzes: des Gesetzes der Anziehung, der Resonanz, welches du täglich, bewusst oder unbewusst, anwendest, indem du denkst. Du weißt doch... jeder deiner Gedanken ist ein Schöpfungs-Impuls, der individuell erschafft!*

*Bedenke jetzt bitte: Während physikalische Gesetze auf Erden durch Verstandes-Wissen oder Technik überwunden oder ignoriert werden können, gelten die kosmischen, geistigen Gesetze für jeden uneingeschränkt, ganz gleich, ob man sie kennt oder nicht, ob man daran glaubt oder nicht!*

Was bedeutet das für dich und alle anderen Menschen auf Erden? Sicherlich fragst du dich das jetzt. Nun, überlege, selbst wenn du *nicht bewusst* durch dein Leben gehst, bist du immer den *Auswirkungen* dieser göttlichen Gesetze anheimgegeben. *Du bist autarker Schöpfer in jedem Augenblick deines Seins.* Doch zu jeder Zeit bist du auch eingebunden in die Göttliche Matrix, wie Resonanz, Ausgleich, Schwingung, *Polarität,* Ursache und Wirkung, Alles-Ist-Eins und Geist.

Darüber hast du ja nun schon einiges gelesen, und trotzdem wiederhole ich es hier nochmals. Du bist Schöpfer, weil du denkst. Und denkst du nun lange und intensiv genug einen Gedanken, manifestierst du ihn so automatisch und irgendwann, wenn die Zeit reif dafür ist, wirst du ihn – im Rahmen deines Karmas – hier auf Erden erschaffen.

*Und genauso würdest du auch ein Wunder für dich erschaffen. Dein absoluter Glaube ist aber immer die Grundlage dafür.*

Da du sehr wahrscheinlich gelernt hast, dass es Wunder *nicht* wirklich gibt, dass sie Humbug oder gar Unsinn sind, so kommst du vielleicht gar nicht auf die Idee, eines für dich zu erschaffen, denn es liegt außerhalb deiner Vorstellungskraft oder auch außerhalb dessen, was du vielleicht zulassen willst. Das könnte mit deinem Selbstwert zusammenhängen, der dir vermittelt, dass du es nicht wert bist, einmal ein besonderes *göttliches Geschenk* zu erhalten.

Ich will dir jetzt helfen, diesen freudlosen Umstand, welcher ganz und gar nicht die wahre, göttliche Matrix und universelle Realität ist, zu verändern;

denn die wahre göttliche Realität auf Erden und im Kosmos sind *Wunder;* unentwegt und ausschließlich. Alles andere ist unrealistisch! *Das darfst du mir schon glauben.*

Versuche das nun zu verstehen: Wenn du ehrlich und geduldig bist, kannst du erkennen, dass du täglich von Wundern umgeben bist – denn was ist die Natur und die Elemente anderes als ein großes Wunder! Doch vielleicht nimmst du es in dem hektischen Treiben des täglichen Lebens und Überlebens fast schon nicht mehr wahr.

Nimm dir also mehr Zeit, um erst einmal diese Wunder wieder zu erkennen, damit du dich darauf vorbereitest, alsdann auch noch andere Wunder, ganz *persönliche Wunder,* für dich selbst *zuzulassen,* sie *so zu erschaffen* und in größter Freude zu empfangen.

*Hast du nämlich die Bewusstheit, Wahrheit und immerwährende Realität der göttlichen Wunder nicht in deiner Aura gespeichert, weil du nicht an sie glaubst, kannst du sie auch nicht abrufen.*

Bist du also bereit, nun in Hingabe daran zu arbeiten, die täglichen, immer wiederkehrenden Wunder des Lebens in deinem Alltag zu sehen, kannst du den nächsten Schritt zu deinen ganz eigenen Wundern gehen: Sieh mit den Augen der Wahrheit die Sonne, die dich wärmt, den Regen, der deinen Durst löscht, den Wind, der alles befruchtet und kühlt, den Einklang von Pflanze und Tier, der deinen Hunger stillt; aber auch die lichtvolle Schar der Engel und ihre unendliche Liebe und Hingabe, welche Gott-Vater-Mutter-Kosmischer Geist dir zur Seite gestellt hat, damit du glauben kannst.

*Hierbei ist es wichtig, dich erst einmal zu erforschen.* Was wünschst du dir denn wirklich noch in deinem Leben? Was scheint dir unerreichbar zu sein? Wo fühlst du dich leer oder verlassen oder nicht verstanden? Wo fühlst du dich ungerecht behandelt? Wo gelingen Dinge im Leben einfach nicht, und du wünschst dir vielleicht so sehr, dass es endlich einmal leichter wird in deinem Leben.

*Glaubst und siehst du nicht, dass es hier an einem Wunder fehlt?*

Ich sage dir, hier fehlt ein Wunder! Ja, nicht nur eines. Und nur du allein kannst hier dafür sorgen, dass sie erscheinen. Gott-Vater-Mutter wird hocherfreut sein, bist du endlich bereit, das einmal zu nützen, ja anzunehmen, was er doch immer für dich und alle anderen in Händen hält!

*Doch solange dir dein Verstand nicht erlaubt, an Wunder zu glauben, wird es für dich keine geben.* Dein Leben wird deshalb kein schlechtes sein, doch jene göttliche Glückseligkeit und Freude, ja, die wundervolle Leichtigkeit des Seins werden dir versagt bleiben: *weil du sie dir versagst!*

Auch will ich dir sagen, dass Wunder deshalb so erquicklich und herrlich sind, weil sie die *Christusenergie*, also die göttliche Liebesenergie, in sich tragen. Glaubst du also daran, dass in der Liebe Gottes alles möglich ist, so sind eben auch Wunder möglich, und zwar für jeden!

Des Weiteren geschehen Wunder in allen Bereichen eures Lebens. Lass dich auch hier nicht von deinem Verstand eingrenzen, weil er dir sagt: Dieses oder jenes ist einfach unmöglich. Du weißt doch in deinem Herzen, dass für Gott-Vater-Mutter-Kosmischer Geist nichts *unmöglich* ist!

*Rufe deshalb in allen Krisensituationen die Welt der Engel oder uns, Aannathas und Michael, die höchsten aller Lichtträger an, damit es hell werde in deinen Gedanken und deinem Leben. Wir Engel werden sofort an deiner Seite sein, um dich zu hören und dir zu helfen.*

*Erinnere dich also daran.* Umso leichter werden sich Wunder in deinem Leben zeigen. Besonders dann, wenn du bereit bist, intensiv daran mitzuarbeiten – wo doch du allein der *Regisseur* deines Lebens bist. Beginne also zu träumen, von deinen Wünschen und Hoffnungen, und lasse Leichtigkeit und Freude in dein Leben kommen. Nütze dazu deine *Phantasie,* sie ist dein *wichtigstes* Bindeglied zu uns.

Das heißt also für dich: Nachdem du deinen Wunsch gedanklich ergründet (er sollte immer in verantwortungsvoller All-Liebe schwingen) und in deiner Vorstellungskraft erschaffen hast, denke voll Freude, Beschwingtheit und Glaube daran und lass es dann los, indem du es – in Geist und Gedanken – in unsere Hände legst. Denke dabei *nicht* daran, dass ein Wunder nach deinem Verstand unmöglich ist! Sondern *überliste* lieber seine starren, engen Vorgaben und Strukturen und *wünsche* allein mit deiner Phantasie und deinem weisen Herzen.

Nun gehst du also weiter deines Weges; in dem festen Wissen, dass ein Wunder zu dir *kommt.* Sollte sich eine Unsicherheit oder ein Zweifel melden, manifestiere den Wunsch in gleicher Form *nochmal...* und immer wieder, sollte er sich fragend zeigen.

Beteuere deinem himmlischen Helfer (Engel), dass du freudvoll bereit bist zu empfangen... Beachte dabei geduldig, dass deine Seele in Verbindung mit der göttlichen Vorsehung nun dieses Wunder – im Rahmen deines Karmas und deiner Erschaffenskraft, in welche Erinnerungsprozesse eingebunden sind – sich entfalten lässt. Bitte sieh die Zeit dabei nicht an und gehe vollends ins Vertrauen!

*Ich sage dir das, weil vielleicht manches, was du dir jetzt wünschst, in anderer Form, Größe, Intensität oder Zeitraum zu dir kommt, je nach* der Gedanken- oder Karma-Schwingung, in der du dich gerade befindest, denn diese erschaffen immer den energetischen Raum – gemäß deiner momentanen Wahrheit –, stellen ihn sozusagen zur Verfügung, in dem es sich dann zeigen kann.

Oftmals geschehen auch Wunder – und sicherlich hast du schon davon gehört – welche *nicht bewusst* vom Menschen gewünscht wurden. Ich sage: „nicht bewusst" und meine in seiner *irdischen Aufmerksamkeit*, weil hier das *Höhere Bewusstsein des Menschen eingreift*, um eben etwa freudvollen *karmischen Ausgleich* zu geben oder um den Menschen zu schützen; bei Unfällen, Krankheit oder ähnlichen Situationen.

Hier hütet und behütet der Schutzengel seinen Schützling, im Rahmen seines Göttlichen Plans; denn nichts wird einem Menschen geschehen, was nicht zu ihm gehört – *denn du weißt ja, alles auf Erden hat einen höheren Sinn.*

So will ich dir nun noch etwas Besonderes dazu sagen. Je mehr ein Mensch bereit ist, Wunder, also die göttliche Vorsehung und seine darin vorgesehenen Geschenke als einzige göttliche Wahrheit und Realität auf Erden wie im Kosmos anzuerkennen, umso mehr schwingt er in der Energie des Lichtes und der Liebe, welche die Grund-Essenz allen Seins ist. *Sie ist so auch die Grund-Essenz aller Engel.* Schwingst du also in dieser *Wunder-vollen Energie*, sind Wunder das Natürlichste und du bist den Engeln ganz nah. *Ja, du bist eins mit ihnen.*

*Es ist, als hättest du einen göttlichen Bund mit ihnen geschlossen, der alles ermöglicht. Diesen Bund beschließt deine Seele, sobald sie eine bestimmte Licht-Frequenz wieder erreicht hat: weil du es durch deine hohe und klare Erkenntnis wieder zugelassen hast! Ihre bedingungslose, allumfassende, gelebte und dadurch wieder entfaltete Liebe auf Erden ist hier die Waagschale, an welcher sie sich selber misst. Hier erkennt sie, ob ihr Licht zusehends strahlender und schattenloser geworden ist.*

*Wir Engel nennen diesen Bund das „Devische Siegel". Es ist das Versprechen aller Erden-Engel, der Devas und der Engel des Goldenen*

*Lichtes, sich mit all ihrer von Gott gegebenen lichtvollen Macht für jene „sich selbst überwunden habenden Seelen" auf Erden in besonderem Maße einzusetzen und zu wirken. Ist es endlich soweit, weil du bereit warst, deinen Verstand mit deiner Herzensweisheit zu zügeln und zu lenken, ihn weise, liebevoll verwaltest und ihn so mit deinem Herzen verbindest, so wird allmählich deine Fähigkeit, mit den Engeln und der geistigen Welt zu kommunizieren, immer leichter und segensreicher.*

*Das **Devische Siegel** tritt in Kraft und der Bund der Engel wird dich besonders hüten, weil du die Erde und Alles-Was-Ist „bewusst" ehrst, achtest und hütest! Denn du übernimmst fortan, in dieser außergewöhnlichen Zeit der großen Wandlungen, eine ganz besondere Aufgabe auf Erden: Du wirst deinen Mit-Geschwistern ein hellstrahlendes Licht tiefster Liebe und erwachter, universeller Weisheit sein!*

*Erinnere dich bitte auch an jene göttliche Weisheit in dir, dass jeder Engel ein Spiegel deiner selbst ist, weil auch du aus dem gleichen, göttlichen Licht der Liebe geboren und somit ebenfalls ein Engel bist – der für dieses Leben aber ein irdisches Gewand gewählt hat.*

*Erkenne dies und du wirst neu geboren, und es wird für dich normal sein, mit deinen Engel-Schwestern und Brüdern so zu sprechen, als wäret ihr eins und sie neben und immer mit dir. Deine besten Freunde, deine liebsten Spielgefährten. Denn dein Leben auf Erden ist ein Spiel mit Licht und Schatten, bei dem es aber in letzter Konsequenz immer nur Gewinner gibt. Und tief, tief in deinem Herzen weißt du das!*

*Glaubst du das mit aller dir zur Verfügung stehenden Macht, schenken wir dir ein neues, kostbarstes Gewand aus Licht, Liebe, Gold und himmlischen Opalen und Kristallen. Und du erkennst nun mit Sicherheit: Ja, Ich Bin ein Engel auf Erden!*

*Wir lieben dich so sehr.*

*Aannathas und Michael*

# Dank bewegt die Fülle

Geliebtes Kind des Lichtes, hier will ich dir nun von einem *Wunder-vollen*, sehr wichtigen Aspekt der Göttlichen Liebe erzählen, dem *Dank*. *Er ist deshalb einer der wichtigsten, da er alle Fülle in Bewegung bringt.*

Da Gott-Vater-Mutter wünscht, dass jedes seiner Kinder genau diese erfahren soll, nämlich Fülle jeglicher Art – weil sie die Ur-Essenz der Liebe ist – so begleitet jeden Seelenstern zu aller Zeit seines bewussten Seins, also auch dich, ein *Engel der Dankbarkeit!*

*So nimm dir jeden Tag die Zeit, Gott, Urquelle allen Seins, und deiner irdischen Mutter, der Erde, und deinen Engeln zu danken.* Bitte *deinen* Engel der Dankbarkeit, dir dabei zu helfen, und so wird er mit dir Worte des Dankes aus tiefstem Herzen sprechen. Dein Geist wird in Harmonie und Heilung schwingen, denn das *Wunder…volle* Gebet der Dankbarkeit wird deinen Geist in Liebe sofort erhellen und erfüllen und ihn so erheben: denn Liebe ist Licht, Licht ist Frequenz und Frequenz ist Schwingung. Diese wiederum bewegt sich, wie du weißt, durch deine positiven Gedanken der Dankbarkeit *spiralförmig, da sie reine Liebe (Energie) ist,* und erhebt in den ewigen Kreislauf der göttlichen Bewegung und entfaltet so Vollkommenheit.

*Bedenke also in deinem Leben, dass Dank, aus deinem wahren, glaubenden Herzen gegeben, alle Fülle aktiviert; Kontrolle, entsprungen aus deinem (ungläubigen, unwissenden) Verstand aber genau das Gegenteil bewirkt.*

Erkenne nun bitte, warum so viele deiner Seelen-Schwestern und Brüder auf Erden in Armut und Mangel leben: Angst lässt sie in der

Dunkelheit – welche sie erzeugt – Kontrolle als einziges Hilfsmittel erkennen, was fatalerweise aber genau das Gegenteil erzeugt. Erkenne, Kontrolle ist lediglich Hoffnungslosigkeit und fehlender Glaube und Vertrauen in das *Ewig-Göttliche*, welche die *Urquelle aller Fülle* ist. So haben jene, welche nicht mehr an die göttliche Fülle glauben, vergessen, dass sie selber ein *Teil* aller Fülle sind! Würden sie sich dessen bewusst sein, so würden sie die Fülle, die sie selber sind, wahrnehmen und zulassen.

*Ihre Gedanken wären fortan frei. Frei von Kontrolle, und in diesem befreiten, harmonischen und ausgeglichenen Zustand würden Gedanken von irdischer und geistiger Fülle Raum finden, sich zu entwickeln. Das Gesetz der Resonanz würde alsdann Fülle anziehen.*

Damit du nun, auf allen deinen Wegen, Gottes unendliche Fülle und Schönheit erfahren kannst, beginne mit einem *Rhythmus des Danksagens*, welcher vielleicht an bestimmte Tageszeiten angebunden ist: *Das erleichtert dir, daran zu denken.* Ganz wundervoll wäre es für dich, frühmorgens dem Tag zu danken, den du erleben darfst. Freue dich dabei auf alle schönen und erfreulichen Begebenheiten, welche dir begegnen – *damit du ihnen begegnest!* Danke Gott für dein Leben, der Sonne für ihr strahlendes Licht. Denn auch wenn es regnet oder Wolken ziehen, scheint sie; der Erde für die gute Nahrung; den Elementen, dass sie alles bedingen; deinem Körper, dass er dir so liebevoll dient; deinen Engeln, dass sie immer bei dir sind; und wem du eben noch Dank senden willst. Dies beansprucht nur sehr wenig Zeit, doch die Ernte wird, das wirst du dann alsbald sehen, *Wunder-voll und reich sein*, in jeder Hinsicht.

Einen ähnlichen Dank könntest du des Nachts, bevor du einschläfst, täglich wiederholen. Überdenke kurz deinen Tag. Danke für alles, was heute zu dir gekommen ist, auch wenn es vielleicht etwas Schwieriges ist (du willst dich doch erinnern?!). Bitte dann um Erhellen von Dingen, die noch in Unklarheit sind. Vielleicht schenken dir die Engel dann im Traum die Lösung; aber du wirst sie dann, auf jeden Fall, alsbald erhalten.

*Deine Dankbarkeit und der Glaube daran beschleunigen alles, das kann ich dir versprechen.*

In jedem Falle werden dein Schutzengel, ich oder Engel deiner Wahl, welche du durch deine Bitte *eingeladen* hast, dir zu helfen, größte Hilfe, größte Hingabe und allergrößte Liebe aufwenden, um mit und bei dir zu sein auf deinem Weg der Erkenntnis.

*Der Dank aus deinem wahren Herzen beschleunigt also immer alles; entfaltet, manifestiert und festigt. Vergesse dabei bitte nicht, die Hilfe vor deinem geistigen Auge bereits zu empfangen!*

So kannst du dein Leben weise, liebevoll und reich an Fülle lenken. Nutze dieses Wissen, welches in deinem Herzen ruht. *Ich,* Michael, Gottes Lichtschwert-Träger und Träger des göttlichen Aspektes des Schutzes, *Bin mit dir* in größter Freude, wenn du dankst und glaubst, weil du dich erinnert hast. Mach dir aber keine Gedanken, wenn du vielleicht noch keinem *regelmäßigen* Dank-Rhythmus folgst oder folgen kannst. Tue es dann einfach, wenn es dir einfällt. Da es im Universum keine Zeit eurer Art auf Erden gibt, ist es unerheblich, wann es also deinerseits geschieht. *Wichtig für dich ist, dass es geschieht.*

Denn du bist ein göttliches Schöpferwesen und erschaffst *deine Realität,* welche *deine Lebensumstände bewirkt.* Je achtsamer du also dein Leben einrichtest, umso harmonischer, schöner, friedlich und glückvoller wird es sein.

*Die Dankbarkeit ist hierbei der Auslöser!*

So nutze sie, so oft du daran denkst, denn sie ist mit – Mitgefühl, Achtsamkeit und Versöhnung – die *heilvollste Schwingung* aller Liebe und allen Lichtes. Dein Leben wird sich sodann genau in dieser wundervollen göttlichen Essenz entfalten.

Danke also jederzeit, damit dir alle so labenden, nährenden, erquickenden, schützenden und heilbringenden Geschenke der Urquelle, Gott, allzeit erhalten *bleiben.* Danke bereits für deine Wünsche, welche du in deinem Herzen geformt und den Engeln übergeben hast, selbst und gerade dann, wenn sie sich noch gar nicht erfüllt haben: *Der Dank wird sie im Rahmen deines selbst erstellten göttlichen Planes erfüllen.*

Bedenke dabei aber immer, dass dieser göttliche Plan von dir am Anbeginn der Zeit in dem klaren, reinen Bewusstsein deiner *seelischen Ganzheit* erschaffen wurde, und *nicht* von deinem *Verstand!* Denn dieser kann das Ganze und dessen stetige Transformation hin ins Ewige Licht nie erfassen (wie du weißt), dazu fehlt ihm die Transzendenz. Er ist lediglich dein Handwerkszeug auf Erden, damit du hier deine Wege praktisch und gut bewerkstelligen kannst!

*Den Großen Geist von Allem-Was-Ist zu erfassen, ist nicht seine Aufgabe, war nie seine Aufgabe... und wird es auch nie sein!*

Geliebtes Kind des Lichtes, um deine Wege auf Erden leichter gehen zu können, rate ich dir, viel Musik, Tanz, Spaß, Spiel und Freude in dein Leben zu integrieren. Belohne und danke so öfter deinem Körper, der so vieles für dich tut. Vielleicht verwöhnst du ihn auch ab und zu mit einem guten Parfüm oder anderen Aufmerksamkeiten, er wird es dir ebenfalls danken. In dieser Schwingung der freudvollen Ausgeglichenheit wird es dir auch leichterfallen, Dank auszusenden, der dein Leben nachhaltig leichter, schöner und reicher in jeglicher Form machen wird, ganz gleich, was um dich herum geschieht!

Beachte bitte auch Folgendes in deinem Leben: Menschen, welche aus (unbewältigter) Angst nur noch in und mit Kontrolle durch ihr Leben gehen, werden durch diese so lange *fremd-kontrolliert*, bis sie erkennen und aufwachen. Das Aussenden eigener *Kontrolle* bewirkt hierdurch die Resonanz – Gleiches zieht Gleiches an – sodass Kontrolle von außen *angezogen* wird, um daran zu lernen.

Diese von außen aufgezwungene Kontrolle aber macht die Menschen auf Dauer leer, schwer, schwach und unglücklich, oftmals auch krank. Denn jeder Mensch ist ein freies, göttliches Schöpferwesen, und *allein Freiheit lässt ihn auf Dauer gesund, freudvoll, kraftvoll und glücklich sein.*

Dieses Dilemma zu durchbrechen, ist immer der größte Wunsch deiner Seele. Höre ihn und vertraue. Gib in schwierigen Situationen deine Angst in meine Hand, gehe dann mutvoll weiter *eines,* dir gerade möglichen, *Weges* und wisse dabei, dass es *keinen falschen* Weg gibt. Doch allein wenn du in *Bewegung* bist, kann ich etwas für dich *tun!* Halte dabei an deinem Vertrauen fest und danke für das Ergebnis – das du bereits durch deine lichtvollen Gedanken erschaffen hast – und das sich dann einstellen wird.

Bitte *berücksichtige* dabei die göttliche Vorsehung, an der dein *Höheres Selbst* immer mitbeteiligt ist. Sie werden dir immer nur zu deinem *Besten* etwas ermöglichen oder schenken. So könnte es erst einmal anders aussehen als gewünscht. Aber bedenke, dass das ja noch nicht das Endergebnis ist. Arbeite dann daran.

*Höre, geliebtes Kind des Lichtes: Sei Schöpfer! Gib niemals auf! Du hast alle Kraft in dir! Und bedenke, ein Haus ist auch nicht nur aus einem Ziegel erbaut! Es braucht viele! Und ein erfülltes Leben braucht deshalb viele mutvolle Schritte! Ich sehe, du verstehst... Ich liebe dich dafür!*

So ist jetzt bei euch auf Erden, wie du weißt, eine Zeit der großen Wandlungen und Transformationen angebrochen. Die göttlichen Attribute, welche ihr alle in euch tragt, wollen erkannt und *kreativ gelebt* werden. Diese sind vor allem Freiheit, Brüderlichkeit, Gerechtigkeit, Gleichheit, Gleichklang, aber auch das Erkennen und bewusste Anwenden der göttlichen Schöpferkräfte, welche vor allem Rücksicht, Einsicht, Achtsamkeit und Eigenverantwortung einfordern.

Verstehe, dass das Ausführen und Umsetzen manueller Kreativität, wie ich dir schon sagte, dabei helfen wird – durch sich selbst ansehen in Gelassenheit –, deine Stärken zu erkennen und dann deinem geistigen Anspruch gerecht zu werden.

Wenn du dich umsiehst, kannst du bereits *Veränderungen* bisheriger Strukturen erkennen. Du kannst sie bereits vielerorts wahrnehmen.

Menschen fallen ganz plötzlich aus ihrem kontrollierten Aufgabenbereich, vor allem im Bereich Arbeit, auch Partnerschaft jeder Art, und stehen erst einmal völlig hilflos da. Die Kontrolle, welche den Menschen Sicherheit *vorgaukelten* und welche ihnen stets Rückhalt gab, weicht auf, bricht plötzlich weg, und Eigenverantwortung wird gefordert: Allein ihre Seele fordert hier ein neues Bewusstsein, und so gehen sie einen – meist noch unbewussten – Reinigungsprozess ein, der unterschiedlich lange dauern kann.

*Gerade in diesen Phasen größter Erinnerungsprozesse ist die Dankbarkeit hier wichtigstes Attribut, um zu heilen.* Sicherlich wird dich das verwundern.

Danken für den Umstand, dass eine Arbeit verlorenging? Aber nun überlege! *Wie sonst könnte Eigenverantwortung gelebt werden, würde sie nicht erforderlich sein.*

Du verstehst, wie ich das meine. Seelen erschaffen – zwar unbewusst nach dem Verstand, aber bewusst in der Weisheit der Seele – solche Krisen-Situationen, damit göttliche Bewusstheit entfaltet werden kann. Würde es so eine *Krise*, die ja immer die *Chance* an ihrer Seite hat, niemals geben, so wäre dieses kostbare, im Herzen ruhende universelle Bewusstsein nie aktiviert worden und stünde eben nicht in ganzer Fülle zur Verfügung: Leben und Überleben wären nur sehr schwer möglich, wären träge, dumpf, letztendlich leer. Denn Angst, Schwermut und Elend, durch Unwissenheit – über die eigenen Kräfte – erzeugt, würde alles schwarz und dunkel erschaffen. Eigenverantwortung aber, gelebte Freiheit und Schöpfertum erzeugen Licht, und dieses ist immer die Grundlage aller Transformation. Transformation aber ist allein Sinn eines Lebens auf Erden.

*Geliebtes Kind des Lichtes, gelebte Dankbarkeit ist somit immer der Beginn des Lösens aller Ängste und Krisen, denn sie trägt in sich die Samen der Bereitschaft, zu vertrauen, zu glauben und zu wissen, dass es immer weitergeht. Denn im universellen, kosmischen Verständnis gibt es kein (schreckliches) Ende. Somit kann der Fluss des Lebens Neues* entstehen lassen. Das Leben wird erfreulich und schön... und immer nur wieder ein Erwachen in die Herrlichkeit und All-Liebe Gottes.

Und solche Samen, welche die sanften Winde der geistig-göttlichen Bewusstheit eines Menschen ausstreuen und welche Zuversicht, Freude, Lebensmut, Glaube und Hoffnung heißen, fallen auf besonders fruchtbaren Boden. Ein Sein auf Erden, strahlend voller Freude, Glück und Heilung, getragen im Frieden, wie Gott es gewollt für jedes seiner geliebten Kinder, kann endlich fortgesetzt werden.

Geliebtes Kind des Lichtes, so lasse Dankbarkeit dein Leben und alle deine Handlungen begleiten, aber übe Geduld dabei, lasse diese Blüte der Weisheit erblühen, und Gottes Fülle wird bewusst bei dir sein zu aller Zeit.

Ich liebe dich.

Michael

# Alle Wege führen zu Gott

Geliebtes Kind des Lichtes. Bitte höre: *Alle Wege führen zu Gott! Diese kosmische, universelle Weisheit bringen wir dir und allen deinen Erden-Geschwistern heute mit ganz besonderem Nachdruck!*

Denn genau aus diesem *nicht* erkannten Umstand, dieser Täuschung, dass es nur *einen* richtigen Weg gibt, mit Gott zu *kommunizieren* und ihm nahe zu sein, entstanden und entstehen noch heute Elend, Krieg und Fanatismus. Und uns blutet das Herz, sehen wir euer tragisches Ringen auf Erden darum.

So wie einst *Jesus.*

*Seine einzige Heilsbotschaft, die er den Menschen geben wollte... und gab, war die Botschaft: zu lieben, bedingungslos und allumfassend, und so zu verstehen und zu handeln in der Liebe des erwachten Herzens. Nicht mehr und nicht weniger.*

*Vor allem aber brachte er diese Botschaft allen Menschen, ganz gleich welcher Hautfarbe, ganz gleich welcher Kultur, ganz gleich welchen Kontinents.*

*Und doch fragen wir euch... und dich, was ist daraus geworden?*

*Wo siehst du diese Heils-Botschaft der bedingungslosen Liebe wahrhaft gelebt?*

*Liebe beinhaltet Mitgefühl, Verständnis, Achtsamkeit, Güte und Toleranz, Versöhnung und vieles mehr, wie du weißt. Sie gebietet den Menschen, bevor sie werten, zu fühlen. Und ihre göttliche Essenz ist der Frieden, Harmonie, Gleichklang und Freude. Ihr Streben ist allein Sein. Ihr Bewusstsein ist göttliche Weisheit, Anmut, Glückseligkeit und Schönheit.*

Doch *Schönheit des Herzens*, nicht des menschlichen Auges und Verstandes, welche meist von Stolz, falschen Werten und niederem Begehren gelenkt werden.

Und schauen wir eure Welt, wird unser Herz noch manchmal schwer. Große Kräfte bringen wir und alle unsere Licht-Geschwister hier in den himmlischen Ebenen der Liebe unentwegt deshalb auf, um eure Welt zu stützen und zu erhellen, was noch erhellt werden will.

Damit Gleichgültigkeit, Kurzsichtigkeit und Enge, welche ihr euch selbst auferlegt habt, immer wieder in Licht und Liebe gewandelt werden kann. Sprach Jesus (auch andere Religionsbringer der wahren Liebe) nicht zu allen Menschen dieser Erde? Sagte er nicht: *euer Vater,* welche die *Himmlische Mutter* mit einbindet, da alles eins ist? Sprach er nicht von bedingungsloser, allumfassender Liebe, welche allein alles heilen wird und kann? Und doch haben viele von euch all das vergessen. So haben sie aus der Liebe Gottes eine Farce gemacht, an welche Bedingungen und Gesetze, Gebote und Verbote gebunden sind.

So habt ihr eine Religion erschaffen und als einzig richtig proklamiert, die nur bei Einhalten bestimmter, *menschlicher Vorgaben* ermöglicht, in Kraft und Verbindung *mit* Gott zu treten. Ich sage bewusst „menschlicher Vorgaben", denn die Ur-Quelle: Gott-Vater-Mutter-Heiliger Geist ist unendliche Liebe, und sie gab euch *weder Gebote noch Verbote* am Anbeginn aller Zeit.

*Gott gab euch Freiheit, einen freien Willen: denn ihr dürft Schöpfer sein, wie immer ihr wollt, und er pflanzte in eure Herzen das universelle Bewusstsein eines wahren, reinen, klaren Lichtwesens, eines strahlenden Seelensterns der universellen Liebe. Und er gab euch die göttliche Macht der Weisheit! Ihr wart und seid Meister des Lichtes von Anfang an!*

Wie ihr aber alle wisst, haben einige in der *Zeit des Vergessens* eurer so wundervollen göttlichen Geschenke euch zum (vermeintlichen) Schutz Edikte und Regeln erlassen, welche aus eurem Verstand entsprungen sind und Kontrolle forderten.

*Doch nun weißt du doch, was Kontrolle bedeutet! Kontrolle wird immer aus Angst geboren.*

Und viele von euch sind noch heute bereit, nach diesen menschlich-erbrachten, meist völlig überholten Mustern zu leben, obwohl sich euer Herz und euer ganzes Sein mit Schmerzen dagegen wehrt; Sehnsucht in euren Herzen euch ermahnt, endlich die Wahrheit zu erkennen. *Wacht endlich auf!*

Durchbrecht mit der Kraft der göttlichen Liebe eurer Herzen diese alten Strukturen.

Sendet kraft eurer lichtvollen Gedanken Frieden, Freude und Leichtigkeit in die Welt und handelt alsdann in dieser Licht-Energie. Denn:

*Gott gibt keinem eine einzige Regel, außer der bedingungslosen und allumfassenden Liebe, in der vor allem Verantwortung für jeden und alles allzeit lebt! Er erfreut sich vor allem an euren kindlichen Lebens-Spielen, die in Toleranz, Achtsamkeit und Harmonie von euch erbracht werden könnten und sollten. Ihr seid doch immer Kinder Gottes! Bitte erinnert euch daran. Denn das ist euer Ursprung: Freude, Spiel und Leichtigkeit.*

Und nur das erwartet er von jedem von euch – denn er liebt euch alle gleich! Öffnet also angstfrei eure Herzen, geliebte Kinder des Lichtes. Alles andere ist Illusion und Täuschung! Was ihr auch einst (vielleicht) glaubtet. Überprüft es mit eurem Herzen, revidiert es (so ihr wollt) und erkennt so die göttliche Wahrheit. Vor Gott ist alles gerechtfertigt, er wertet nicht mit „falsch" oder „richtig". Er urteilt nicht, noch weist er Schuld zu. Gott ist reinste Liebe. Gott liebt alles und jeden, denn er respektiert euch und euren Willen. *ER versteht!*

Eure *Wege* zu Gott sind oft von viel Angst und Trauer gezeichnet, weil ihr eure Eigenverantwortung, vor allem aber euren Selbstwert, verloren und abgegeben habt. So wurde schwer und undurchsichtig, was doch im Licht der allumfassenden Liebe sich hell und klar zeigt.

Das ist nicht Gottes Wunsch für sich… und somit für euch. Ihr seid doch, wir alle sind doch immer *eins* mit ihm. Auch Jesus sprach dies niemals aus, noch forderte er etwas ein, außer Wahrhaftigkeit, Achtsamkeit und Mitgefühl für alles. Seine Botschaft war die der Eigenverantwortlichkeit, der Liebe und der Wahrheit des Schöpfertums jedes Einzelnen.

*Und die absolute Versöhnung und Annahme aller Menschen.*

*Scharte er nicht gerade die Armen, Verfluchten, Aussätzigen und Ausgestoßenen, ja, gar die ärgsten Sünder um sich, um sie zu lieben, zu achten.* Weil jeder unter euch gleichwertig ist, in jedem Augenblick seines Tun und Seins! So zeigte er euch doch, wie Gott es will, weil nur so das Ewige Licht und Liebe sein wird und ist!

*„Alle Wege führen zu Gott" ist die wichtigste Weisung, die Gott uns beauftragt hat, euch zu bringen. Öffnet eure Herzen angstfrei. Versteht, was damit gemeint ist. Bringt jedem und allem Achtung, Toleranz und bedingungslose Liebe entgegen. Wertet und beurteilt deshalb die unterschiedlichen Wege nicht, welche Gott nicht wertet und beurteilt!*

*Versteht bitte, geliebte Kinder des Lichtes, dass es völlig unwichtig ist, welchen Weg ein Mensch geht, um sich selbst und somit Gott wiederzufinden!* Wichtig ist doch nur das *Ergebnis.* Und ihr alle spielt doch dieses Lebens-Spiel; es ist ein Spiel der *Göttlichen Liebe*; und doch ist es wie jenes Spiel, welches ihr sicher als Kinder alle gerne gespielt habt. Nanntet ihr es nicht Schnitzeljagd? Es wurden Papierschnitzel ausgestreut zur Orientierung, und es war an euch Kindern, nun den richtigen Weg zum Ziel zu finden. Und sicherlich erinnert ihr euch daran, dass mancher von euch früher, mancher später, manch einer diesen, andere jenen Weg fanden oder wählten.

Doch letztendlich war das egal, Hauptsache jeder kam irgendwann an. Und es kamen immer alle an. Nicht wahr? Vielleicht brauchte einer Hilfe, doch die bekam er ja auch immer, denn Kinder rechnen nun einmal nicht, sie helfen einfach, denn ihre Liebe in ihren kleinen Herzen ist noch rein und voller göttlicher Wahrheit.

Nun, jetzt ist es nicht anders in eurem Leben – oder sollte es nicht anders sein.

*Ihr seid aus freiem Willen inkarniert auf Erden, um Gott, und somit euch selbst, wiederzufinden… in euch zu finden.*

*Und ihr seid alle Kinder Gottes, und ihr solltet euch liebevoll und voller Achtung untereinander ansehen und helfen, wenn dies erbeten wird, um den Weg zu finden!*

*Der Weg an sich ist dabei völlig unwichtig.* Außerdem sucht jeder seinen Weg entsprechend seinen Anlagen und kulturellen Möglichkeiten. Und Gott liebt die *Vielfältigkeit.* Sie ist ein wichtiger Teil seiner Essenz. *So auch du.* Und du solltest dies gelten lassen. Jeder von euch sollte dies gelten lassen. Sonst ist er nicht wahrhaftig. Er *untergräbt* Gottes Anliegen, allen seinen Kindern und deren Wünschen nach Kreativität und Entfaltung gerecht zu werden.

Kannst du verstehen, dass Kreativität unbedingt nötig ist auf Erden, um *göttliche Schönheit* sich entfalten zu lassen? Bedenke einmal, welch wunderschöne Monumente der Kunst, Bauwerke, und der liebevollen und achtsamen Zeremonien allein durch die vielen verschiedenartigen Religionen sich in eurer Welt *zeigen.*

*Das alles ist ein wunderschöner und sehr wichtiger Teil der universellen Göttlichkeit.*

Sie hat *unbedingt* ihre Berechtigung auf Erden. *Und sie sollte von euch allen geehrt werden,* denn sie zeugt von der göttlichen Genialität, aus der ihr *alle* geboren seid und die in euch allen ruht. Dies sind die schönen, heil- und lichtvollen Seiten der Vielfalt des Glaubens auf Erden.

Der *Schatten* ist die *Verachtung,* die *Nichtachtung* mancher Gläubigen untereinander. *Es macht uns Engel sehr traurig,* denn letztendlich tragen *alle* Menschen, alle Seelen im Herzen den *gleichen Wunsch,* nämlich Gott *nahe* zu sein, Ihm zu dienen, einst mit Ihm, mit Allem-Was-Ist, zu verschmelzen, um im ewigen Licht und der unendlichen Liebe aller Himmel zu sein.

Bitte bedenke, geliebtes Kind Gottes, es führt auch der dunkelste Weg einst ins Licht. *So helft euch gegenseitig* auf euren Erden-Wegen, eurer Schnitzeljagd, damit jeder alsbald ankommt.

*Ehrt und achtet alle Religionen, lebt miteinander in Liebe und Frieden und bedrängt euch nicht.* Lasst jeden seinen Weg gehen, wie er es für sich als richtig erkennt. Stellt euch nie *über* den anderen, denn es gibt *nicht nur eine göttliche Wahrheit.*

Versteht, jeder Glaube an Gott IST eine göttliche Wahrheit; die Form aber der Glaubensart entscheidet jeder für sich; auch, ob diese Art des Glaubens schon in der bedingungslosen Liebe schwingt oder diese *noch* entbehrt.

*Hört, ihr geliebten Kinder Gottes dieser Welt: Gottes Vielfalt seiner Wahrheiten ist so unendlich wie seine Sterne und Sonnen am himmlischen Firmament... und doch sind alle diese Wahrheiten* **eins** *in ihrer göttlichen Essenz. Doch leuchten und strahlen sie alle wundervoll! Wer will hier erkennen, welcher Stern, welche Sonne die Schönste, Größte, Hellste oder Beste ist? Ich sage euch, es gibt nichts zu erkennen, denn sie sind alle gleich, gleich strahlend und göttlich-genial in ihrer göttlichen Schönheit.*

*Ich, Erzengel Aannathas, und ich, Erzengel Michael, Engelsfürsten, mächtigste Strahlen der göttlichen Weisheit und Wahrheit, berufen von Gott, zu dienen in Liebe den Menschen, sehen keinen auf Erden, welcher dies erkennen kann... weil es keines Erkennens bedarf.* **Gott ist...**

*Er ist das Geheimnis, der Große Geist, der in allem schwingt, alles formt und bedingt und sich jedem in Liebe offenbart, ist er bereit dazu. Er* **ist**... *er lebt in Liebe und Wahrheit in allem und jedem, ganz gleich, welchen Namen ihr Ihm gebt.*

**Gott Ist Gott... Eins und Alles... Versteht!**

*So bitten wir euch im Namen Gottes, achtet alle Religionen auf Erden: Schenkt ihnen geheiligten Raum und eure bedingungslose Liebe und wartet geduldig aufeinander, denn jeder hat seine eigene Zeit. Sendet jedem Licht und Liebe und Kraft und Mut zu erkennen. Reicht ihm, geistig oder irdisch, je nach Möglichkeit, voller Verständnis, Mitgefühl und Versöhnung eure Hand. So wie Jesus es einst tat. Macht keine Unterschiede, denn Jesus tat es auch nicht.*

*Erinnert euch, ihr seid geboren aus Licht und Liebe und so wird allein sie euch heilen! Betet füreinander und miteinander. So seid ihr wahrhaftig! Achtet, respektiert, liebt und erkennt euch so an. So allein werdet ihr Gott, und somit euch selbst, gerecht. Und rechnet nicht auf, denn diese Rechnung geht niemals auf, denn niemals gibt es einen falschen Weg… höchstens einen längeren!*

*Versteht einfach nur:* **Alle Wege führen zu Gott!**

*Und erkenne, geliebtes Kind des Lichtes, der Weg zu Gott ist immer auch der Weg zu dir selbst. Der Weg zu dir selbst ist aber immer auch der Weg mit und zu deinem Nächsten, denn er ist eins mit dir. In ihm lebt und siehst du dein anderes DU. Verstehe, in deinem Gegenüber spiegelt sich dir dein eigenes Selbst, und so könntest du ohne ihn nicht wahrhaft sein auf Erden. So liebe deinen Nächsten wie dich selbst, danke ihm dafür… nur so liebst du Gott wahrhaftig.*

*Einen anderen Weg gibt es nicht für dich, für keinen, in dieser Welt! Du wirst so lange auf Erden weilen, Pfade der Erinnerung beschreiten in Licht und Schatten, im freien Willen deiner Seele, bis du das für dich und deinen Nächsten gelten lassen kannst! Wir sind dabei allzeit an deiner Seite… denn wir lieben dich über alle Maßen.*

*Aannathas und Michael*

# Gott allein weiht dich ein

Geliebtes Kind Gottes, nun komme ich, Erzengel Aannathas, genannt *Gnade Gottes* und Erster Lichtträger in allen Himmeln, zu den wichtigsten Kapiteln dieses Buches – zu den *Mysterien* Gottes, in welche Gott jeden Seelenstern in gleicher Weise einweiht und einst eingeweiht hat, da sie die *Samen* des universellen Lichtes sind, die er in alle Ewigkeit aussät, damit sie kunden von der Liebe, Herrlichkeit, Weisheit und Genialität der Ur-Quelle: Gott-Vater-Mutter und dem Kosmischen Geist.

Jeder Seelenstern, der aus der *göttlichen Mitte* entspringt, weil er freien Willens bereit ist, Gottes Wahrhaftigkeit zu repräsentieren in den Welten, welche Gott erschaffen hat, ist mit seiner *Geburt* aus dem Licht Gottes in Liebe *auserwählt* und *eingeweiht* in alle Mysterien des universellen, göttlichen All-Eins-Seins.

*Diese Göttlichen Mysterien sind fortan in seinen Lichtkörpern, also seinem allumfassenden geistigen Bewusstsein manifestiert und unabdingbar ein Teil seines Wahren Höheren Selbsts, der Über-Seele.*

*Sie umfassen alle Weisheit des Göttlichen, alle Attribute eines planetaren Schöpfer-Geist-Wesens, welches sich seines Lichtes, seiner Liebe, seiner Ewigkeit und seiner universellen Schöpfermacht, sowie seiner stetigen, nie endenden Verbundenheit mit Gott, und folglich göttlicher Annahme, Versöhnung und Schutz absolut bewusst ist!*

Wenn ich von *gleicher Weise* der göttlichen Einweihung spreche, so ist damit gemeint, dass keines von euch Kindern Gottes *mehr oder weniger* Göttlichkeit und Liebe als *Same* in sich trägt.

*So seid ihr zu aller Zeit gleichwertig geliebt und geachtet:* Ungeachtet dessen, wie beschaffen, wie reich oder arm ihr seid, welche schulische Ausbildung ihr genossen oder nicht genossen habt, welcher Religion ihr angehört, welcher Nationalität ihr auch angehört. Keines von euch ist Gott näher, ist mehr auserkoren oder höhergestellt, hat mehr göttliche Macht oder Kraft in sich.

*Niemals,* auch dann nicht, wenn es sich über seine Geschwister erhebt, weil es dieses von *sich* behauptet! Ihr seid allezeit *gleich* und eins und durch und in Gottes Liebe verbunden, geachtet und geehrt!

Denn *jeder* von euch ist aus der *gleichen* göttlichen Quelle der Liebe, der Weisheit und des Lichtes geboren, mit ihr in tiefster, reinster Liebe verbunden, geschützt und getragen! *Zu aller Zeit und an jedem Ort!*

So höre, geliebtes Kind Gottes: Gott erschuf euch, um sich in und durch euch zu leben! *Das allein ist sein Ansinnen!*

Bitte vergiss das nie bei allen deinen Überlegungen. So kannst du auch verstehen, dass er keines von euch *vorzieht* oder *weniger* liebt. Und alle *Schöpfungen,* welche ihr Kinder Gottes auf Erden hervorbringt, sind *gleich* wichtig für das, was Gott *ist,* sein will, sein kann und repräsentiert.

Kannst du das *gelten* lassen, so wird dir diese neue Sichtweise Zufriedenheit, Glück, Fülle, Gesundheit, wahren Erfolg und Frieden bringen, sodass dein Leben leichter und in Harmonie fließt.

*Wenn ich hier von Schöpfungen spreche, so meine ich damit die irdischen Phänomene wie Sakramente, Einweihungen, Ehrungen und Zeremonien, die ihr im Laufe der Evolution auf Erden in und durch eure verschiedenartigen Religionen erschaffen habt und zur Ehre Gottes zelebriert. Diese sind alle, in ihrer Art, geliebt und geachtet von Gott-Vater-Mutter und Heiligem Geist.*

Sie sind und werden als gleichwertig von Gott angenommen und geliebt, denn Gott hat euch (allen) einst den freien Willen geschenkt, und in seiner Genialität, Güte und Liebe *versteht* er immer, was ihm seine Kinder sagen wollen – ganz gleich, *wie* sie es sagen!

Und er respektiert und liebt jede Art und Weise, wie sie ihm erbracht werden, denn Er sieht und achtet die *kulturellen Hintergründe,* deren Umstände, aus denen die verschiedenen Weisen der Anbetung entstanden sind.

Er erkennt in seiner großen Güte und Weisheit auch eure unterschiedlichen Beweggründe, weshalb ihr vielleicht diese oder jene Art der Verehrung für euch als wichtig und vielleicht einzig richtig erachtet.

Doch er bittet euch, daran zu denken, dass es sein ganz besonderer und ausschließlicher Wunsch ist, dass jedes seiner Kinder, ja, jede sich auf Erden entwickelnde Kultur seiner göttlichen Kinder in seiner Hinwendung und Anbetung zu IHM ihre ganz eigene Art und Weise aus freiem Herzen leben *darf und soll* – denn allein diese *Vielfalt* bestätigt Gottes All-Macht und All-Weisheit. So soll sie gelebt werden zur Ehre Gottes... ohne gegenseitiges Urteil, Kritik oder Verunglimpfung unter seinen Kindern, denn seine Liebe ist bei allen von ihnen. Sie soll gelebt werden in bedingungsloser Liebe, Güte, Mitgefühl und Toleranz!

Dies ist der *Wunsch* und die *Weisung* aus dem Herzen der göttlichen Liebe, aus der Mitte der Weisheit der Urquelle Gott, und er bittet euch, dies in und mit euren Herzen zu *fühlen*, zu respektieren und voller Verständnis in euer Leben einfließen zu lassen. *Zur ewigen Freude von Allem-Was-Ist.*

*Gott-Vater-Mutter-Kosmischer Geist lässt euch in größter Liebe hier und jetzt durch mich übermitteln, dass die Urquelle allen Lichtes voll der Freude und Glückseligkeit über die Vielfalt der heiligen Gebete und Danksagungen, Zeremonien und Heiligen Messen ist, welche ihr, jeder in seiner ganz besonderen, wundervollen Art und Weise, für Alles-Was-Ist-Gott bereit seid, zu erbringen und zu geben.*

Ich will euch nun Gottes Wunsch für seine Kinder auf Erden – welches auch du bist – erläutern.

Als ich von göttlichen Mysterien sprach, meinte ich vor allem jenes, was ihr auf Erden die *Heiligen Sakramente* nennt.

Sie sollten euch immer im Herzen stärken und in der Seele erfreuen und erhellen, sodass eure Tage hier auf Erden leicht und voll des *Segens* sind und werden.

Auch sollten sie immer allen Menschen gleiche Rechte und Freiheit im Glauben wie in der Art ihres Lebens, dabei einräumen.

*Denn Gottes Weisheit und Liebe ist gütig und grenzenlos.*
*Gottes Himmel und Licht-Welten sind gütig und grenzenlos.*
*Gottes Schöpfungen sind gütig und grenzenlos.*
*So seid auch* **ihr** *gütig und grenzenlos.*

Wird hierbei in irgendeiner Form *eingegrenzt*, so solltet ihr erkennen, mit den Herzen erfühlen, dass hier ***niemals*** Göttliche Weisungen zugrunde liegen, sondern *menschliches Denken und Kontrolle:* welches zwar meist gut gemeint *war* oder *ist*, aber die Eigenverantwortlichkeit und das Göttliche Erbe der Weisheit der Gotteskinder auf Erden oftmals *verschleiert und verwässert.*

Geliebte Kinder Gottes, bitte erkennt und erfühlt selbst, inwieweit euch Eingrenzungen geistig und körperlich *belasten, zwingen oder gängeln. Entfernt* euch alsdann in Liebe, Großmut und Verständnis davon und geht eigenen Weges in Geduld, Toleranz und der Liebe auf euren Lippen. So handelt ihr göttlich… was euch allein angemessen ist, denn ihr seid geboren aus göttlicher Quelle!

Aber immer seid ihr Menschen frei auf Erden und ihr *entscheidet*, was ihr glauben wollt und wem oder was ihr euch anvertraut, hingeben oder unterwerfen wollt. Gott ist hier voller Geduld, Nachsicht und auch Neugier auf die Kreativität und die Feinfühligkeit eurer Herzen.

Geliebte Kinder des Lichtes, erinnert euch bitte immer wieder: Gott urteilt nie oder spricht Schuld zu. So richtet auch ihr *nicht*, wenn ihr vielleicht noch den *angstbesetzten*, Teufel oder Hölle androhenden Geboten mancher eurer Kirchen und Religionen begegnet.

*Befreit* euch in Mitgefühl, Güte und *Frieden* und *ohne* jegliches Urteil oder Schuldzuweisung. Aber es ist an euch, dies in Liebe, Erkennen und Toleranz zu tun!

*So ist es Gottes größter Wunsch, dass ich euch jetzt und hier mitteile, dass jeder von euch, wann immer er es will, alle Mysterien, alle Heiligen Sakramente spenden darf* – sich selbst, aber auch anderen. Denn alle seid ihr Kinder des einen Gottes, ganz gleich, welche Namen ihr ihm gebt, so tragt ihr alle die gleiche Göttlichkeit in euch:

*Wo aber Gott ist, kann Er in Liebe wirken!*

*Das Mysterium der Taufe* ist ein (nicht unbedingt nötiges – aber wundervolles) *Willkommen* von Herzen für jeden neuen Seelenstern auf Erden. Denn erinnert euch, jedes Kind Gottes ist geboren aus dem reinen Licht der Liebe Gottes und deshalb rein, wahrhaftig, gesegnet und geheiligt *durch seine Geburt* von Gott-Vater-Mutter und Kosmischem Geist. Es ist immer *frei* von jedweder Sünde oder Schuld!! Aber unendlich geliebt… *so wie es ist.* Getauft oder ungetauft!

*Das Mysterium der Kommunion,* Firmung oder *Aufnahme* in den *Kreis* des Lichtes oder des Erwachsenseins ist immer eine wundervolle Zeremonie für jeden jungen Menschen und *bekräftigt allein* die Verbindung zu Gott und dem Kosmischen Geist – *welche aber immer bestand und auch ohne eine Zermonie besteht.*

*Das Mysterium der Beichte* ist immer ein *Zwiegespräch* mit Gott, welches jeder Seelenstern mit Gott zu jeder Zeit, an jedem Ort und unter jedem Umstand *allein* – wenn er will, aber auch mit einem anderen Seelenstern – erbringen *kann,* doch niemals *muss, um Gott nahe zu sein.* Denn Gott liebt immer! Gott hört immer! Gott wird ihn dabei immer verstehen und immer versöhnen, denn jedes seiner Kinder ist im *unendlich* kostbar und geführt durch sein Licht… und ist auch immer geliebt, ob gebeichtet wurde oder nicht! Gott lebt in seinem Herzen zu aller Zeit: Mit Gott zu sprechen (beichten), erfordert deshalb *niemals* einen bestimmten Zeitpunkt und Ort. Das alles entspringt immer nur eurer irdischen Kontrolle.

*Das Mysterium der letzten Ölung* ist immer eine *segensreiche Stärkung* für ein liebevolles Hinübergleiten ins Licht, welches immer hilfreich und heilvoll ist. Sollte dies einmal nicht möglich sein (was ja immer wieder bei schwierigen Umständen passiert), so ändert es nichts an der *Tatsache*, dass Engel der göttlichen Liebe und des Mitgefühls bei dem Sterbenden stehen, *seine Hand halten*, ihn trösten und ihm die Schönheit des Himmels zeigen, ihn *hinüber* führen und begleiten. Auch wenn der Betreffende es nicht wahrnehmen will oder kann. Das ist jedoch sein freier Wille. *Gottes Engel aber sind immer voller Liebe und Hingabe für ihn da!*

*Das Mysterium des Rufens und Erwählens* eines Menschen auf Erden zum Dienste Gottes und dem *sanften, gütigen Überbringen seiner Botschaft der Liebe* ist *immer ohne* jegliche Bedingungen – hinsichtlich seiner außerreligiösen Lebensweise auf Erden – jedem *Berufenen* von Gott in Liebe eröffnet.

*Das Mysterium des Ehe-Gelübdes auf Erden* ist – von Gott gegeben – immer eine *freie* Entscheidung zweier *freier Herzen*, welche sich in Liebe, Ehrlichkeit und Wahrhaftigkeit zusammenfinden, um miteinander einen *Teil* oder den *ganzen* Lebens-Weg zu gehen. Gott ist grenzenlos und Liebe, so entscheidet auch *hier* allein der Mensch, ob und wie *lange* er diesen Bund aufrecht erhält oder ihn, in Mitgefühl und Toleranz, löst. *Gott segnet dabei jeden der Eheleute für den weiteren gewählten Weg, denn er ist, wie du weißt, ohne Urteil und Schuldzuweisung.*

*Das Mysterium der Sexualität auf Erden* ist die *göttliche Absicht,* Leben zu erschaffen; aber auch die größte göttliche Kraft, die Kraft der ewigen Erneuerung, auszudrücken in freudvoller, kreativer Liebe, gegenseitiger Achtung und Mitgefühl. *Erinnere dich dabei, in jedem Gegenüber ist dein anderes göttliches Du.* Hat ein Mensch das vergessen und handelt also sexuell licht- und lieblos, so bedenke, dass hier Karma euer Leben immer mitbestimmt – also keiner von euch hier werten oder richten sollte! Denn oftmals beinhaltet solches Tun auch Erinnerungsprozesse.

Ebenso… finden zwei gleichgeschlechtliche Menschen in achtsamer Liebe zueinander, so steht Gott ihnen in bedingungsloser Liebe und Beachtung ihrer freien Willen in *Neutralität* gegenüber, denn seine Liebe und Weisheit sind grenzenlos. Bitte bedenke, würde es Gott nicht gefallen, so würde es auf Erden nicht gelebt werden können!

Erinnere dich an die Worte Jesu: Liebe deinen Nächsten wie dich selbst. In deinem Herzen weißt du, dass „deinen Nächsten" immer *jeden* Nächsten beinhaltet. Denke darüber nach… mit deinem Herzen! Sei immer urteilsfrei: Wisse, alles, was ist, darf sein, um *letztendlich* Wahres Sein zu erschaffen.


*Das Mysterium der Empfängnis* ist immer ein *freiwilliger Akt* eines Seelensterns: jenes, welcher empfängt, und jenes, welcher inkarniert. Und beide sind stets gebunden in der Liebe und Weisheit Gottes, aber auch im selbst*gewählten Karma.* Jedweder (mögliche) Umstand der Empfängnis auf Erden schwingt somit immer in der ewig ausgleichenden Energie des Karmas und dessen göttlichem Gesetz von Ursache und Wirkung, aus dem Karma entsteht. Freier Wille und selbst erkannte und gewünschte Sühne eines Seelensterns – in kosmischer Klarheit gelenkt von seinem Höheren Selbst – lenken hier (ganz gleich, welche Umstände sich zeigen) in Licht und Liebe, alles erlösend.


Jedwede *Verhütung* einer Empfängnis liegt immer in der *Eigenverantwortung* jedes Seelensterns, der *immer* ein *autarkes,* wissendes göttliches Lichtwesen ist: eingebunden in den ewigen Kreislauf von

Kommen und Gehen, der in der ausgleichenden Göttlichen Waage schwingt und dem das Höhere Selbst jeder Seele immer *Rechnung trägt.* Die *Sternensaat Gottes,* welche ihr Menschen auf Erden immer seid, kann ihr Leben, Sein und Werden, was auch die freie Bestimmung über ihren Körper mit *einschließt,* immer aus freiem Willen gestalten, ganz *gleich,* bei was. Denn ihr seid Schöpfer eurer Realität – welche ihr aber, in der Weisheit eures Wahren Selbst, immer sühnen und versöhnen wollt und werdet. Jene Seelensterne, die also an einer Verhütung jedweder Art beteiligt sind, handeln immer in *gegenseitigem Einverständnis,* das immer geborgen und *geachtet* ist in der Liebe und Weisheit Gottes.

*Das Gegenteil* eines göttlichen, heilenden, lichtvollen *Mysteriums* ist eine *gedachte* oder *empfundene Besetzung* durch einen Dämon (Schattenlicht-Wesenheit) der Dunkelheit und Angst. Sie darf geschehen und geschieht auch ab und an, wenn ein Seelenstern noch nicht bereit ist, sich zu erinnern, weil er noch in alten Mustern und Angst gefangen ist und sich zu schwach wähnt.

*Denn der Weg des Erinnerns ist der Weg durch die (angsteinflößende) Dunkelheit ins Licht…*

Diese sollte *immer* in fachkundige, *ärztliche Behandlung* (welche vor allem mit *pflanzlicher Medizin* erfolgen sollte, da sie allein die Heilkraft des göttlichen Lichts in sich trägt), aber *ebenso* in liebevollste, verständnisvolle und *mitfühlende Hand, die das geistige Spektrum der Seele behandelt und klärt,* gegeben werden. *Hinwendung zu dem wahren Glauben* des ewig gütigen, jeden in Liebe aufnehmenden Gottes, welcher voller Vergebung, Versöhnung und *ohne* jegliches Urteil und *Schuldzuweisung* ist, ist hier *äußerst wichtig, richtungsweisend und heilend.* Die Eröffnung der Weisheit des Herzens und das Wiedererlangen der eigenen Kräfte sollten hier angestrebt werden, sowie auch das Wirken der lichtvollen, hilfreichen Kräfte und Welten der Engel sollten diesen Seelenstern längere Zeit *begleiten,* denn sie sind *Labsal* für solch eine verirrte, zutiefst angstbesetzte oder verwirrte Seele. Liebe, Geduld und Mitgefühl und das Wissen um den immer bestehenden göttlichen Schutz wirken hier besonders heilend.

Geliebte Kinder des Lichtes, vielleicht denkt nun mancher von euch, dass er nicht *würdig* genug, klug genug, weise genug, rein genug, groß genug oder wissend genug ist, eine heilende oder segnende Handlung im Namen Gottes auszuführen. So sage ich, *Aannathas, Erster Engel Gottes,* euch nun, dass ein jeder zu jeder Zeit berechtigt und von *Gott ermächtigt* ist, *solches* aus reinem Herzen zu tun, wann immer er es will oder es nötig ist!

*Gott ist immer bei euch und in euch, ganz gleich, ob ihr gerade daran denkt oder es vielleicht nicht glauben könnt oder wollt.* Ihr seid alle Teile Gottes, *niemals* von ihm getrennt. Auf immer und ewig *eins mit Gott,* eurem liebenden, kosmischen Vater, eurer liebenden, kosmischen Mutter und Heiligem Geist.

*Geliebtes Kind Gottes,* solltest du einmal heilige Mysterien (Sakramente) zelebrieren, habe niemals Angst, dabei etwas falsch zu machen. Bedenke bitte, wenn du bereit bist, in deinem mitfühlenden Herzen solches zu tun, und dich dabei in wissender Demut und tiefer Liebe und Achtung mit Gott verbindest, wirst du *geführt* sein – denn du erfüllst auf Erden *Gottes Wunsch*, dich und vielleicht andere in Hingabe, tiefstem Glauben und Dankbarkeit mit *Gott in Liebe zu verbinden*, Hilfe zu erbitten, zu empfangen und zu danken.

Unendlich groß ist die Freude darüber in den himmlischen Gefilden des Lichtes und der Liebe, dass wieder eine Seele sich ihrer eigenen heilvollen *Göttlichen Macht* bewusst geworden ist und licht- und liebevolle Zeremonien auf Erden vollbringt, aus eigener Kraft, *wissender Demut* und Inspiration, denn so wird wahre Göttlichkeit gelebt, was Gottes Intention ist.

*Und wahre Göttlichkeit auf Erden erwacht.*

*Wenn ich dir von wissender Demut spreche, meine ich nicht die De-
mut, welche du vielleicht kennst – jene, die euch abverlangt, euch vor
Gottes Angesicht, in Asche und auf den Boden geworfen, als nichtig,
unwürdig, wertlos und überzogen mit Erb-Schuld und Verurteilung zu
sehen. Mit wissender Demut meine ich jene liebevolle Hingabe eines
angstfrei geöffneten Herzens, welche Gott-Vater-Mutter-Heiligen Geist
ehrt und achtet und weiß, dass es allezeit friedvoll seinen Weg gehen
kann, denn dieser Mensch weiß, er ist unabdingbar in Gottes Hand...
gesegnet, voller Gnade, geschützt und über alle Maßen geliebt.*

*Geliebtes Kind Gottes, sei dir also bewusst, dass du jederzeit alle
Mysterien Gottes auf Erden für dich, auf Wunsch auch für andere, nützen, also ausüben darfst, wann immer du es willst, aber es niemals
brauchst – denn alles, was du jemals brauchst, was du jemals bist, liegt
bereits in dir.*

Es ist das göttliche Geschenk, das *unabdingbare Erbe Gottes* an jedes seiner Kinder, welches aus seiner Mitte der Liebe, des Lichtes
und ewiger Reinheit aus freiem Willen entsprungen ist. *Doch sicherlich schenkt es dir Freude*, wenn du dich durch Zeremonien immer
wieder mit Gott verbindest. Es wird dich *stärken* auf deinen Wegen
der Erkenntnis, ganz gleich, ob allein, in Gemeinschaft oder einer
Kirche!

Solltest du aber *selbst* zur Erinnerung und Bekräftigung Göttliche
Mysterien erbringen wollen, so ist die Voraussetzung dafür ganz einfach deine *Inspiration*, dein Wunsch, es zu tun.

Mit offenem Herzen, einem ebensolchen Geist und viel Liebe, in
lichtvoller Anrufung und Ehrung Gottes und vielleicht seiner Helfer, der Engel, wird es dir ganz wundervoll gelingen, es auch jederzeit selbst auszuüben – *und niemand hat das Recht auf Erden, es dir
zu verbieten.*

*Nichts aber spricht dagegen, dass du die Göttlichen Mysterien (Sa-
kramente) in deiner oder einer Kirche empfängst. Jede denkbare, erfühl-
bare, ausführbare Form liegt in Gottes universeller Möglichkeit, welche
er euch Menschen auf Erden zugesteht, und steht außerhalb jedweder*

*Wertung. Werten tut allein ihr Menschen auf Erden. Gott ist fern davon! Du allein bist es, der entscheidet. Entscheide also in Liebe und Mitgefühl, so wird dir und allen anderen alles zur Heilung gereichen.*

Die größten *Hilfen* für dich auf Erden, um dich in Klarheit und Tiefe mit Gott zu verbinden, sind das Gebet, die Meditation, gelebte wissende Demut, Mitgefühl und die wahre Liebe. *Doch wisse, wenn du versöhnst, bist du Gott am nächsten!*
*Deshalb solltest du dich in diesen Disziplinen üben*, wann immer du Zeit erübrigen kannst. Deine stetige Gedankenkontrolle wird dich dabei unterstützen. So kannst du deine *einzige Wahrheit eröffnen*, wie ich dir schon sagte.
*Mache dir also bewusst, dass du und jeder Mensch auf Erden durch seine Geburt aus dem Lichte Gottes und seiner unendlichen Weisheit geheiligt und gesegnet ist, und somit alle göttliche Gnade und göttliche Liebe immer in sich trägt.*

So höre, geliebtes Kind Gottes, jeder Seelenstern ist unabdingbar ein Funke Gottes! Wie könnte ein Funke der Urquelle, Gott, nicht rein, lichtvoll und strahlend sein und alle Gnade in sich tragen, wo Gott allezeit eins ist mit ihm und diese Seele ein Teil von ihm? Gott ist ewig Licht: unendlich, rein, strahlendster, leuchtendster Kristall ohne Schatten. Wie sollte da ein Teil von ihm unrein und behaftet mit Schatten sein?
*Warum sollte also ein kleines göttliches Licht-Wesen, ein Baby, auf diese Welt geboren werden und Schuld bei sich tragen? Bedenke bitte, vor Gott gibt und gab es nie Schuld oder Urteil. Das ist allein eine menschliche Vorgabe und entsprang* **niemals** *göttlicher Weisheit, sondern wurde einst aus dunklen, angst- und egobesetzten Machtgedanken geboren und als göttliches Gebot proklamiert! Menschen in ihrer Schwäche und Dumpfheit nahmen das hin... noch heute. Doch du weißt in deinem weisen Herzen, dass es Zeit wird, diese Unwahrheit durch lichtvolle Bewusstheit aufzulösen und endlich in Liebe und Licht zu erheben.*

Hier auf Erden seid ihr oftmals schnell dabei, Schuld zuzuweisen. Aber Gott ist fern solcher menschlicher Wertungen. Lösche also aus deinem Gedächtnis, falls es da noch gespeichert ist, dass du oder jede andere Seele mit einer *Erb-Sünde behaftet* auf diese Welt kommt.

*Denn diese Sichtweise als Voraussetzung allen Lebens auf Erden ist fatal und furchtbar und macht jene, die das glauben, dumpf, elend, ohnmächtig und auch krank durch die dadurch hervorgerufene Angst... die in jeder ihrer Zellen lebt und so auch wirkt!*

Lösche, wenn du willst, diese *unwahre* Vorstellung aus deinem Gedächtnis und ersetze sie durch die Freude bringende Vorstellung, dass ein jeder von euch strahlendes Kristall-Licht ist, bewusst geboren aus göttlichem Licht, unendlicher Liebe und Weisheit des göttlichen Geistes eures himmlischen Vaters, welcher in seiner Güte auch Mutter ist.

*Mache dir bewusst, dass ein jeder von euch geliebt ist, ganz gleich, wie er sein Dasein zu leben versteht, weil Gott euch liebt und nachsieht, wenn nicht immer alles verstanden wird, wenn Wut und Hass euch übermannen, wenn eure Gefühle der Wertlosigkeit oder vermeintliche Ungerechtigkeit euch zu manch dunklem Tun verführen.*

*Er versteht immer, und die Tore seines Herzens und aller seiner Himmel stehen immer offen und werden euch alle aufnehmen, in tiefster Liebe und unendlichem Verstehen, Versöhnen und Mitgefühl, damit ihr Heilung erfahren könnt – denn jeder seiner Teile, jeder Mensch, ist so kostbar wie er selbst... **Gott**.*

*Die Heiligen Mysterien aber, welche die Urquelle, Gott, euch schenkte, und die Heiligen Sakramente, welche die Menschen ersannen, um sich zu stärken und zu unterstützen auf ihren Wegen der Erkenntnis und der Erinnerung, helfen euch hier auf Erden, euch selbst und die göttliche Einheit zu verstehen. Doch sollten diese immer ohne Zwang, ohne menschliche Willkür und ohne daran geknüpfte Bedingungen in euer Leben kommen, denn dann erst werden sie dem Göttlich-Ganzen, seiner All-Macht und All-Liebe und seiner allumfassenden Weisheit gerecht.*

*So ist es wundervoll, wenn ihr sie nützt, aber auch nicht unbedingt nötig, wenn ihr es nicht wollt. Nötig aber ist es, euch zu erinnern... an eure immerwährende Göttlichkeit.*

*Wir sind immer bei dir, denn wir lieben dich.*

*Aannathas und Michael*

# Die Göttliche Wirklichkeit

Geliebte Kinder Gottes, lest mit den Augen der Liebe und einem Herzen voller Mitgefühl hier und jetzt die *Göttliche Wirklichkeit*, welche wir, Aannathas, Erster Engel Gottes, Erzengel und Höchster Lichtträger, und Erzengel Michael, Erzengel und Lichtschwert-Träger, beauftragt sind, euch zu überbringen:

*Die größte aller Göttlichen Wirklichkeiten ist die Wahrheit des Einen-wahren-Gottes-der-Liebe, Gott-Vater-Mutter und Kosmischer Geist, welcher Schöpfer allen Lichtes und aller Liebe, allen Lebens und aller Menschen IST.*

Versteht und erinnert euch, dass es vor Gott nicht nur einen *einzigen richtigen Glauben* gibt, sondern jeder, der in *allumfassender und bedingungsloser Liebe* durch sein Leben wandelt, *Gottes Spuren wahrhaft folgt.*

Gott lässt in seiner weisen Geduld und unendlichen Güte jedem von euch alle Zeit und allen Raum… ja, die Ewigkeit, um zu erkennen.

Verstehe, geliebtes Kind Gottes, jegliche göttliche Schöpfung, Kosmos, Natur, Tier oder Mensch und all das andere, was ihr nicht sehen könnt, bedarf *niemals* einer *Verbesserung durch euch!* Eure Religionen auf Erden sollten Menschen einzig dabei helfen und sie unterstützen, ihre eigene Göttlichkeit in sich zu erkennen, sich wieder zu erinnern!

Denn Gott hat die Menschen in Genialität und Weisheit erschaffen. Und er sandte und sendet zu jeder Zeit Hilfe auf die Erde, um seine Kinder zu hüten, zu erinnern und zu erwecken. So sorgt Gott immer für seine Kinder, ohne dass sie irgendwelchem *Zwang* unterliegen.

*So soll auch weder Zwang noch Kontrolle im Namen Gottes auf Erden unter euch erzeugt oder angewendet werden!*

*Doch es bedarf eurer Weisheit und Toleranz, zu erkennen, dass Gott seine Liebe in vielfältigster Weise und Art zu leben gedachte:* in unterschiedlichsten Ländern, deren Gegebenheiten und den sich daraus entfaltenden Kulturen. Ihre manchmal wundervollen, aber euch vielleicht mitunter eigenartig oder seltsam anmutenden Arten der Anbetung und Danksagung sind die Blüten der Vielfalt eurer universellen Kreativität. Durchaus von Gott, dem Schöpfer, gewollt, denn er genießt und achtet alle eure Schöpfungen. Wer hier bewertet, als primitiv oder falsch abwertet und verurteilt, der hat *Gott nicht und niemals verstanden.*

*Es ist völlig unwichtig, wie ein heiliges Ritual zur Ehrung Gottes abgehalten wird – mit Tanz oder Anrufung der Geister dieser Welt oder des Himmels, in einer Hütte aus Lehm oder in einer prunkvollen Kirche.*

Versteht, Gott ist das egal. Hier zählt allein der Wille, die Liebe, die Reinheit des Herzens und die Hingabe. Und welchen Namen sie *Gott* geben oder seinen verschiedenen hilfreichen Helfern, Lichtmeistern, Engeln oder Geistern (welche von vielen Völkern auch Götter genannt werden), ist unwichtig, denn sie alle dienen Gott in Liebe und Weisheit: Hier zählt immer nur der offene, reine Geist und der liebevolle Wille. Gott liebt sie alle… und wir auch.

Vor allem aber zählt hier die Achtung, Mitgefühl, Toleranz und bedingungslose Liebe gegenüber allem Andersartigen. Deshalb ist es der Wunsch eurer Seele, dass jeder von euch es auch so annehmen kann.

*Hätte Gott es nicht so gewollt, so hätte er es niemals erschaffen oder zugelassen!*

*Geliebte Kinder Gottes, öffnet eure Herzen und erhebt euren Geist. So allein könnt ihr Gottes Schöpfungen verstehen. ER liebt euch immer. Doch ist es sein Wunsch an euch, wahrhaftig zu sein, weil ihr so, wie er, alles gelten lasst: wie es ist oder sein kann. Ohne persönlichen Anspruch, ohne Wertung, ohne Urteil, ohne Zwang, ohne Kontrolle, allein in Liebe, Toleranz, Mitgefühl und der Weisheit des erwachten Herzens.*

*Sein Wunsch für euch alle ist, dass ihr euch vereint, in Liebe und gegenseitiger Achtung, in euren Religionen und Glaubensbekenntnissen. Dass ihr euch zusammenfindet in Freude und Frieden und gemeinsam Gott ehrt und dankt. Jeder auf seine Weise.*

*Feiert zusammen in Liebe und Mitgefühl füreinander heilige Messen und Festlichkeiten und bedenkt, dass immer nur Wahrhaftigkeit und göttliche Wahrheit lebt, wer jeden als gleichwertig vor Gott erkennt und anerkennt. Doch dass unwahr und in Dunkelheit wandelt, wer Gott und seine Liebe allein für sich beansprucht, weil er glaubt, dass allein seine Art und Weise, Gott zu ehren und anzurufen, die einzig richtige ist.*

*So öffnet eure Herzen und euren hohen Geist und erkennt die einzige göttliche Wirklichkeit und Wahrheit: Gott gab und gibt euch niemals Richtlinien, wie, wo und in welcher Reihenfolge oder Art und Weise ER von euch angerufen oder geehrt werden will. Gott liebt euch, wie ihr seid, er lebt und wirkt in und durch euch, ob ihr in Bananenblätter gehüllt oder in Samt und Seide gekleidet seid, denn das ist nur irdisches Beiwerk, welches ihr einst ablegen werdet!*

*Aber Gott will eure Liebe und eure Wahrhaftigkeit, für euch selbst und alle seine Schöpfungen; Ehrlichkeit, Mitgefühl, Bescheidenheit, Wahrheit, Reinheit und eure Achtsamkeit. Ihr wisst in euren Herzen, dass seine einzige Intention, sein Göttliches Sein Liebe ist... immer... allumfassend und bedingungslos. So seid auch ihr ohne Bedingungen.*

*Denn Gott hört jeden von euch, in seiner Lehmhütte wie in einer prunkvollen Kathedrale.*

*Doch Liebe sei es, die alle Beweggründe und all euer Handeln lenken soll. In Liebe sollt ihr ansehen euer Sein im Jetzt, denn es ist wahrhaft im Erblühen. Im Erleuchten in eure Göttlichkeit, welche Liebe und Licht heißt. Erinnert euch und lasst so den Ich-Bin-Kristall, welcher die Bewusstheit der Neuen Zeit in sich gespeichert hat, in eurem*

*Herzen in Licht und Liebe entflammen, denn er wartet seit Anbeginn der Zeit in euch darauf. Das ist Gottes Wunsch an euch alle. Seht euch selbst in Liebe an und liebt euch untereinander. Liebt Alles-Was-Ist. Verinnerlicht diese göttliche Wirklichkeit und einzige Wahrheit in euren Herzen und ihr werdet den Einen-Wahren-Gott-der-Liebe finden und schauen.*

*Unsere Liebe und unsere Achtsamkeit ist dabei immer mit euch.*

*Aannathas und Michael*

# Die göttlichen Geschenke…
# 13 Himmlische Weisungen

Am Anbeginn aller Zeit schenkte Gott seinen Kindern, den Menschen, *13 Goldene Leitsätze*, universelle Weisungen, welche ihnen helfen sollten, sich selbst und ihre Göttliche Abstammung, sowie das Leben auf Erden und die daraus erfolgende Transformation zu verstehen und alsdann zu bewältigen. *Niemals* gab Gott-Vater-Mutter, Urquelle aller Liebe und allen Lichtes, seinen Kindern Befehle und begrenzende Gebote und Verbote; denn *Er* wollte *sich selbst* in und durch seine Kinder entfalten und erblühen sehen: in aller kosmischen Schönheit, aller universellen Weisheit und aller himmlischen Liebe.

So erfreut euch nun an diesen wundervollen Weisheiten, welche euch euer göttlicher Vater-Mutter-Kosmischer Geist zum Geschenk gemacht hat, auf dass ein jeder von euch sein Glück auf Erden wie im Himmel finde.

*So wie er es für sich versteht zu finden…*

1. *Erkenne, dass du göttlich, die kosmische Sternensaat bist und alle Zeit eins mit* **Mir**. *Öffne angstfrei dein Herz und weite mutvoll deinen Geist. So findest du den Himmel auf Erden.*

2. *Liebe dich und glaube immer an dich. Weil du weißt, dass ICH zu jeder Zeit in dir lebe. So wird dein Leben leicht, schön, rein und reich in unendlicher Harmonie fließen.*

3. *Sprich täglich mit* **Mir** *und den Engeln,* meinen Stellvertretern. Beständiger Schutz, Freude und Friede werden alsdann, im Rahmen deines, in freiem Willen selbstgewählten Karmas, deine stetigen Wegbegleiter sein.

4. *Liebe deinen Nächsten wie dich selbst.* Denn er ist dein anderes **Du**. Mitfühlende Liebe und tiefste Achtung werden so allzeit in deinem Leben sein.

5. *Liebe und Bedingungslosigkeit sei dein Werkzeug für dich,* deinen Nächsten und Alles-Was-Ist. Nutze es weise und du lebst wahr, denn du schwingst allzeit in Resonanz. So überwindest du alle Dualität.

6. *Handle bei allem so verantwortungsvoll, als würdest du für dich handeln.* So ehrst du **Mich**, deinen **Gott** in dir und Allem-Was-Ist. Alles überwindende Kraft, Lebensmut und strahlende Gesundheit sind dir allzeit dadurch geschenkt.

7. *Übe täglich Geduld und Besonnenheit* auf deinen Pfaden der Erkenntnis und des Erinnerns. Deine Vision, deine Berufung, dein Weg zu **Mir** werden dann klar und offen vor dir liegen.

8. *Lerne die Stille zu hören und folge dem Licht.* So bist du dem Himmel und **Mir** nah. Bist du bereit dazu, so wird meine Liebe bewusst deinen Geist durchströmen, ihn erhellen und weiten. Transzendenz ist mein Geschenk für dich.

9. *Sei ohne Urteil, Wertung, Schuldzuweisung.* Versöhne immer. Weil allein so auch dir Versöhnung und Gerechtigkeit auf Erden wie im Himmel widerfahren werden.

10. *Trete aus der Opferrolle*, denn du bist einzig Lernender und Lehrender zugleich. Öffne so in Leichtigkeit alle Türen und Tore der Erkenntnis, somit deiner heiligen Vision.

11. *Lebe täglich achtvoll deine Schöpfermacht* durch die Kraft deiner lichtvollen, reinen Gedanken und sei dir des göttlichen Eins-Seins bewusst. Übe dazu täglich Gedankendisziplin. So aktivierst du deinen Lichtkörper-Prozess und deine Erleuchtung beginnt.

12. *Danke täglich für alles der göttlichen Einheit, den Elementen und der Erde,* welche dir deinen Körper schenkten, durch den du allein dein ICH erkennen kannst. Rufe so beständig, in wissender Demut, die göttliche Fülle und Ernte in dein Leben.

13. *Gib von Herzen von allem, was Du besitzt, und teile* ohne Angst und Mangel, denn allein wer gibt, wird auch erhalten. Sei bescheiden und beginne so, den ewigen Fluss und die kosmische Bewegung des Ausgleichs zu aktivieren; was einzig wahre Sicherheit und Glück bedeutet… im Himmel wie auch auf Erden.

*Und so spricht Gott zu euch: Meine geliebten Kinder, diese, aus meinem Herzen, aus meiner Mitte und meiner Liebe zu euch geborenen Weisungen sind meine besonderen Geschenke für euch, und sie mögen euch begleiten auf allen euren Wegen auf Erden. Sie sollen euch unterstützen und euch immer daran erinnern, dass ICH, Gott-Vater-Mutter, Quelle allen Seins, allen Geistes, aller Bewegung und aller Fülle, voller Liebe, Verständnis und ewiger Aufnahme und Versöhnung mit, neben und in euch BIN.*

*Seid gesegnet und geheiligt auf euren heiligen Pfaden der Erkenntnis und der Erinnerung und wisst, dass zu keiner Zeit, was auch passieren* mag, eine Trennung zwischen euch und **Mir** besteht noch je bestanden hat. Und wisst mit aller Kraft eures Herzens, dass **Ich** euch zu aller Zeit über alle Maßen ehre, achte, liebe und führe, denn alle göttliche Gnade und universelle Wahrheit ist in euch. So ist es.

Von Herzen überbringen wir euch diese göttliche Botschaft in tiefer Liebe und Achtung.

Aannathas und Michael

# Du bist die Wahrheit Gottes…

Geliebtes Kind des Lichtes. *Du bist die verkörperte Wahrheit Gottes.* Alles, was wir, Erzengel Aannathas und Erzengel Michael, dir in diesem und dem ersten Buch an göttlicher Weisheit und Wahrheit, Licht und Liebe, wie auch dem Transformations-Aspekt Schatten-Licht, überbringen durften, das alles ist auch deine Wahrheit:

> *deine einzige, göttliche Wahrheit. Sie lebt in dir.*
> *Und weil sie in dir lebt, wirkt sie auch in dir. Auch wenn du*
> *dir dessen nicht immer bewusst bist! So bist du doch immer*
> **Gott** *in einem irdischen Kleid.*

Ein Erdenleben zu erbringen, es zu durchleben, ist, wie wir dir schon früher erläuterten, eine Einweihung: Ja, es ist nicht nur *eine Einweihung,* sondern immer auch die wichtigste Einweihung überhaupt im geistigen Sinn. Jedes gelebte Erdenleben bringt dich wieder deiner eigenen Wahrheit ein Stück näher – denn jedes Leben ermöglicht dir, dich an einen oder mehrere weitere Aspekte deiner göttlichen Wahrhaftigkeit zu erinnern!

*Und es braucht Mut!* Es braucht mächtigen Mut und Stärke, wieder und immer wieder eine Inkarnation im irdischen Kleid zu wagen. Deshalb bist du, die oder der du auf Erden weilst, unendlich *geehrt* und mit Gottes Segen *geheiligt.* Sollte auch manches in deinem Leben in deinen Augen dunkel, ungerecht oder schwer sein: Bitte vergiss nie, dass alles Bewusstsein in Gottes Augen *wert* ist, gelebt zu werden. Es wird sich deshalb so lange zeigen und will gelebt werden, bis es sich in Liebe findet und so geheilt ist!

*Und bitte wisse, erinnere dich immer, geliebtes Kind des Lichtes, Gottes Licht und Liebe hat am Anbeginn aller Zeit in den Erzengeln und Engeln Form angenommen. Doch nicht nur in den feinstofflichen Licht-Wesenheiten ist er in seiner ganzen Herrlichkeit verkörpert, sondern auch in dir!*

Somit bist du immer und zu jeder Zeit eine sprudelnde und sprühende Quelle göttlichen Lichtes. Licht ist, wie du ja weißt, Energie und diese wiederum Information. Du bist also Informations-Träger und Sender: Du bist ein heiliges, souveränes Wesen des Lichtes und der Liebe. Dir dessen bewusst zu werden, in jedem Augenblick, ist Wunsch und Anliegen deiner Seele und deines Höheren Selbstes, und das bedeutet für sie, Vision zu erreichen und zu entfalten.

*Mit dem Eintritt in die 5. Bewusstseins-Dimension der göttlichen Wahrheit am 22. 12. 2012* nähert ihr und du euch nun mehr und mehr eurer *kosmischen Wahrheit* und eurem göttlichen Ursprung: nämlich kristalline Strukturen eures ursprünglichen Seins wiederzuerlangen und sie in euren irdischen Körpern zu manifestieren. Vielen von euch wird das auch gelingen, denn sie schwingen bereits in wissender Liebe und bewusstem Licht.

So bitten wir dich von Herzen, erinnere dich immer wieder an uns und dass wir jederzeit für dich da sind. Dass wir voller Hingabe darauf warten, dir und deinen Seelengeschwistern auf Erden dienen zu dürfen, denn das ist unser göttlicher Auftrag und unsere Erfüllung. Das allein ist unsere ganze Seligkeit, dich, die du ein Teil unseres Selbst bist, so wie wir gemeinsam ein Teil Gottes, ja Gott selbst sind, zu lieben und zu heiligen.

Bitte erinnere dich, geliebtes Kind des Lichtes, die Liebe zur Wahrheit zu praktizieren in allem Sein, war eine der wichtigsten Menschenpflichten, die du für dich, in Wahrnehmung deines freien Willens, als erste Leitenergie mit auf die Erde genommen hast. Dann folgte gleich der Glaube, denn er zieht das Wissen nach sich. Und des Weiteren die *Hoffnung,* denn nur wer hofft, ist *wirklich weise.*

*Wahrheit,* die ein Teil-Aspekt der göttlichen Liebe ist, ist im irdischen wie im geistigen Leben die erste aller Pflichten. Der Mensch ist aber nur wahr, wenn er weiß, wer er eigentlich ist. Ist er sich seiner wichtigsten Kraft auf Erden nicht bewusst, nämlich der *Macht seiner Gedanken,* wo alles beginnt, was das Universum, und somit alles, was existiert, ausmacht, so wird er sich mit der Wahrheit schwertun.

*Das Wissen darüber jedoch stärkt das Selbstbewusstsein, und der Mensch kann sich im Leben behaupten und seine Wahrheit leben.*

Wisse bitte, geliebtes Kind Gottes, der *Glaube* zieht das Wissen nach sich. Wahrer Glaube ist aber noch etwas mehr als Wissen um etwas, es ist ein *Aufgehen im Anderen.* Der Glaube an Gott – oder eine Höhere Macht – ist daher ein Aufgehen in Gott, und da dieser in dir ist: eben ein Aufgehen in dir selbst. Somit wird nichts mehr für den Menschen zur *Unmöglichkeit,* und ein Leben in Einklang, Harmonie, Frieden, Liebe, Erfolg und Fülle aller Art wird möglich. Denn das Wissen *um* etwas öffnet jeden Weg dorthin. Der Glaube wird also Berge versetzen und mit Gottes Allmacht und All-Liebe verbinden. So kann die Seele wachsen und erstarken, in *göttlichem Vertrauen…* das immer belohnt wird.

Die *Hoffnung* wiederum ist ein wichtiges Bindeglied zur göttlichen Urquelle. Sie ist wie ein kristallines Licht, das niemals verlischt, solange der Mensch an ihr festhält. Und sie spendet die Kraft, Unmögliches möglich zu machen. Verlassen dich einmal deine Kräfte und der Mut, aber du bewahrst dir deine Hoffnung im Herzen, so kannst du immer davon ausgehen, dass dir der *Eine-wahre-Gott-der-Liebe* ein Wunder schickt und dir hilft; *denn wer glaubt und hofft, wird niemals enttäuscht.*

Geliebtes Sternenkind, so sei weise in deinem Sein und lebe unermüdlich Wahrheit, Glaube und Hoffnung, denn diese Aspekte der universellen Liebe ziehen den Erfolg auf allen Ebenen im Leben in himmlischer Leichtigkeit an. Doch sollten sie stets rein, klar, ehrlich, mitfühlend, versöhnend und zuversichtlich sein. Und... sei stets ein Optimist, denn Optimismus ist das *Elixier* des Lebens.

*Wir rufen dir zu, die/der du die mächtige Sternensaat Gottes repräsentierst, aus Himmelstiefen und Herzensräumen: Erinnere dich an Gottes Wahrheit... Gott ist in dir. Erwache in diese deine einzige Wahrheit! Bitte erkenne, was diese Wahrheit für dich bedeutet: dass deine göttliche Anbindung unerschütterlich ist. Und dass du zu jeder Zeit Kontakt aufnehmen kannst zu allen himmlischen Ebenen des Lichtes, in denen wir Engel lichtvoll wirken, auf dass du Freude und Heilung durch uns erfährst. Geliebtes Gotteskind, höre zu aller Zeit dein Innerstes Selbst, vertraue auf deinen inneren Klang. Lass deine Weisheit durch gelebte Wahrheit, Glaube und Hoffnung in liebevollsten Tönen erklingen und lasse so das Unhörbare sanft in dein Leben schwingen. Und höre die himmlische Melodie der göttlichen Einheit... nichts kann dich trennen... nicht Unmut, noch Angst, noch Willkür. Denn die universelle Einheit Gott-Vater-Mutter-Kosmischer Geist wandelt im Herzen alles Dunkle, alle Angst mit weiser Macht und reicht dir, unermesslich geliebtes Gotteskind, den göttlichen Kelch der Vollkommenheit, gefüllt mit kristalldurchwirktem Licht der Ewigkeit. Gehe in Sanftmut und Weisheit den Weg der inneren Wahrheit und nütze voller Mut die unerschöpfliche Kraft der Zeit, weil du weißt, tief in deinem Herzen, dass die unendlichen Himmel immer auf dich warten. Und wir.*

*Du machtvoller Krieger des Lichtes, der du mutvoll Herz und Sinn geöffnet hast, trage diese göttliche Wahrheit hinaus in die Welt – weil du erwacht, weil du ein Manifest der göttlichen Liebe und des Lichtes geworden bist. Wir lieben dich unendlich und unser Schutz sei dir auf immer gewährt.*

*Gehe in Frieden in unserem Licht und unserer Liebe.*

*Aannathas und Michael*

# Heilmeditation

**Besonders schön und heilend ist diese Meditation in Verbindung mit Klängen einer Quelle, eines Baches oder Meeresrauschen!**

Gehe freudvoll in deine Stille – an einen dir möglichen oder lieben Ort.

Atme einige Male tief ein und aus, bis du Ruhe in dir fühlst.

Konzentriere dich nur auf dich und lass den Atem sanft fließen.

Lass alle kommenden Gedanken liebevoll vorüberziehen. Geh nicht auf sie ein!

Atme sanft weiter, in den Raum deines Herzens, und begrüße deinen Schutzengel.

Rufe auch mich, Michael, oder andere Engel an, wenn du willst.

Sieh nun, wie mit jedem Atemzug dein HerzRaum größer und lichter wird.

Finde dich fröhlich im Raum deines Herzens ein, mache es dir dort bequem.

Erbitte und empfange nun den Liebesstrom der göttlichen Heilung.

Fühle, wie der HeilStrom mit einem Tropfen der kristallinen Ur-Quelle beginnt.

Dir geht es dabei sehr gut, du fühlst dich umhüllt von engelhafter Reinheit.

Von unendlicher Liebe, Harmonie und Glück. Engel halten dich.

Der Tropfen aus blau-gold-kristallinem Wasser fließt... wird zum Rinnsal.

Lass es weiter fließen in deiner Vorstellungskraft zu einer Quelle, zu einem Strom, zu einem See, zu einem großen, lichtvollen Meer werden.

Dieses Meer der Liebe ergießt sich jetzt in jede deiner Zellen.

Du fühlst dich friedvoll getragen in himmlischer Leichtigkeit.

Der Strom der Liebe erfüllt dich und jede deiner Zellen.

Deine Zellen beginnen nun in Glück und Freude zu tanzen.

Entspannung, Reinigung und Heilung tritt ein.

Wohlgefühl und himmlische Freude strömen nun durch dich.

Lass dich davon tragen... atme sanft und schwinge.

Schwinge, getragen von Engeln im Licht der ewigen Liebe.

Schwinge... solange du willst, lass dich tragen von der Sanftmut des Wassers.

Spüre die Heilkraft und Leuchtkraft der heiligen Quelle.

Sie erleuchtet und heilt dich jetzt. Schwinge... bis es dir gut geht.

Fühle, wann du wieder zurückkehren willst.

*Danke dann...* und atme dich wieder langsam zurück ins Hier und Jetzt.

Lenke dein Bewusstsein und erwache in tiefem Vertrauen auf die Engel.

Spüre dein irdisches Ich und gehe wieder freudvoll deines Weges.

*Rufe, wann immer du willst, uns Engel an. Es ist kein Ort zu klein, zu dunkel, zu gering oder unrein. Keine Zeit zu unmöglich oder unpassend. Wir bitten dich, wisse immer, geliebtes Kind des Lichtes, bei allem, was du tust auf Erden, sind Engel an deiner Seite. Wie könnten wir dich **nicht** hören… nicht verstehen?*

*Erzengel Michael und Aannathas* im Auftrag der himmlischen Engelschar.

Wir lieben dich.

# Gebet an Erzengel Michael

Heiliger Michael, größter Engel des Lichtes,
König des Himmels, an Gottes Seite stehend,
Ich bitte Dich aus tiefstem Herzen,
Erleuchte meinen irdischen, physischen Körper
Und meine geistigen Lichtkörper mit deiner Liebe,
Führe und schütze mich allzeit
Auf meinen Wegen der Erkenntnis,
Schenk mir die Weisheit, mich selbst zu verstehen,
Denn Du bist ermächtigt von Gott-Vater-Mutter
Und Kosmischem Geist,
Mein Ich-Bin zu erhellen und zu erheben.
Ich danke Dir mit all meiner Kraft und Liebe
Und gebe mein Sein in deine Göttliche Hand,
Denn Gott hat in seiner unendlichen Liebe
Dich segnend an meine Seite gestellt.
Nimm meinen allergrößten Dank... Ich liebe Dich.

## Gebet an Erzengel Aannathas, Gottes Ersten Engel

Aannathas… Hüter des Lichtes, Hüter der Schatten,
Strahlendes Licht bist *Du*, von Gott ermächtigt
Meister des Himmels, Träger der Weisheit,
Von Gott auserkoren, dem Lichte geboren.

Aannathas… König der Engel, Träger des Lichtes,
Stehst neben Gott-Vater-Mutter,
Licht aller Lichter, Äther und Geist.

Trägst alle Bürden, wandelst den Schatten,
Führst alle Menschen, zeigst auf den Weg,
Auch wenn keiner versteht.

Aannathas… Licht der Liebe, reich mir die Hand,
Voll Glück will ich sie nehmen,
Mein Herz will ich dir geben
Und voller Vertrauen in jede Zukunft schauen.

Aannathas… Träger des Göttlichen Lichtes,
Der du mein Leid erlöst,
Das ich in Blindheit und Angst,
In Unmut, Dumpfheit und Wut –
Das ich durch Ungeduld auf mich lud.

Nimm meinen Dank und all mein Verstehen,
Lass mich endlich meine einzige Wahrheit sehen.
Du mächtigster Engel des reinsten Lichts
Erheb' meine Seele aus dem Dunkel des Nichts.

Ich liebe Dich, Aannathas, wahrer Träger des Lichts,
Der du so rein und klar,
Von Gott dem höchsten Dienst geboren,
Weil sonst die Menschheit ist verloren.
Aannathas… mein Engel, mein Licht, ich liebe dich.

Erhör' meine Bitten und führe mich,
Ich will mit dir gehen, alle Schatten verstehen
Und mein Licht, meine göttliche Wahrheit, wieder sehen.
Mein tiefster Dank, all meine Liebe, ist ewig dein,
Lass mich doch allzeit mit Dir sein.

Aannathas… Träger des Lichtes, ermächtigt von Gott,
Strahl der Liebe, höre mich, nimm meine Angst,
Denn Ich Bin bereit, Herz und Geist sind weit
Für dich, Aannathas, der du vom Höchsten geweiht,
Jetzt und in alle Ewigkeit… So sei es.

# Danksagung

In tiefer und wahrer Bewunderung danke ich meiner wundervollen Verlegerin Christa Falk für das spirituelle Verständnis und den Mut, ihrer Intention zu folgen, diese – mitunter sicherlich auch brisanten – Botschaften aus der Geistigen Welt, von Erzengel Aannathas und Erzengel Michael, zu verlegen.

Meine verstandesmäßigen Befürchtungen, die sich während des Schreibens immer wieder meldeten (wie das der Verstand nun mal so tut), diese Bücher vielleicht gar nicht verlegen zu können – wegen des revolutionären Themas – sind also dank ihr und der Hilfe der Engel nicht eingetroffen.

Fühle ich allerdings jetzt in mein Herz hinein, weiß ich mit Sicherheit, dass unsere Seelen, an einem *himmlischen Ort*, dieser *besonderen* gemeinsamen Arbeit zugestimmt haben! (Und wenn ich ehrlich bin, fühlte ich das schon, seit ich dieses Buch zu schreiben begann, traute mich aber nicht, es zu *glauben*. Auch ich lerne noch!)

Es war mitunter nicht leicht für mich, diesem Aufruf von Erzengel Aannathas Folge zu leisten, und große Zweifel, manchmal auch Angst, ja, sogar Panik überkamen mich. Dann fragte ich mich jedesmal ernsthaft: Warum, um Gottes willen, tust du das eigentlich? Ich glaube, wir alle wissen warum. Blicken wir zurück auf die Geschichte der Menschheit, so waren *neues Wissen*, neue Erkenntnisse nicht immer beliebt! Um nicht zu sagen: verpönt, belächelt, verurteilt, ja, sogar verboten. Die Strafe dafür kennen wir alle, und das schmerzliche Wissen darüber steckt noch immer tief in unserem Zell-Gedächtnis.

*Deshalb danke ich auch besonders allen himmlischen Helfern und den großen Erzengeln. Meinem Schutzengel, auch meinem Geistigen*

*Führer höchsten Dank, dass sie mich so Wunder...voll und in göttlich-genialer Weise geführt und immer und immer wieder gestützt haben. Ich liebe euch.*

*Meinem Schöpfer weihe ich weiterhin mein Tun... mein Leben... mein Sein... so wie einst am Anbeginn der Zeit bekundet in tiefster Wahrhaftigkeit, Liebe und Loyalität.*

*Jesus, meinem geliebten Bruder, innigsten Dank, denn immer geht er stärkend an meiner Seite.*

*In tiefer Demut und Ehrfurcht verneige ich mich vor Ihnen allen.*

*Meine Dankbarkeit für Sie ist unendlich, allein meine Herzenskraft, mein Wirken, mein Leben und meine Liebe sind mein Pfand, meine Gabe, die ich dafür schenken kann... Ewig... Danke.*

*Ursula Frenzel*

# Ausblick

Nachdem Erzengel Aannathas und auch Erzengel Michael mich gerufen hatten, ihre himmlischen Botschaften niederzuschreiben, rief mich während des Schreibens an diesem Buch Erzengel Raphael.

Der große Heiler Gottes, *Raphael*, übergab mir die Aufgabe, heilbringende Wege aufzuzeigen, um den Menschen auf Erden zu helfen, vielfältige Heilung zu erfahren und dabei zu unterscheiden, welche Möglichkeiten es gibt und welche für einen selbst die Richtigen sein könnten. Vor allem aber sich zu erinnern, dass es das Wichtigste dabei ist, den eigenen Heiler in sich selbst zu aktivieren.

So wird in der Aannathas-Reihe Buch 3 *„Aannathas und Erzengel Raphael"* wohl 2015 erscheinen.

Dem voraus geht ab Herbst 2014 die Heil-CD von Erzengel Raphael: *Eine Heil-Meditation im Kristalltempel von Atlantis* im Ch. Falk-Verlag. Weitere CD's werden folgen; sie liegen mir besonders am Herzen, denn sie sind immer hilfreich, entspannend und heilend in dieser doch sehr anstrengenden Zeit. Meine über 10jährige Erfahrung als Meditations-Lehrerin kommt hier zum Tragen. Und natürlich die große Liebe und das Licht der Engel.

Des Weiteren mache ich hier gerne auf meine vielseitigen Seminare – auch in Österreich – aufmerksam: Engel-Medium, Hellsehen-Hellhören, die Weisheit der Zahlen … und vieles mehr.

Auch Erzengel-Poster und Kunstdrucke senden wir umgehend zu.

Besuchen Sie mich gerne auf meiner homepage unter
*www.eagle13.de* und sehen Sie selbst.

Ich danke hier an dieser Stelle noch all jenen, die mir ihre Freude, Begeisterung und Anerkennung, auch Dank zukommen ließen über mein erstes Buch *„Aannathas der Erste Engel“*. *Allerherzlichsten Dank dafür!* Dies gebe ich auch von Herzen an meine Verlegerin Frau Christa Falk weiter. Ohne sie wäre das alles nicht möglich geworden. Meinen tiefsten Dank dafür.

Es hat mir sehr geholfen und mich gestärkt und bestärkt, weiter zu machen, an Aannathas und seine Botschaft zu glauben, damit wirklich allmählich alle Schleier fallen können. Großen Dank und Licht und Liebe für euch alle. Und ich danke euch von Herzen, dass ihr bereit seid, mit mir gemeinsam diesen himmlischen Weg der einzigen Wahrheit zu gehen. Die Erzengel hatten sich schon vor langer Zeit bei mir gemeldet; und ich finde es wundervoll, wie genial sie mich dabei führen. Ich liebe euch. Ewigen Dank …

Mögen uns alle die Himmlischen Mächte gemeinsam führen, alle Engel auf ihren Flügel-Strahlen tragen und alles kosmische Licht unsere Wege erhellen in Ewigkeit.

*In Licht und Liebe*

*Ursula Frenzel*

# Literatur

Kössner, J., *Die Neue Erde,* komplette Schriftreihe.
Heidenreichstein 2009, Eigenverlag

Kössner, J., *Welt der Dimensionen,* Basel 1998, Eigenverlag

# Die Autorin

Ich bin hellsehendes, hellhörendes Engelmedium, Heilerin, Reiki-Meister/Lehrerin und Seminarleiterin und stelle auch liebevolle, heilbringende Jenseitskontakte her.

Geboren in Oberbayern als Kaufmannstochter, war ich stets eingebunden in ein christliches Umfeld.

Ich hörte und sah schon als Kind die lichtvollen Engel und LichtWesen und nahm Jesus als liebevollen Begleiter wahr.

Nach einer langen Zeit erfolgreicher Selbständigkeit als Kaufm. Unternehmerin und inzwischen Mutter zweier Kinder, erschütterten schwere Krisen mein Leben und brachten eine tiefgreifende Veränderung mit sich, die meinem Leben eine entscheidende Wendung gab. Doch mein tiefer Glaube half mir, neuen Mut und Lebenskraft zu schöpfen, denn ich wendete mich wieder vermehrt den Engeln und Himmlischen Helfern zu.

Eine Wieder-Eröffnung meiner hellsehenden, hellhörenden Fähigkeiten erfolgte bald. Seit nun mehr fast 20 Jahren arbeite ich mit der Heilkraft der Engel.

Der „Erste Engel" Gottes, Erzengel Aannathas, der Lichtbringer, berief mich 2010, nunmehr den Menschen Klarheit über die „Göttliche Wahrheit der Liebe und des Lichtes" und der eigenen Schöpferkräfte zu vermitteln und deren transformierende und heilende Botschaft publik zu machen.

In spirituellen Seminaren, Ausbildungen und Workshops gebe ich seit langem erfolgreich mein Mysterien-Wissen über Gott, Himmel, Universum und Engel weiter.

# Weitere Titel von Erzengeln
# im ch. falk-verlag